JÖNKE

BIG RUN

MEIN LEBEN ALS HELL'S ANGEL

Europa Verlag
Hamburg · Wien

Originalausgabe:
»Jønke – mit liv«
© Tiderne Skifter, Kopenhagen 1985 (9. Auflage 1999)

Deutsche Erstausgabe
© Europa Verlag GmbH Hamburg, Februar 2003
Umschlaggestaltung: Kathrin Steigerwald, Hamburg
Satz: Fanslau Communication/EDV, Düsseldorf
Druck und Bindung: Wiener Verlag, Himberg bei Wien
ISBN 3-203-78577-3

Informationen über unser Programm erhalten Sie beim
Europa Verlag, Neuer Wall 10, 20354 Hamburg
oder unter www.europaverlag.de

Inhalt

Der Mord an Makrele 7

Die Zeit danach. 13

Mein Leben. 19

Anmerkung des Verlages. 285

Der Mord an Makrele

Der Mann hatte die Bewegungen der Frau genau im Blick. Er sah, wie sie das Gartentor öffnete und den Garten betrat. Er spürte, wie das Adrenalin in sein Blut strömte und die Spannung seinen Körper erfaßte. Er war nicht nervös. Nur konzentriert. Nervosität ist etwas für Menschen, die nicht wissen, was sie tun. Er dagegen hatte keinerlei Zweifel daran, warum er hier saß.

Er hatte sich gerade geduckt, als die Frau zu ihm herüberschaute. Oder, genauer gesagt: zu dem Wagen, in dem er saß. Einem zweifarbigen Lieferwagen mit einer Hecktür und einer Schiebetür an der Seite. Mit Fenstern in der Hecktür und zwischen Ladefläche und Fahrersitz. Und durch dieses letzte Fenster behielt er die Frau im Auge. Sie verschwand im Wohnhaus.

Er war nicht ihretwegen gekommen, aber sie gehörte mit dazu, denn er war hier, um ihren Mann zu töten. Die Frau tat ihm nicht leid. Sie mußte wissen – und wußte es vielleicht auch –, daß ihr Mann alle Chancen aufgebraucht hatte, die das »Schicksal« für ihn bereithielt.

Der Mann schaute aus dem Fenster. Die ruhige Wohnstraße lag wie ausgestorben da. In der Ferne entdeckte er eine Frau, die ihren Hund ausführte. Eine bleiche Sonne hing am Himmel. Es war noch so früh, daß sie nicht wirklich wärmen konnte. Im Lieferwagen war alles totenstill – abgesehen von den Pfefferminzdragees, die der Mann unablässig zerkaute.

Er kratzte sich am Hals und zupfte an seinem dunkelblauen Sweatshirt. Es wurde jetzt doch ein wenig wärmer. Er schaute auf die Uhr. »Oha«, flüsterte er vor sich hin. Er wartete schon seit über einer Stunde, aber er würde auch den ganzen Tag hier ausharren, sollte sich das als notwendig erweisen.

Er betrachtete den orangen VW, der vor dem Gartentor stand und ihm die Front zukehrte. An die zehn Meter trennten ihn von diesem Wagen. Er wußte, daß der dem Opfer gehörte, und er war sich fast zu hundert Prozent sicher, daß der andere mit seinem VW losfahren würde. Und wenn er erst hinter dem Lenkrad saß – dann wäre er ein toter Mann.

Ein älterer Mann, der auf einem Fahrrad vorüberschepperte, lenkte für einen Moment seine Aufmerksamkeit auf sich. Er zog den Kopf ein, aber das wäre nicht nötig gewesen. Niemand würde auf die Idee kommen, zu ihm hereinzuschauen. Wer konnte denn auch damit rechnen, daß der Lieferwagen den Tod geladen hatte?

Im Haus hatten Makrele und seine Frau soeben ihr Frühstück beendet und machten sich zum Aufbruch bereit. Makrele war der Präsident des Motorradclubs *Bullshit*. Obwohl er schon einige Mordanschläge überstanden hatte, hatte er deshalb seinen Lebensstil nicht geändert. Im vergangenen Jahr hatte er angedeutet, daß es vielleicht jetzt zu spät sein könnte, aber daß er keinen anderen Ausweg sehe, als weiterzumachen und aufs Beste zu hoffen. Und er ging davon aus, daß alles gutgehen würde, denn das Glück war ihm immer hold gewesen. Er hatte immer ein Einkronenstück bei sich, das einst seine Bewegungsfähigkeit und deshalb sein Leben gerettet hatte. Er dachte oft daran – und er hatte es sogar vergolden lassen. Er wußte es nicht, aber an diesem Morgen würde sein Kleingeld nicht ausreichen.

Er fragte die Frau weithin hörbar, ob sie noch nicht fertig sei. Das war sie, und die beiden gingen zur Tür. Ihr Hund sprang glücklich an dem Mann hoch, als ihm aufging, daß er mitkommen durfte. Sie öffneten die Tür zum Sonnentag. Der Hund lief vor ihnen her zum Gartentor. Makrele und seine Frau holten ihn ein und traten auf den Bürgersteig hinaus. Makrele öffnete die Tür zum Fahrersitz, stieg aber nicht sofort ein. Sie hatten es nicht eilig, und es war ein schöner Morgen. Die Frau brachte den Hund in einem Käfig hinter dem Fahrersitz unter. Sie knallte die Tür zu. Dann stieg sie ein. Makrele setzte sich neben sie und zog dann ebenfalls seine Tür zu. Es wurde jetzt heiß draußen – er kurbelte das Fenster nach unten.

Dann schrie seine Frau auf.

D er Mann in dem zweifarbenen Lieferwagen kratzte sich unter seiner Maske am Kopf. Die Maske saß so fest wie eine zweite Haut und nervte ihn. Er hatte sie schon einmal über sein Gesicht gezogen – als die Frau allein aus dem Haus gekommen war, danach hatte er sie wieder in seine Stirn geschoben.

Abgesehen von der roten Maske war er schwarz gekleidet. Mit Ausnahme seiner hellen Turnschuhe. Außer ihm enthielt der Lieferwagen nur zwei Dinge: Ein blaues Rennrad – seine Rückfahrkarte. Und eine mattschwarze Stengun-Maschinenpistole, geladen und entsichert. Das war sie, seit er hier saß. Er schaute kurz zu ihr hinüber und dachte: Ob das Opfer wohl zur Feier des Tages dreißig Kronenstücke in der Tasche hat?

Er schaute wieder aus dem hinteren Fenster. Das machte er häufig. Er wollte nicht gesehen werden, ohne das selber zu wissen. Es wäre doch ärgerlich, wenn ihm fünf oder sechs Jahre einfach wegen Mordversuchs aufgebrummt würden. Es wäre zweifellos – falls er in dieser Situation erwischt würde – schwer, den Richtern klarzumachen, daß er einen Waldspaziergang gemacht hatte oder nur mit dem Opfer plaudern wollte.

Es war ihm nur recht, daß der andere Wagen ihm die Front zukehrte. Das bedeutete, daß er und das Opfer einander in die Augen schauen würden. Er ging davon aus, daß sein Ziel hinter dem Lenkrad sitzen würde, ob die Frau nun dabei wäre oder nicht.

Sie war wirklich sein einziges Problem. Er wollte sie fast um jeden Preis schonen. Nur, wenn sie ihn selber in Lebensgefahr brächte, würde er sie liquidieren. Trotz der vielen Kugeln, die seine Stengun in die Luft abgeben würde, hatte er keine Angst, sie zu treffen. Er war ein trainierter Maschinenpistolenschütze, und er wußte, daß eine Stengun leicht zu beherrschen ist.

Er schaute auf die Uhr. 10.24 Uhr. Der letzte zerkaute Rest eines Dragees verschwand in seiner Kehle. Wieder kratzte er sich am Kopf.

Im Garten tauchte ein Hund auf. Und danach das Ziel und dessen Frau. Sofort zog er sich die Maske vor das Gesicht. Vorsichtig hob er mit der rechten Hand die Stengun vom Boden auf, während er Makrele und die Frau beobachtete, die jetzt den Garten verließen.

Die Frau ging auf die Straße hinaus und trat neben den Wagen. Sie öffnete die Schiebetür und verstaute den Hund auf der Ladefläche. Dann knallte sie die Tür zu, ging nach vorn und stieg ein.

Dasselbe machte auf der anderen Seite Makrele.

In dem Moment, in dem die Frau die Tür zuknallte, öffnete der Mann im Lieferwagen seine Schiebetür vorsichtig einige Zentimeter.

Jetzt fehlte nur noch eine Bewegung.

Makrele zog die Wagentür zu und kurbelte sein Fenster herunter, aber sein Mörder sah das nicht, denn in dieser Sekunde riß er die Tür des Lieferwagens zur Seite und sprang auf die Straße, wie ein Exhibitionist, der in einem Park hinter einem Baum auftaucht.

Er sah, daß die Frau ihn entdeckt hatte.

Sie schrie los.

Makrele schaute auf, als seine Frau zu schreien begann. Sie hatte bereits ihre Tür geöffnet und wollte den Wagen verlassen. Makrele sah, wie der schwarzgekleidete Mann angelaufen kam.

Die Maschinenpistole in seiner Hand war kein Scherz. Sie starrte ihn mit ihrem einen Auge an. Er mußte fort von hier. Er entschied sich für die Tür, die seine Frau eben geöffnet hatte. Sie war bereits aus dem Auto gesprungen und rannte am Auto entlang. Makrele robbte vorsichtig zur offenen Tür, während er zugleich aus weit aufgerissenen Augen den Mann mit der Maschinenpistole beobachtete.

Er versuchte dagegen anzukämpfen, mußte aber einfach laut aufschreien – und noch lauter, als er sah, wie der Mann sich bückte und zum Schuß ansetzte.

Er erlebte alles in Zeitlupe.

Er hörte das vertraute Geräusch der ersten Geschosse, die die Maschinenpistole verließen. Makrele hatte dieses Geräusch für »arrogant« gehalten, wenn er mit seinen Kumpels Probeschüsse abgegeben, und wenn er sich an Überfällen auf andere Clubs beteiligt hatte. Jetzt war ihm das alles egal. Er wußte, daß es das letzte war, was er jemals hören würde.

Die Salve trennte ihn von seiner Frau, die noch immer versuchte, sich in Sicherheit zu bringen, während er selber keine Waffe in Reichweite hatte. Er merkte, daß er getroffen wurde. Sein Körper wurde seltsam schwer. Er wußte, daß er nicht tot war, aber er konnte nicht mehr fliehen.

Aus der Ferne hörte er Schreie. Und Schritte. Für einen Moment glaubte er, ein weiteres Mal überlebt zu haben. Er würde aussteigen, jetzt, wo das hier überstanden war. Das versprach er sich selbst.

Eine weitere Salve zerriß die Luft, die ihn umgab.

Und dann war die Sache überstanden.

Die Frau reagierte als erste. Sie hatte den Wagen schon fast verlassen, als Makrele aufging, was hier passierte.

Der Mann war froh darüber, daß sie nicht mehr so dicht beieinander saßen. Das würde ihm die Arbeit erleichtern. Sie konnte nicht wissen, daß es das Beste für ihn gewesen wäre, sich beschützend über ihren Mann zu werfen. Makrele versuchte – zur großen Überraschung des Mannes – durch dieselbe Tür auszusteigen wie die Frau. Handelte er im Schock oder hatte er eine versteckte Waffe?

Der Mann fing Makreles verängstigten Blick ein. Dann ging er in die Hocke, um besseren Halt zu haben. Makrele schrie jetzt lauter als die Frau, aber der Mann kannte keine Gnade. Er gab eine kurze Salve auf das Führerhaus ab, um Makrele an der Flucht zu hindern. Dann lief er zum Wagen. Die Frau war jetzt nicht mehr zu sehen – vermutlich befand sie sich hinter dem Auto. Er richtete die Maschinenpistole auf Makrele, der bäuchlings auf dem Vordersitz lag, und leerte sie in den Leib seines Opfers.

Dann machte er kehrt und lief zurück zum Lieferwagen. Er ließ die rauchende Maschinenpistole fallen. Riß sein Fahrrad von der Ladefläche, sprang hinauf und fuhr los, in Richtung...

Die Zeit danach

Ich schaue aus dem Fenster auf die schöne Natur, die mich umgibt. Ich schreibe diese Zeilen in einem Sommerhaus. Ich bin müde wie ein ganzes Altersheim. Ich habe den ganzen Tag in den mächtigen Wellen gebadet und danach einige Stunden Sonnenbad angehängt. Wenn ich bade, gehe ich in Shorts und Hemd zu einem Boot, das hier verankert liegt, und lege dort Kleidung und Badetuch ab. An meinen Armen habe ich einige Tätowierungen, die niemand sehen und erkennen darf. Nicht, weil sie besonders schön ausgeführt wären, sondern weil ich wegen Mordes gesucht werde.

Ich halte mich schon seit einem Monat in diesem Ferienparadies auf. Es war eine schöne Zeit, sie wird mir sicher als eine der besten in meinem Leben in Erinnerung bleiben. Aber ab und zu kommt es doch vor, daß ich mich einsam fühle. Ab und zu langweile ich mich. Nach der ersten Woche hier oben ist mir aufgegangen, daß ich meine Zeit auch zu etwas Vernünftigem nutzen könnte. Und deshalb habe ich beschlossen, über mein bisheriges Leben zu schreiben. Es war kein langweiliges Leben, und bestimmt war es kein Leben, das ich bereue.

Ich miete dieses Haus hier für tausend Kronen pro Woche, und es ist seinen Preis wert. Ich kann es mir gemütlich machen, wie ich es will, ohne neugierige Blicke fürchten zu müssen.

Ich bin von sympathischen Nachbarn umgeben. Auf der einen Seite hausen einige surfbegeisterte junge Menschen. Von denen sehe ich nicht viel. Hinter mir wohnt eine kinderreiche Familie. Ich habe ein wenig mit ihnen geplaudert – sie sind wirklich nett. Auf meiner anderen Seite wohnt ein älteres Ehepaar, mit dem ich mich schon häufig unterhalten habe. Sie sind überaus lieb zu mir. Es ist mir fast ein wenig peinlich, daß ich ihnen gegenüber nicht die Wahrheit sagen kann. Gestern hat der Mann mich durch den Garten geführt. Und sie haben mir eine ganze Schüssel Erdbeeren aus ihrem Küchengarten geschenkt.

Wenn mir auf meinen Spaziergängen Einheimische begegnen, dann grüßen sie mich herzlich. Ich komme mir selber schon wie ein Einheimischer vor.

Abgesehen vom Schreiben vertreibe ich mir die Zeit mit langen Spaziergängen am Strand und im Wald. Ich hätte nie geglaubt, daß ich die Natur so sehr genießen könnte, aber es kommt vielleicht daher, daß ich weiß, was mich erwartet, falls sie mich finden. Die übliche lange Isolationsrunde, die einen mürbe klopfen soll. Die Polizei behauptet, sie steckten Leute in Isohaft, um in Ruhe ihre Ermittlungen durchführen zu können. Aber das ist gelogen. Es ist eine psychische Folter, die den Gefangenen brechen soll.

Mein Sommerhaus besteht aus einem großen gemütlichen Wohnzimmer, einem Flur, zwei Schlafzimmern, einem schönen modernen Badezimmer und einer Küche. Ich koche nicht selber. Wenn ich warm essen will, dann gehe ich zum Grill, der anderthalb Kilometer von hier entfernt liegt. Wenn Gäste kommen, bringen sie etwas Leckeres mit, und dann machen wir es uns in meinem Unterschlupf gemütlich. Nur sehr wenige wissen, daß ich hier bin. Aber die kommen dafür um so öfter. Sie kommen jedoch nur werktags, die Wochenenden sind für meine Frau reserviert, und wenn sie hier ist, dann gibt es keinen Grund, warum noch andere hier sein sollten. Sie hat mich kein einziges Wochenende im Stich gelassen, seit ich gesucht werde, obwohl sie sorgfältig beschattet wird. Vermutlich riskiert auch sie eine Freiheitsstrafe, wenn sie hier bei mir gefunden wird, obwohl ihr einziges Verbrechen doch nur darin besteht, daß sie mich liebt.

Heute hatte ich Besuch von zwei von meinen Brüdern. Wir haben gut gegessen, aber wir sind nicht an den Strand gegangen – zusammen besitzen wir eine ganze Galerie von Tätowierungen. Es wäre nicht leicht, sie zu verbergen – und drei Mann, die zu einem Boot waten, um sich dort umzuziehen, wirken einfach idiotisch. Ein Schornsteinfeger, der unerwartet den Garten betrat, als wir splitternackt und zufrieden in der Sonne lagen, hätte uns fast zu Tode erschreckt. Nur mein einer Bruder konnte noch sein Hemd überstreifen. Der andere stürzte in ein Zimmer und versteckte sich unter der Bettdecke. Peinlich, denn genau in diesem Zimmer war die Schornsteinklappe angebracht. Der Schornsteinfeger hat uns sicher für verrückt gehalten. Vielleicht hat er auch geglaubt, eine Schwulenbande beim geilen Sommerspiel zu überraschen.

Meine Brüder sind wieder weg, und ich bin allein mit meinen Gedanken und meinen unsicheren Zukunftsplänen.

Vor kurzem, während ich an der Arbeit saß, verirrte sich plötzlich eine Kohlmeise in mein Zimmer. Sie geriet in wilde Panik, als sie in einer Ecke gefangen war. Und das auch noch zusammen mit einem riesigen, ihr unbekannten Tier. Ich blieb auf meinem Stuhl sitzen, um ihre Angst nicht noch zu vergrößern. Nachdem sie mehrere Male gegen meine Aussichtsfenster geflogen ist, mußte ich sie auf den richtigen Weg bringen. Sie flog mit glücklichem Piepsen davon. Aus dem Gefängnis.

Der Gedanke an das Gefängnis stellt sich immer wieder ein, wenn ich allein bin. Aber das ist ja auch kein Wunder. Wenn ich für das verurteilt werde, was in der Anklageschrift steht, dann bekomme ich sechzehn Jahre.

Die ersten Tage hier oben waren hart. Doch nach drei Tagen, in denen ich ganz allein in meiner Gedankenwelt saß, brachte mich ein kleines Mädchen von acht oder zehn Jahren in bessere Laune. Ich machte einen meiner langen Spaziergänge und kam an einem Ferienlager für Kinder vorbei. Eine große Gruppe von Zelten, ein Ballspielplatz, eine Fahnenstange und viele spielende Kinder. Plötzlich riß die Kleine sich aus dem Spiel los und kam auf mich zugelaufen. »Hallo, wir sind im Lager«, rief sie – ihre Stimme bebte vor Begeisterung. »Das sieht herrlich aus«, erwiderte ich. »Habt ihr viel Spaß?« – »Ja«, rief sie und rannte zu den anderen zurück. Ohne es zu wissen, hatte sie soeben mit einem Mann gesprochen, den die Kopenhagener Mordkommission als

»außergewöhnlich gefährlich und bis an die Zähne bewaffnet« eingestuft hat. Andererseits könnten sie ja kaum mit der Mithilfe der Öffentlichkeit rechnen, wenn sie Mitteilungen dieser Art veröffentlichen würden:

»Das 24jährige Mitglied der Motorradbande *Hell's Angels* gilt als freundlicher, ruhiger Charakter und als absolut harmlos.«

Sie wußte gar nicht, in was für gute Laune sie mich versetzt hatte.

Im Fernsehen habe ich soeben gesehen, daß Jan Bonde Nilesen freies Geleit zu seinem Prozeß gewährt worden ist. Ob die Mordkommission mir das wohl auch zusichern würde? Aber nicht doch! Wer Geld hat, bekommt alles – wer keins hat, muß sehen, was aus ihm wird. Und das weiß ich ja. Als erstes werde ich satt, und zwar beim Abendessen unten im Grill.

Ich bin dort fast schon zum Stammgast geworden. Ich rede mit dem Personal über Gott und die Welt. Meine vielen Besuche wirken auf diese Weise natürlicher. Wer weiß, ob ich in dem Grill schon einmal neben einem Bullen gegessen habe? Ich glaube, die wenigsten würden mich erkennen. Die Gefahr liegt wohl vor allem darin, daß ich nervös werde, wenn ich einen entdecke – und daß mir das anzusehen ist.

An einem der Tage, an dem ich die Vorderseiten aller Zeitungen im Land zierte, war ich im lokalen Supermarkt, zusammen mit der Blume meines Lebens. Sie war nervös, aber daran habe ich mich inzwischen gewöhnt. Als wir dort Schlange standen, bat eine Dame mich, ihr eine Zeitung zu reichen. »Aber gern. Bitte sehr.« Ihr fiel nicht auf, daß ich mit dem Mann auf der Vorderseite identisch war. Aber man rechnet wohl auch nicht damit, daß jemand, nach dem gefahndet wird, so frech sein kann. Man verdächtigt keinen freundlichen, gutgekleideten Mann, der durch eine Feriensiedlung spaziert. Man hält mich wohl eher für ein verdrecktes langhaariges Ungeheuer, das durch die Gegend schleicht und Haß und Mord ausstrahlt. Vielleicht mit den Resten eines kleinen Kindes, die noch in seinem Bart hängen.

Ich habe mich mit drei Jungen von vielleicht zwanzig Jahren angefreundet. Sie wohnen in einem ungefähr einen Kilometer weiter gelegenen Ferienhaus. Ich bringe ihnen Cowboytricks bei und erzähle ihnen Räuberpistolen. Wir haben einige Male zusammengegessen, und sie haben mich in meinem Sommerhaus besucht.

Meine Brüder und meine Frau halten mich für bescheuert, wenn ich mich so unter die Nachbarn mische und neue Freunde finde. Ich halte dieses Vorgehen aber für klug. Ich wirke dann nicht wie ein Sonderling oder ein Einzelgänger. Ich glaube, es ist die beste Tarnung, mit zwei oder drei Typen und einem Ball herumzuwuseln.

Aber – wenn sie mich finden, dann finden sie mich eben.

Mehr gibt es dazu nicht zu sagen.

Mein Leben

Ich weiß nicht, ob die Sonne schien, als ich am 5. Juni 1960 geboren wurde. Wenn meine Eltern gefragt würden, würden sie sicher mit müdem Gesicht antworten, daß das Wetter ein wenig unruhig gewesen sei.

Ich wurde in Söborg Torv geboren, in der Gemeinde Gladsaxe im Kopenhagener Umland. Es war zu der Zeit, als das ganze Land, ja, die gesamte westliche Welt, eine Blütezeit erlebte. Arbeitslosigkeit war unbekannt. Das Leben wurde positiv gesehen. Und das galt eigentlich auch für den Tod.

Meine Eltern stammten aus dem Milieu, das ich als Mittelklasse bezeichnen würde. Aus der untersten Mittelklasse zwar, aber auch die war ein hervorragender Aufenthaltsort.

Meine Mutter wurde 1937 in Kopenhagen geboren. Mein Großvater arbeitete als Schmied in der Nordhavn-Werft, meine Großmutter war Hausfrau.

Mutter hatte eine ältere Schwester, die immer kommandieren mußte. Sie war dermaßen stur und dumm, daß sie ohne großes Geschrei nicht einmal sterben konnte. Ich weiß noch, wie wir glotzten, wenn sie tief Luft holte und rot anlief. Mutter nahm das alles immer gelassen hin. Ich konnte ihr ansehen, daß sie im tiefsten Herzen den Kopf über ihre Schwester schüttelte, daß sie genau wußte, wer hier die Klügere war. Vater nannte sie ganz einfach den »Sperrballon« – aber nur, wenn sie außer Hörweite war. Ich erinnere mich daran, wie sie einmal – ich muß damals so um die sieben gewesen sein –, in eine wilde Diskussion mit meinem Großvater geriet, als es um die Frage ging, wer ihnen ein Bild geschenkt hatte, das an der Wand hing. Das Ganze endete damit, daß meine Tante und ihr Mann das Bild von der Wand rissen und es zerfetzten. Wenn ich damals die Augen meiner Mutter hätte deuten können, dann hätte ich natürlich die Antwort gewußt, lange, ehe sie sich dann herausstellte: Mein Großvater hatte natürlich recht gehabt.

Der erste Posten meiner Mutter, an den ich mich erinnere, war der einer Sekretärin in einer Anwaltskanzlei in Lyngby. Ich weiß, daß sie zuvor bei Minerva Film gearbeitet hat. Als mein Bruder und ich dann etwas älter wurden, fand sie eine Anstellung als Schulsekretärin. Jetzt ist sie Geschäftsführerin in der Firma ihres neuen Mannes. Sie ist also in der Oberklasse gelandet, aber auch die ist vermutlich ein hervorragender Aufenthaltsort.

Mein Vater wurde 1930 geboren und ist damit sieben Jahre älter als meine Mutter. Er ist das zweite von vier Kindern. Ich habe nur meine Großmutter väterlicherseits kennengelernt, mein Großvater ist schon vor meiner Geburt gestorben. Sie lebten in Middelfart, wo ich viele Sommerferien verbracht habe – diese Sommeraufenthalte gehören zu meinen schönsten Kindheitserinnerungen.

Mein Großvater väterlicherseits kam aus Schweden. Er wollte in die USA, um dort nach Gold zu suchen, blieb dann aber als Bienenzüchter in Middelfart hängen. Gott sei Dank, sonst hätte es mich nie gegeben.

Sie lebten in einem Einfamilienhaus außerhalb des Ortskerns. Sie hatten einen großen Garten mit Kartoffeln und Gemüse, und der war ihnen sicher eine willkommene Hilfe – in den dreißiger Jahren lag das Geld schließlich nicht auf der Straße. Ein Insasse des örtlichen Irrenhauses kümmerte sich um den Garten. Das war damals absolut üblich, und beide Seiten waren damit gleichermaßen zufrieden.

Mein Vater hat mir erzählt, wie der Verrückte sich aus Omas weißen durchsichtigen Küchengardinen eine Hose nähte. Aus Zement und Pferdezähnen hat er sich ein Gebiß gebastelt. Er war sicher das, was man einen »komischen Vogel« nennen könnte.

Vater trat mit siebzehn in Kopenhagen eine Postlehre an. Seine beiden Brüder folgten diesem Beispiel, das Briefmarkenlecken muß also in der Familie gelegen haben. Er hat seitdem die ganze Zeit bei der Post gearbeitet – nur unterbrochen durch seinen Wehrdienst und einige Manöver als Kapitän der Reserve. Ich habe mir erzählen lassen, daß ich so stolz war wie ein frischgewählter Papst, wenn er mich in Uniform aus dem Kindergarten abholte. Die anderen Kinder glaubten, mein Vater sei General, und ich widersprach ihnen da nicht.

Nach vielen Jahren als Personalchef bei der Post endete er als Postmeister in einer Gemeinde im Kopenhagener Umland. Ich glaube, das gefällt ihm richtig gut. Ich weiß nicht, ob man behaupten könnte, daß er ebenfalls in der Oberklasse gelandet ist, aber ich glaube, wo immer er sich nun befindet, ist ein hervorragender Aufenthaltsort.

Kein Ton! Kein Ton kam während meiner ersten beiden Lebensjahre von meinen Lippen. Meine Eltern und meine Familie hielten mich für stumm. Aber seither habe ich alles wieder aufgeholt.

Ich weiß noch, daß ich mich mit vier Jahren weigerte, tanzen zu gehen. Mein älterer Bruder ging schon eine ganze Weile hin. Es war offenbar das erste Mal, daß mein Starrkopf sich durchsetzte.

Meine wichtigste Kindergartenerinnerung bezieht sich auf einen Tag, an dem ich einem Jungen namens Jonathan eine gescheuert habe. Er war rothaarig, sommersprossig und so wütend wie eine Ratte auf einer glühendheißen Kochplatte. Er schlug mich mit einer Eisenschaufel von hinten nieder und verpaßte mir mein erstes Loch im Kopf. Ich lernte dadurch, daß man keinem, den man niedergeschlagen hat, den Rücken zukehren sollte – falls seine Augen nicht zeigen, daß er ausgeschaltet ist.

Ich erinnere mich auch an meine erste Verliebtheit. Ich kann damals höchstens fünf oder sechs gewesen sein. Sie zeigte sich zumeist durch Nachlaufen, Schubsen und Ziehen. Aber es kam auch ab und zu zu einem Küßchen. Meine Baby Love hieß Jette. Ich war sehr unglücklich, als sie mich verließ – genauer gesagt, sie verließ den Kindergarten. Sie war ein halbes Jahr älter als ich. Zum Glück war mir nicht so recht bewußt, was da in mir vorgegangen war, und deshalb legte es sich bald wieder. Ich bin ihr zehn oder zwölf Jahre später noch einmal begegnet, und nach einer kurzen »Auffrischung« konnten wir uns sehr gut aneinander erinnern.

Mein älterer Bruder ging mittlerweile seit zwei Jahren in ein Haus, das für mich nur ein Wort war – »Schule«. Eines Tages kam die Reihe dann an mich. Ich begann den ersten Schultag im Garten meiner Großmutter, wo ich fotografiert werden sollte. Ich trug hellblaue Jeans und ein passendes Hemd. Das paßte gut zu meinen hellblonden Haaren. Ich freute mich ungeheuer auf die Schule – so seltsam das auch klingen mag.

In den ersten beiden Jahren ging auch alles sehr gut, aber dann ließ mein Interesse nach, und als wir nach der sechsten Klasse einen neuen Klassenlehrer bekamen, hatte ich die Schule endgültig satt – und wurde frech wie ein Fleischerhund.

Vor unserem ersten Klassenlehrer hatten wir gewaltigen Respekt. Ich erinnere mich an einen Tag in der sechsten Klasse, als ich und ein Kumpel – wir hatten seit vierzehn Tagen einen Vertretungslehrer – wie üblich fünf oder zehn Minuten zu spät zur Stunde eintrudelten. Ich war der absolute Großkotz in der Klasse und öffnete die Tür mit einem lärmenden Tritt. Und mit einem breiten Feixen, das aber sofort zu einem schmalen Strich wurde, gefolgt von einem Schmollmund, als eine knallende Ohrfeige meine Wange traf. Es klang, als hätte ein Pferd mit einem Stock einen Hieb versetzt bekommen. Damals war es in der Schule noch erlaubt, Ohrfeigen zu verteilen, und ich fand das ganz in Ordnung so. Aber hätte ich auch nur versucht, mich zu Hause zu beklagen, hätte das zu weiteren Maulschellen geführt.

Zu diesem Zeitpunkt hatten meine »Alten« eingesehen, dass ich nicht gerade der Klassenprimus war. Das konnte ich ihnen im Gesicht ansehen, wenn sie vom Elternsprechtag zurückkamen.

Ich führte mich nicht so auf, um irgend jemandem eins auszuwischen. Ich langweilte mich in den Stunden einfach so schrecklich. Ich mußte alles mögliche anstellen, um die Zeit totzuschlagen. Die anderen in meiner Klasse fanden das toll, die Lehrer dagegen amüsierten sich durchaus nicht. Ich – und zwei andere, die mein Klassenlehrer als »Mitläufer« bezeichnete – mußten uns immer wieder anhören, daß wir den Unterricht ruinierten. Ich glaube das eigentlich nicht – die meisten aus der alten Klasse haben inzwischen entweder solide Jobs oder machen irgendwelche Zusatzausbildungen. In der siebten Klasse wurde mein bester Freund auf eine andere Schule verbannt. Unseren Eltern wurde mitgeteilt, daß entweder er gehen müsse oder ich. Einige andere durften nachmittags nicht mit mir spielen. Als mein Vater das hörte, reagierte er durch das Verbot, meinerseits mit ihnen zu spielen. Ich glaube, er stellte sich vor, daß nach einiger Zeit niemand mehr wissen würde, wer wem zuerst was untersagt hatte. Wir trafen uns natürlich trotzdem – und jetzt machte es noch mehr Spaß, es war ja schließlich verboten.

Die Aufenthalte im Schullandheim waren eigentlich das einzige an der Schule, das mir wirklich Spaß machte. Und es gab einige davon. Der letzte Ausflug dieser Art – an meiner ersten Schule – war sicher der lustigste. Sechzig Schüler und sechs Lehrer in einem Ferienzentrum an der Vigsö-Bucht in Jütland. Einzelhäuser, in denen jeweils sechs Personen untergebracht waren. Wir konnten uns selber aussuchen, mit wem wir zusammenwohnen wollten, und in unserer Butze sammelte sich natürlich ein feiner Haufen. Alle Klassetypen im selben Schuppen. Dazu gehörten der Rote Paul, den wir Pfuschi nannten – ein großer rothaariger Wildfang, der dauernd lachte. Er studiert derzeit Jura. Der zweite in der Runde war und ist noch immer der beste Freund, den ich je gehabt habe. Er trug den Spitznamen Anton, denn mit Nachnamen hieß er Berg, wie die Marzipanfirma. Ein kleiner Junge – und immer bereit zu einem Ringkampf. Der dritte war – zusammen mit mir – der Scherzkeks im Haus. Er hieß Michael, wurde aber immer nur Friede genannt, ein lustiger Heini, der heute bei einer Versicherungsgesellschaft arbeitet. Der vierte war Friedes bester Freund, Ole. Ein stiller, sympathischer Junge, der nicht viel Aufhebens um sich machte. Ein guter Freund. Der letzte war Lars, der Dichter und Tagträumer des Hauses. Eine Art jugendliches Genie, das leider ein halbes Jahr später starb.

Tagsüber hatten die Gruppen allerlei Aufgaben zu lösen, die die Lehrer uns zuteilten. Abends waren in den verschiedenen Häusern Jux und Gemütlichkeit angesagt. Unsere Butze war die beliebteste von allen – und wurde bald in »Wirtshaus« umbenannt.

Das Wichtigste – nach dem Anbaggern von Mädchen – war die Beschaffung eines ordentlichen Schnapses. Kaum hatten die Lehrer uns gute Nacht gesagt – so gegen elf Uhr abends –, da kamen die Leute von nah und fern angeschlichen, und dann ging's los. Wir fürchteten keine Razzia von Seiten der Lehrer – die waren sicher ebenso beschäftigt wie wir.

Vor allem kann ich mich an den dritten Abend erinnern, als die größte Suff und Kotztour meines Lebens. Ich hatte einen halben Liter Wodka, etwas Saft und vier oder fünf Bier gekauft. Auch die anderen hatten im lokalen Lebensmittelladen Vorräte gebunkert. Die ersten ›Elefanten‹-Biere waren schon geleert worden, ehe die Lehrer sich davon überzeugt hatten, das Friede, Freude, Eierkuchen herrschten – und danach konnten wir uns über die anderen Getränke hermachen.

Ich saß in einem Sessel mit Armlehnen. Auf der einen Lehne standen Wodka und Saft – auf der anderen stand mein Glas. Ich verließ den Sessel erst wieder, als die Flasche leer war.

Als ich mich durch den Wodka hindurcharbeitete, fing ich an, mich wie ein Russe aufzuführen. Ich hatte gelesen oder gehört, daß die Russen ihre Gläser über ihre Schultern werfen, wenn sie mit Wodka angestoßen haben – und das erregte im Haus gewaltige Heiterkeit. Der einzige, der nicht mitlachte, war Lars – das erste Glas landete in seinem Zimmer, vor dem Bett, wo es zu Atomen zersprang. Als er – nachdem er das erste aufgefegt hatte – um ein Haar vom nächsten getroffen worden wäre, das dann in seinem Bett zerbrach, ja, da hatte seine Geduld ein Ende. Es war wohl das einzige Mal, daß unser Poet – jedenfalls in der Zeit, in der ich ihn gekannt habe – zu den Boxhandschuhen griff.

Aber das kapierte ich in diesem Moment nicht. Ich war bereits sturzbesoffen. Als ich mich aus meinem Sessel aufrappelte, tat ich das Dümmste, was man überhaupt nur tun kann, wenn man zu tief ins Glas geschaut hat: Ich ging hinaus in die Kälte. Und sofort stieg mir der Alkohol in die Birne. Das letzte, woran ich mich erinnere, ist, daß ich vor dem Klo lag und den Göttern opferte. Irgendwer tippte mir auf die Schulter. Ich blickte auf – und zwar in Friedes offenen Mund. Ich weiß nicht, ob ich dessen Inhalt auf den Kopf bekam, denn alles wurde schwarz, aber später – als ich wieder zu mir gekommen war – erfuhr ich, daß ich mich knapp vier Stunden lang erbrochen hatte und daß in der letzten Dreiviertelstunde nur noch Galle und Blut herausgekommen waren. Aber es hatte endlich doch ein Ende genommen, und einige unglückliche Mädchen aus der Klasse hatten mich ins Bett gebracht. Dafür belohnte ich sie später auf dieser Fahrt natürlich – mit einer Runde Knutschen in einer dunklen Ecke.

Ich war dermaßen verkatert, daß ich drei Tage lang nichts essen konnte. Am letzten Abend, wo wirklich der Bär los war, drehte sich mein Magen um, wenn ich eine Schnapsflasche nur ansah.

Kurz nach dieser Fahrt lieferte ich in der Schule meinen ärgsten Bubenstreich. Zusammen mit Pfuschi wollte ich den Lehrern einen Schrecken einjagen. Sie hatten eine Besprechung im Lehrerzimmer – einem Raum in einem langen schmalen Gang, an dem keine Klassenzimmer lagen. Um ihre Ruhe zu haben, stellten sie immer hinten im Gang einen Vertretungslehrer auf, aber diesmal hatten sie das wohl vergessen, und deshalb hatten die beiden kleinen Terroristen freie Bahn. Pfuschi gab Feuer und ich warf – und es machte einen ungeheuren Lärm, als der Kracher unmittelbar vor der Tür der kaffeetrinkenden Lehrer landete. Bestimmt hatten sie danach eine hohe Reinigungsrechnung.

Wir wurden natürlich erwischt und mussten einen Brief für unsere Eltern mitnehmen. Pfuschi wurde angezeigt, mir wurde mitgeteilt, daß meine Anwesenheit in der Schule während der nächsten Woche unerwünscht sei.

Diese unterschiedliche Behandlung wirbelte ziemlichen Staub auf, aber wie mein Klassenlehrer sagte: »Jörn hat schon seit längerer Zeit für eine Woche Ferien gespart.«
Ich wagte nicht so recht, zu Hause den Brief abzugeben – ich hatte ja ohnehin schon allerlei auf dem Kerbholz –, und deshalb beschloß ich, durchzubrennen. Damals war ich gerade vierzehn.
Vier Jahre zuvor waren wir in ein Einfamilienhaus in Lyngby gezogen, und meine Mutter arbeitete nun schon als Schulsekretärin. Ironischerweise besuchte sie gerade ein Treffen aller Schulsekretärinnen der Gemeinde und saß neben der Kollegin, die den Brief über mich geschrieben hatte, als mein Vater anrief und mitteilte, daß das schwarze Schaf der Familie durchgebrannt war. Das veranlaßte meine Mutter dazu, wieder mit dem Rauchen anzufangen, was ich damals ziemlich witzig fand. Heute weiß ich, daß darin die tiefe Liebe und Zuneigung zum Ausdruck kamen, die sie ihrem unmöglichen Sohn entgegenbrachte.
Ich blieb nur zehn Stunden verschwunden, und zu meiner freudigen Überraschung gab es weder Strafpredigten noch Ohrfeigen, als ich nach Hause kam.

In den ersten Schuljahren interessierte ich mich in meiner Freizeit vor allem für Fußball und Schlittschuhlaufen. Fünf Jahre lang war ich Mitglied im Kreisverband Stengård des dänischen Fußballverbandes FDF. »Faters dressierte Flußpferde«, »Faters Dussel furzen«. Wir galten als fromm und wurden deshalb verspottet – dabei war das einzig Fromme das Vaterunser, das wir nach jedem Treffen beteten, und das kann ja wirklich niemandem schaden.
Der Kreisleiter war ein Geistlicher, ein netter alter Knabe, voller Bart und Jux, trotz seines ernsthaften Amtes. Er litt unter einer überaus ernsten Krankheit, und als ich ihn zuletzt sah, mußte er zum Predigen auf einem Barhocker sitzen. Aber seinem Humor hatte das nicht geschadet.
Nach einer Pause von einem halben Jahr konnte er mich übrigens zur Rückkehr in den FDF überreden – diesmal als Jugendleiter. Eigentlich machte mir das auch großen Spaß, aber trotzdem hörte ich nach einem halben Jahr wieder auf.

Er hätte Toten einreden können, daß sie noch lebendig seien. Aber er war das Predigen ja auch gewöhnt.

Meine Fußballkarriere begann bei den Zwergen im Ballclub Stengård, dem STB, der sich später in Bagsværd Ballclub umbenannte. Ich ging mit meinem älteren Bruder hin, doch der stieg bald wieder aus – er wollte sich lieber dem Eiskunstlauf widmen. Ich trat später in den Lyngby Ballclub ein – für den mein Fußballherz noch heute schlägt – und spielte dort drei oder vier Monate in der normalen Mannschaft.

Zwischendurch liebäugelte ich wie mein Bruder mit dem Eislaufen. Es war nicht nur ein Hobby, sondern führte zu vier Jahren hartem Training und Sommerkursen und Turnieren. Ich wurde zweimal seeländischer Meister, 1971 und 1972.

Mein Bruder erzielte viel feinere Ergebnisse. Als Senior gewann er die dänische und die norwegische Meisterschaft. Außerdem qualifizierte er sich für EM und WM. Auch ich erreichte die EM, aber nur in Form des Banketts im Hotel Scandinavia. Ich landete auf der Rückseite der Zeitung BT, weil ich mit der niederländischen Weltmeisterin tanzte. Später avancierte ich dann auf die Titelseite der BT, aber das ist eine ganz andere Geschichte.

Das Ganze war aber eher ein Mädelsport, fand ich. Bei den Wettbewerben nahmen niemals mehr als drei oder vier Teilnehmer teil – auf der Herrenseite. Bei den Teilnehmerinnen standen jeweils mindestens zwanzig in jeder Sparte.

Als Kind war ich dreimal im Ausland. Später wurden solche Reisen zu meiner großen Leidenschaft.

Meine erste Reise führte mich mit der ganzen Familie nach Norwegen. Insgesamt waren wir zu vierzehn unterwegs. Onkel, Tanten, Kusinen. Wir wohnten in einem Gebirgsdorf. Tagsüber waren wir in den Bergen unterwegs. Die Skiloipen hoch, um uns die Beine zu brechen, wie ich sagte. Ich weigerte mich, Ski zu laufen – da konnten meine Eltern sagen, was sie wollten. Eine Kusine brach sich dann auch das Bein, ich hatte also nicht ganz unrecht gehabt.

Auf der Heimfahrt wäre ich beim Nachlaufen auf dem Fährendeck fast ums Leben gekommen. Mein älterer Bruder und ein großer Vetter wollten mir wie üblich davonrennen.

Ich jagte hinter ihnen her. Bei den Rettungsbooten rutschte ich in einer Pfütze aus und landete unter der Reling, so daß mein ganzer Unterleib über die Schiffsseite hing. Dem Schicksal sei Dank, daß ich nicht im pechschwarzen Eiswasser gelandet bin. Zwei Minuten später wäre ich ein toter Eiswürfel gewesen.

Die nächste Auslandsreise führte mich mit dem Fußballverein nach Schottland. Ich war zwölf und saß zum ersten Mal in einem Flugzeug. Das gefiel mir sofort gut – vor allem der Anlauf über die Landebahn, wo man in den Sitz gepreßt wird. Es war ein herrliches Kraftgefühl.

Wir wurden in einer Art Jugendherberge untergebracht. Ich teilte mein Zimmer mit meinem Schulkameraden Anton. Wir kamen weit im Land herum. Wir sahen Edinburgh, die Burgen, eine Whisky-Brennerei – aber kosten durften wir nicht, da in Schottland sehr strenge Schankgesetze herrschten.

Ich weiß noch, daß die meisten Mädchen sich unterwegs verliebten. Im Bus zum Flughafen flennten sie dann und sangen: »I'm leaving on a jet-plane. Don't know when I'll be back again.«

Auf dem Rückflug nahm ich im Flugzeug meinen Mut zusammen und kaufte einen halben Liter Rum. Den wollte ich durch den Zoll schmuggeln – wir waren noch zu jung, um Alkohol einführen zu dürfen. Wir landeten am frühen Morgen, und es war weit und breit kein Zollbeamter zu sehen. Ich hatte trotzdem Schmetterlinge im Bauch. Ich schenkte die Flasche meinen Eltern. Sie wußten nicht, daß es sich um Schmuggelware handelte, und ich weiß nicht, was sie gemacht hätten, wenn sie es gewußt hätten. Meine Eltern waren so gesetzestreu, daß es fast ans Groteske grenzte. Ich habe einmal gesehen, wie mein Vater eine halbe Flasche Gin ins Waschbecken kippte. Sie hatten einen halben Liter zuviel gekauft, als sie die deutsch-dänische Grenze überquerten.

Meine dritte Auslandsreise führte nach Italien und ist für mich noch immer die schönste der drei Fahrten. Wir wurden im Flughafen von Rom von Freunden meiner Eltern erwartet, einem kanadischen Ehepaar. Der Mann arbeitete in Rom bei der kanadischen Botschaft, und die Familie wohnte ein wenig außerhalb der römischen Innenstadt in einem großen dreistöckigen Reihenhaus.

Ich hatte zu Hause gehört, daß der Verkehr hier unten ein wenig heftig sein sollte, und das war wirklich nicht übertrieben. Als wir vom Flughafen losfuhren, stießen wir gleich auf der ersten Kreuzung auf zwei Autos, die miteinander kollidiert waren. Neben dem einen stand ein brüllender Mann. Daß er nicht gerade Schmeicheleien von sich gab, konnten wir seinem tiefroten Gesicht und seinen wilden Gesten ansehen. Neben dem anderen Wagen stand eine Frau und schrie zurück, unterstützt von einer Freundin, die halb aus dem Seitenfenster hing. Gleichzeitig drückten beide Autofahrer die Hupen voll durch. Es war wirklich eine unvergeßliche Szene.

In Rom gab es so viele Autos wie in ganz Dänemark zusammen. Ich kann mich daran erinnern, wie mein Bruder und ich eines Tages über die Spanische Treppe schlenderten. Wir standen wegen der vielen Abgase kurz vor einer Ohnmacht. Meine Güte, was für eine verschimmelte Friedenspfeife, was für ein Gestank.

Wir aßen den ganzen Tag Pizza und tranken eimerweise Cola. Wir suchten die Sehenswürdigkeiten auf. Den Petersdom, Vatikanstaat, das Colosseum. Wir machten Ausflüge nach Sorrent und nach Capri, zum Vesuv und nach Pompeji.

Die kanadische Familie hatte drei Söhne. Sie gingen jeden Tag bis zwei Uhr zur Schule. Mein Bruder und ich lagen so lange am Swimmingpool, doch wenn sie dann nach Hause kamen, ging es los. Sie tauchten kurz ins Wasser, dann zogen wir in die Stadt. Es war eine schöne Art, Rom kennenzulernen. Gleichzeitig lernten wir etwas Italienisch – vor allem jedoch unflätige Wörter und Redensarten.

Mein Bruder und ich bekamen, was wir brauchten, nicht mehr und nicht weniger. Ich meine nicht, daß wir verwöhnt wurden. Unsere Erziehung war tadellos. Es gab ab und zu eine Ohrfeige – insgesamt acht bis zehn Stück, vielleicht – aber auch das waren nicht zu viele.

Es gab sicher eine Zeit, in der wir unsere Eltern nicht oft genug sahen, aber sie mußten auch Geld verdienen. Wir durften sehr viel, aber wenn wir zu weit gingen, schlugen sie energisch zu.

Ich weiß noch, daß wir immer beim Abwasch helfen mußten. Das gefiel uns überhaupt nicht. Wir zerbrachen immer mehr Geschirr, um uns von dieser Pflicht zu befreien. Mutter hielt ihre Söhne anfangs vielleicht für ungeheuer ungeschickt, aber dann roch sie Lunte. Sie reagierte darauf, indem sie ein Spülsparschwein aufstellte – und dann wurde uns einfach Taschengeld gekürzt, wenn wir etwas zerbrachen. Von Stund an waren wir weniger ungeschickt.

Es war wunderbar, wenn Mutter von der Arbeit kam und Kuchen und Kakao mitbrachte. Es war einfach gemütlich, zusammenzusitzen und zu erzählen, was zum Beispiel in der Schule passiert war. Aber irgendwann war Schluß mit der Gemütlichkeit – ich hatte den Eindruck, daß ich nichts mehr erzählen konnte, ohne mir eine Strafpredigt einzufangen.

Ihr größtes Problem mit mir war, daß ich nichts essen wollte. Ich war schrecklich wählerisch. Nur kaltes Essen brachte ich hinunter, und ich nutzte jeden Trick und jede Entschuldigung, um mich vor warmem Essen zu drücken. Wir führten jede Menge Essens-Diskussionen, und oft wurde ich danach ins Bett geschickt. Ich bin noch immer wählerisch, aber ich habe es meiner Mutter und ihrer Ernährung zu verdanken, daß ich heute so frisch und gesund bin.

Ich sprach nicht viel mit meinem Vater, und als ich in der Schule zu einem Hort der Unruhe wurde, wurden wir fast zu Feinden. Er war in der Regel müde, wenn er von der Arbeit nach Hause kam, und er hatte nicht mehr die Kraft, uns zuzuhören. Erst als meine Eltern geschieden waren, fanden er und ich zueinander. Jetzt liebe ich ihn sehr. Wir sind beide gleichermaßen starrköpfig, aber jetzt akzeptieren wir einander. Mit sechzehn hätte ich ihn fast niedergeschlagen, aber Gott sei Dank ist es dann doch nicht so weit gekommen.

Ich weiß noch, wie wir einmal unser Haus anstreichen wollten. Mein Vater und ich standen auf entgegengesetzten Hausseiten. »Damit es nicht zu Handgreiflichkeiten kommt«, sagte meine Mutter.

Mein Bruder und ich fingen an, ein Jugendzentrum namens Egegården zu besuchen. Eine Zeitlang hingen wir zusammen mit zehn oder zwölf Kumpels im Einkaufszentrum Lyngby herum – wir waren eine Art Minirockerbande mit Fahrrädern und Mopeds. Das Jugendzentrum Egegården war der Aufenthaltsort von fünfundzwanzig bis dreißig mopedfahrenden Jungs – den *Children of the Devil*. Die Mitglieder wohnten alle in der Nähe des Jugendzentrums. Wir hatten sie auf einem Fest kennengelernt.

Langsam fanden wir Zugang zu dieser Bande, in der es auch einzelne ältere Mitglieder mit Autos oder Motorrädern gab. Zu diesem Zeitpunkt gab es in der Gegend von Gladsaxe schon etliche kleine Banden, denn ein großer Rockerclub namens *Roadrunners* hatte sich aufgelöst. Seit Jahren waren die Roadrunners in Gladsaxe und Umgebung gefürchtet gewesen. Sie hatten in ihren Glanzzeiten an die hundertfünfzig Mitglieder. Leute aus der Gegend gründeten dann den bekannten Motorradclub *Nomads*. Sie trafen sich in einigen Bauwagen oben am Ringvej.

Unser Club brachte ihnen gewaltigen Respekt entgegen. Ich weiß noch, daß sechs von ihnen einmal unangemeldet zu Besuch kamen, nachdem sie gehört hatten, daß wir uns Aufnäher mit dem Namen *Last Heroes* hinten auf die Jacken gesetzt hatten. Dieser Namenszug ähnelte dem der *Hell's Angels*, die wir aus einigen kleinen Taschenbüchern kannten, die ansonsten rein gar nichts mit den *Hell's Angels* zu tun hatten. Zum Glück trug an diesem Tag niemand so eine Jacke. Und obwohl die Gerüchte nicht falsch waren, beteuerten wir energisch, nie von solchen Abzeichen gehört zu haben. Die letzten Helden verhielten sich an diesem Tag nicht gerade heldenhaft, und wir gaben die Patches rasch wieder auf.

In der folgenden Zeit gingen wir ohne Abzeichen, beteiligten uns aber an allen möglichen Schlachten der anderen Banden – der *Værebro-Rocker*, der *Höje-Gladsaxe-Rocker* und anderen. Ich weiß noch, wie wir einmal nach Hareskoven fuhren, um einen von uns zu rächen, der Prügel bezogen hatte. Es machte einen Höllenspaß. Fünfunddreißig Mopeds. Zwei auf jedem Moped. Zur Feier des Tages hatten wir eine kleinere Bande zur Verstärkung herangezogen – die *Stengårdsvænge-Bande*. Wir erwischten sechs oder sieben von den Hareskov-Leuten. Sie standen am Waldrand und tranken Bier, als wir wie eine Flutwelle mit Heimweh über sie hereinbrachen. Sie bezogen Schläge, daß es nur so knallte – vor allem mit Händen und Füßen, aber auch vereinzelt mit Holzknüppeln. Wir konnten nie herausfinden, ob wir wirklich die richtigen erwischt hatten. Aber sie waren immerhin mit den richtigen befreundet – und das reichte uns damals schon.

Die großen Namen in der dänischen Rockerszene waren damals – abgesehen von den *Nomads* aus Gladsaxe – *Gypsy Nova* aus Frederiksværk, *Filthy* aus Nørrebro in Kopenhagen und die *Dirty Angels* aus Valby.

Meine Eltern wußten genau, daß mein Bruder und ich das Jugendzentrum Egegården besuchten, doch daß ich auch zu einer Mopedbande gehörte, erfuhren sie erst, als ich mit dem Gesetz aneinandergeriet.

Ich war fünfzehn. Wir sammelten uns bei unserer Stammkneipe Lippert's. Wir waren vielleicht zwanzig Kumpels, und der Abend war durch und durch langweilig. Ich stand vor der Kneipe und sprach mit meinem alten Klassenkameraden Friede, als in der Tränke plötzlich eine Schlägerei im besten Westernstil loszubrechen schien. Als ich hineinkam, schwirrten Tische, Stühle, Aschenbecher und Flaschen durch die Luft. Ich sah sofort, daß mein Bruder Probleme hatte, und ich stürzte mich mit einem Eifer in meine erste Wirtshausschlägerei, über den ich nachher selber gestaunt habe.

Die Prügelei wogte hin und her und endete schließlich auf der Straße. Fünfunddreißig bis vierzig Menschen waren darin verwickelt. Die letzten, die sich noch prügelten, waren ich und zwei von der Gegenseite. Ich konnte dem einen ein Knie an die Birne rammen, aber als ich dann den anderen erledigen wollte, wurde mein Arm auf halbem Weg zurückgehalten. Ich fuhr herum, um meinen neuen Widersacher mit meiner freien Faust niederzustrecken, aber zu meinem

Entsetzen sah ich, daß ich mich mit einem Polizisten angelegt hatte. Zum ersten Mal in meinem Leben wurden mir die bekannten Stahlarmbänder angelegt, und kurz darauf waren ich und fünf oder sechs andere auf dem Weg zur Wache von Gladsaxe.

Ich hatte keine Ahnung, mit wem wir da aneinandergeraten waren und warum. Später stellte sich heraus, daß mein Bruder und zwei von den anderen sich gelangweilt hatten. Um ein wenig Leben in die Bude zu bringen, hatten sie den lokalen Fußballverein provoziert. Mein Bruder war an einem der Spieler vorbeigegangen und hatte sein Glas über ihm ausgeleert. Der Spieler hatte gefragt, was zum Teufel der Scheiß denn solle, worauf mein Bruder um Entschuldigung gebeten hatte. »Macht ja nichts«, hatte der Spieler gesagt. »Ach, oh?« fragte mein Bruder darauf. »Dann kann ich ja auch noch den Rest ausgießen.« Und damit war die Schlägerei in Gang. Bescheuert, aber total harmlos.

Nach kurzem Verhör und zwei Stunden Zelle wurde ich um drei Uhr morgens von zwei Krimis zu meinen Eltern nach Hause gefahren. Ich war soooo klein mit Hut, als ich mit den beiden Bullen vor der Tür stand. »Wer ist da?« hörte ich die schlaftrunkene Stimme meiner Mutter. »Öh, komm doch bitte kurz runter«, antwortete ich.

Zu meinem Schrecken hörte ich, daß auch mein Vater wach war. Jetzt ist die Kacke am Dampfen, dachte ich. Aber ich kam mit einem mahnenden Zeigefinger der Polizei und zweihundert Kronen Buße davon. Mein Bruder hatte erzählt, ich sei irrtümlicherweise festgenommen worden. Eigentlich hätten sie sich einen ganz anderen vorknöpfen müssen. Daß dieser andere mein Bruder selber war, das verrieten wir natürlich nie.

Ungefähr zu der Zeit, in der das alles passierte, machte ich zusammen mit meinem Freund Anton ein vierzehntägiges Schulpraktikum auf der Wache. Wir spielten beide mit dem Gedanken, zur Bullerei zu gehen. Ich weiß nicht, was uns daran gefiel, aber es schien jedenfalls ein ziemlich witziger Job zu sein.

Jeden Morgen fanden wir uns zusammen mit den »Fohlen«, also den Polizeianwärtern, in der Polizeischule ein. Unser Kontaktmann war ein toller Typ, ein alter Knabe namens Poul Lund. Er hatte nur Unfug im Sinn, und nichts war witziger, als zuzusehen, wie er die jungen »PP« – die Probe-Polizisten – zur Schnecke machte. Er konnte die Dienstanwärter einfach nicht leiden. Nicht viele von ihnen hatten den Suppenteller erfunden, wie er sagte. Aber bei dem miesen Lohn kann man auch nicht lauter Einser verlangen.

Poul Lund hatte während des Krieges im KZ Buchenwald gesessen und verfügte deshalb über eine gewisse Erfahrung.

Wir nahmen an Erste Hilfe-Kursen, Funklehrgängen und allem möglichen anderen teil, was mit zur Ausbildung gehörte. Drei- oder viermal waren wir auf dem Schießplatz und probierten die 7.65er der Polizei aus. Den Gehörschutz auf die Lauscher und acht Schuß pro Mann. Ich muß ehrlich zugeben, daß ich auch aus fünfzehn Zentimeter Entfernung keinen Kuharsch getroffen hätte, aber es machte trotzdem ziemlichen Spaß.

Etwa drei Wochen nach meinem Aufenthalt in der Polizeischule beschlossen die normale Schule und meine Eltern, es sei wohl das beste, wenn ich meinen Schulbesuch beendete. Das war dasselbe wie ein Rausschmiß, hörte sich aber sehr viel netter an. Da ich ohnehin mit einer besonderen Erlaubnis dort war – ich wohnte in Lyngby, ging aber in Gladsaxe zur Schule –, ließ sich nicht viel ändern. Es waren nur noch zwei Wochen bis zu den Sommerferien – aber auch die blieben mir erspart. Im nächsten Schuljahr sollte ich an der Engelborgschule in Lyngby anfangen, ich hatte keinerlei Examen gemacht, aber mir war das alles wirklich schnurz.

Die eine der beiden freien Wochen verbrachte ich bei meinem Freund Poul Lund an der Polizeischule – wenn er Zeit hatte, um sich um mich zu kümmern – und deshalb konnte von Langeweile keine Rede sein.

Es ist ein seltsamer Gedanke, daß ich damals fast Bulle geworden wäre. Zum Glück kam es dann ja anders. Ich mochte die älteren Beamten ziemlich gut leiden, stellte aber bald fest, daß viele von den jüngeren mehr oder weniger gehirntot waren. Ich aß und lebte fast drei Wochen lang unter ungefähr zweihundert von dieser Sorte – und das reichte.

Ich war gerade sechzehn geworden und fuhr mit meinen Eltern in den Sommerferien nach Kanada. Ich fand die Vorstellung gar nicht toll, mich von meinen Freunden trennen zu müssen, aber als wir dann unterwegs waren, gab es keine Probleme mehr.

Von London aus flogen wir mit einem Jumbo-Jet. Ich war zutiefst beeindruckt – das war wirklich etwas, worüber ich zu Hause erzählen konnte. Ich kannte sonst niemanden, der schon einmal mit einem solchen Koloß geflogen war. Ich fand ihn riesiggroß, aber auf späteren Flügen kam er mir dann vor wie in der Wäsche geschrumpft.

Die Ferien begannen in Saint Johns in Neufundland, wo wir bei Freunden meiner Eltern wohnen sollten, einem Oberarzt und seiner Frau – die pure Oberklasse. Was mich am meisten beeindruckte, war die Begegnung mit dem Kulturminister des Bundesstaates – einem witzigen Junggesellen, der mir das neue Kulturhaus der Stadt zeigte. Ich trug meinen Namen ins Gästebuch ein – zwischen Lord Montgomery und Prinz Philip. Wow!

Wir verbrachten zwei Tage in seinem Sommerhaus – einer tollen Hütte mit hohem Nadelwald an einem leuchtendblauen See. Zum Haus gehörten ein Badesteg, ein Bootshaus und natürlich ein Boot. Auf dem anderen Seeufer wohnten zwei reizende langbeinige Mädels, mit denen ich in Saint Johns Tennis gespielt hatte. Sie waren total verrückt nach mir, weil sie mich für einen Landsmann von Björn Borg hielten. Ich versuchte mehrere Male, ihnen den Unterschied zwischen Dänemark und Schweden zu erklären, aber entweder konnten sie das nicht begreifen, oder ich drückte mich nicht deutlich genug aus.

Sie hatten ein großes Rennboot, mit dem wir umherbretterten, und wir machten auch eine Wasserskitour. Ich weiß noch, wie schwer ich es fand, mich auf den beiden Brettern aufzurichten. Ich sah eher aus wie ein Spastiker, als ich lernen sollte, auf dem Wasser zu laufen. Nach fünf oder sechs Versuchen schaffte ich es endlich, und dann ging es gleich richtig los. Und dieses Schwein von Boot legte wirklich ein wahnwitziges Tempo vor.

Der Oberarzt fuhr mit mir zu Filmaufnahmen an einem Ort namens Pretty Harbour – was eine Fahrzeit von vielen Stunden bedeutete. Später habe ich den Film in Dänemark gesehen, »The Killer Whale« oder »Orca – Der Killerwal«. Der Hafen bot einen traurigen Anblick – ein kleines Fischerdorf mit vielen alten Fischern und Fischersfrauen, und verheert wie die äthiopischen Steppen. Sie hatten sich diesen Ort für die Aufnahmen ausgesucht, weil er reichlich öde und unheimlich aussah – und weil sie schlechtes Wetter brauchten. Woran kein Mangel herrschte: Statistisch gesehen regnete es hier dreihundert Tage pro Jahr – in der übrigen Zeit war ganz normales schlechtes Wetter. Es gibt ein Bild, auf dem ich neben einem mechanischen Orcawal auf Rädern stehe.

Aus meiner Sicht erscheint das Teil übrigens als ein überaus trauriger Film. Ich war immer auf der Seite der Tiere. Ich weiß noch, daß ich an einer Stelle im Film fast geweint hätte, nämlich, als eine Walkuh in einer Schiffsschraube Selbstmord begeht, nachdem sie auf dem Schiffsdeck eine Fehlgeburt erlitten hat.

Nach Saint Johns wollten wir eine Rundreise durch die USA und das östliche Kanada antreten. Wir fuhren sehr viel Taxi, wohnten in Wolkenkratzerhotels und sahen uns alle Sehenswürdigkeiten an – Paraden, Ausstellungen, Wasserfälle.

In Boston wurde uns gesagt, daß wir nicht allein in der Stadt herumlaufen dürften. Wir durften uns eigentlich kaum ungeschützt aus dem Hotelzimmer wagen. Bei unserer Ankunft wurden uns Flugblätter von irgendeinem Verein in die Hände gedrückt, der die Kriminalität bekämpfte – sogar Fahrstuhlfahren im eigenen Hotel konnte gefährlich sein. In Boston blieb man am besten im Hotelbett und schloß die Tür ab. Das Essen ließ man sich dann vom Zimmerservice bringen. Aber auch den mußte man genau im Auge behalten.

Es ist leicht zu verstehen, warum so viele Amerikaner so fett sind, bei all dem Junkfood, das sie in sich hineinstopfen – Burger mit Pommes und die obligatorische Cola. Und sie essen sehr oft. Das ist nicht so wie bei uns, wo man nur auswärts essen geht, wenn Muttern keine Lust zum Kochen hat. Nein, dort macht man das drei-, viermal pro Woche. Und dort gibt es nicht nur ein fettes Familienmitglied – nein, da gibt es ganze Burgerfamilien. Hier fällt nicht der »Dicke« in der Klasse auf – nein, hier gibt es den »Dünnen« in der Klasse.

Hotel Celtic Inn, Toronto, dreißig Etagen. Ich hatte gerade die Schuhe ausgezogen und es mir nach einem ausgedehnten Einkaufsbummel in einem wunderbaren Bett bequem gemacht, als ich vom Gang her einen beunruhigenden Lärm hörte. Ich war offenbar kurz eingenickt. Denn zuerst glaubte ich, es handele sich um einen Wecker. Dann dachte ich, ein Weltuntergangsprediger habe sich ins Hotel eingeschlichen und auf den Gong geschlagen, um den Untergang der Welt oder den Torontos zu verkünden. Aber dann war es doch nur Feueralarm...

Feueralarm! Ich sprang aus dem Bett. Wir wohnten im 23. Stock, und ich hatte gerade im Kino den Film »Flammendes Inferno« gesehen. Ich stürzte auf den Balkon und schaute nach unten. Vor dem Hotel standen zwei oder drei Feuerwehrwagen. Ich lief hinaus auf den Flur. Jede Menge verängstigte Menschen. Während der Alarm noch schrillte, schlossen sich die Brandtüren automatisch, und eine nicht besonders deutliche Stimme leierte per Lautsprecher irgendeinen Spruch herunter. Durch die Brandtüren war ich vom Rest meiner Familie abgeschnitten.

Nach fünf Minuten verstummte der Alarm, und die Türen öffneten sich wieder. Meine Mutter kam angerannt und konnte berichten, daß ein betrunkener Schwede aus Versehen den Feueralarm betätigt hatte. Sogar in Kanada gibt es betrunkene Schweden.

Für den Rest der Reise nahmen wir nur noch Zimmer in den unteren Stockwerken.

Ich war fünfzehn, als ich mein erstes Moped bekam – ein großes Puch, das in meinen Augen aussah wie ein Motorrad. Ich holte es am Tag vor meinem fünfzehnten Geburtstag und durfte es nach einigem Hin und Her von einem Kumpel nach Hause fahren lassen, der bereits fünfzehn war. Das Moped des Kumpels war natürlich hinter der nächsten Ecke abgestellt – und sowie die Erwachsenen uns nicht mehr sehen konnten, sprang ich auf meine Neuerwerbung, und dann ging es los, mit fünfunddreißig Stundenkilometern.

Ich war glücklich, weil ich nun ein Moped hatte. Ich hing die meiste Zeit mit einer Mopedbande herum, und da war es doch nur gut, auch selber motorisiert zu sein. Ich fuhr wie eine gesengte Sau und hatte in den folgenden zwei Jahren diverse Unfälle und Mißgeschicke. Mein Moped erwarb sich auf diese Weise den Spitznamen »Beule«.

Ich stellte auch einen neuen Gladsaxe-Rekord in der Sparte »kürzeste Zeit auf illegalem Moped« auf. Mein Freund Anton und ich hatten an meinem Moped herumgebohrt, -geschliffen und -geschaltet, und als wir zu einem Bekannten fuhren, der die Zündung einstellen sollte, zeigte Anton plötzlich rückwärts. Zwei grinsende Bullen und ein Stopschild. Sie waren nur fünf Meter hinter uns, und deshalb konnte ich nicht mehr abbiegen. Ich hätte es aber auch nicht versucht – eine Woche zuvor war ein Klassenkamerad von mir bei einem solchen Manöver umgefahren worden. Ich schaffte es also, nur zwanzig Minuten auf meinem frisierten Moped unterwegs zu sein. Peinlich.

Unsere Kleidung bestand aus Lederjacke und Wrangler-Weste. Wir hatten uns große schwarze Malteserkreuze auf die Westenrücken gemalt. Und sie dann mit Nieten besetzt. Je mehr und je größer – desto besser. Wenn wir von einem neuen Laden hörten, in dem es Nieten gab, dann stürzten wir hin und legten unser ganzes Geld darin an. Am Ende konnten wir die Westen kaum noch tragen, so sehr belastete uns der »Metallgehalt«.

Daß die »Teufelskinder« sich im Einkaufszentrum von Lyngby trafen, lag nicht daran, daß wir uns gelangweilt oder keinen anderen Zufluchtsort gewußt hätten. Uns ging es eher darum, uns dort zu zeigen, wo auch andere Menschen unterwegs waren, und wo wir Frauen kennenlernen konnten. Ab und zu stellten sich Gäste von den anderen kleinen Banden ein, aber nie kam es im eigentlichen Zentrum zu Handgreiflichkeiten.

Die einzige Schlägerei, an die ich mich aus der Lyngby-Zeit erinnern kann, galt einem Jugendclub, der sich »Art Klub« nannte. Fünf oder sechs von uns waren auf einem Fest des Art Klub mit einigen älteren Klubmitgliedern aneinandergeraten. Die Übermacht war zu groß gewesen, und wir hatten den Rückzug antreten müssen. Aber die Gegenseite hatte sich verrechnet. Sie glaubten, wir wären höchstens ein Dutzend Mann. Sie wußten nicht, daß wir dabei waren, uns mit dem Egegårdsclub zusammenzuschließen.

Am Samstagabend der folgenden Woche war die Vergeltungsaktion angesagt. Wir waren an die dreißig und wärmten uns zuerst mit ein paar Kästen Bier und ein wenig Gemütlichkeit auf dem Rasen beim Egegårdsclub auf. Wir zogen los, als die Dämmerung eingesetzt hatte. Wir fuhren über Nebenstraßen, um nicht von der Polizei entdeckt zu werden – über zwanzig Mopeds, ein Auto und zwei Motorräder.

Wir hielten zweihundert Meter vom Art Klub entfernt an und machten uns zum Angriff bereit. Wir gingen zuerst, doch dann rannten wir die letzten fünfundzwanzig Meter zum Klub. In der Tür standen zwei Typen. Sie waren total überrascht. Ehe sie auch nur piep sagen konnten, hatten wir unsere beiden ärgsten Feinde am Wickel.

Eigentlich endete die Sache überaus friedlich. Sie kriegten eins auf die Birne und versprachen, sich in Zukunft freundlicher zu zeigen. Und wir verschwanden ebenso schnell in der Nacht, wie wir daraus aufgetaucht waren.

Mein älterer Bruder und ich liefen ihnen zwei Wochen später über den Weg, aber jetzt herrschte kein Streit mehr. Wir waren gute Freunde geworden.

Es war eine sorglose Zeit. Das einzige, was wirklich etwas bedeutete, war Geld für Benzin und Bier. Nicht, weil wir wie die Löcher gesoffen hätten, sondern weil es nett war, eine Menge Leute zu treffen und sich eine Runde Bier in den Schlund zu kippen.

Eines Tages war eine kleine Gruppe von sechs oder sieben Freunden aus dem Einkaufszentrum Lyngby im Vergnügungspark Bakken unterwegs. Wir waren zwei Stunden lang ziellos umhergestromert, als wir einige Typen von den *Dirty Eagles* entdeckten. Auch sie waren zu sechst oder zu siebt, und sie waren mit einer Bande von vielleicht zwanzig Leuten aneinandergeraten. Ich weiß nicht, warum, aber wir und die Adler mochten uns sofort, und als das der Gegenseite aufging, zogen sie sich eilig zurück. Damals galt es, in der Mehrheit zu sein, wenn man eine Schlägerei gewinnen wollte – aber von dieser Auffassung bin ich inzwischen abgekommen.

Zum Dank für die Hilfe wurden wir von einem langen schlaksigen Dirty Eagle zu einem Bier eingeladen. Er hieß Carlo und war der auffälligste unter ihnen. Wir quatschten eine Weile und verabredeten uns für die folgende Woche zu einem kleinen Fest. Die Adler erzählten, daß sie aus Gentofte und Vangede stammten. Sie trafen sich draußen in Ermelunden – und dort sollte unser Gartenfest steigen.

Das Fest bestand darin, daß wir am Feuer Würstchen und Frikadellen grillten und uns ansonsten ordentlich vollschütteten. Carlo entpuppte sich als großer Sänger und Dichter. Er führte uns das Kampflied des Clubs vor, das ein ziemlicher Knaller war:

»So zogen sie von Ort zu Ort,
und fraßen dabei in einem fort,
zu Essen gab es einen Stier
für jeden, und dazu viel Bier –
pro Stunde zehnmal vier.«

Nach diesem Fest waren mein Bruder und ich immer häufiger mit den *Dirty Eagles* zusammen. Wir hatten dieselben Träume und dieselben Ziele wie Carlo und die anderen im Club. Wie auch wir hatten sie die Mopeds satt und wünschten sich sehnlichst ein Motorrad zwischen die Beine. Wir hatten große Pläne, und es kam dann endlich der Tag, an dem Stump von den *Dirty Eagles* als erster eine Suzuki 500 ccm bekam. Teddy – ein großer gutmütiger Brocken von hundertzehn Kilogramm – legte sich bald darauf als nächster so eine Maschine zu.

Teddys bester Freund war Holmer – und beide gehörten zu unserer Gruppe. Holmer stammte von Bornholm. Er machte eine Lehre als Fahrradmechaniker und wohnte bei seiner Tante in Ordrup.

Wir anderen waren weiterhin auf unsere Mopeds angewiesen, aber wir waren stolz wie die Päpste, wenn wir hinter den MCs herfuhren und das gleiche Patch auf dem Rücken trugen wie die Anführer. Wir entwickelten uns zu einem Motorradclub und sahen unsere Freunde vom Egegårdsclub immer weniger.

Wir trafen uns bei Stump in Vangede und in der Bodega in Gentofte. Wenn es warm war, saßen wir unten in Nymosen, tranken, zogen Joints durch und amüsierten uns mit den Mädels, die immer um uns herumhingen.

Carlo, Stump und einige von den anderen rauchten ziemlich viel Hasch, aber für meinen Bruder und mich war das nicht das richtige. Wir rauchten nicht einmal Tabak. Wir haben es natürlich versucht, aber es schmeckte uns nicht. Die Alten hatten uns den Führerschein versprochen, wenn wir nicht rauchten, und auch das trug sicher dazu bei, daß wir vom Nikotin die Finger ließen.

Mein Bruder war der dritte im Club, der ein Motorrad bekam. Es war zwar nur eine alte BMW 250 ccm – ein sogenannter Einkolber –, aber nachdem wie sie mit einem hohen Lenker, einem Rückenbügel und einem Bananensattel versehen hatte, sah sie doch ziemlich gut aus. Sie konnte sich auf hundertzwanzig Kilometer hochquälen, wenn es bergab ging – bei Rückenwind und Sonne von hinten.

Unsere Mopeds rutschten immer weiter in den Hintergrund. Sie waren zwar nicht zugelassen und konnten im Vergleich zu vielen anderen ein reichlich gutes Tempo bringen, aber das reichte uns nicht. Mein Bruder konnte sein Schlachtschiff zwei Jahre fahren, ehe er erwischt wurde. Er versuchte abzuhauen, flog aber in einer Kurve auf Arsch und Ellbogen, und damit war Schluß mit der Mühle. Die Alten drehten natürlich durch, als wir mit nicht zugelassenen Mopeds erwischt wurden, aber die waren damals einfach gang und gäbe. Alle meine Freunde fuhren solche Mopeds. Es war sozusagen – wenn man ein Auge zudrücken will – eine Art Kinderkrankheit.

Ungefähr zu dem Zeitpunkt, zu dem ich mich den *Dirty Eagles* angeschlossen hatte, wurde ich von meiner neuen Schule geworfen. Nach einem halben Jahr auf der Engelsborgschule in Lyngby ging die Sache schief.

Eigentlich war eine Bagatelle an meinem Rausschmiß schuld. In den Schulen von Lyngby war es zu allerlei Vandalismus gekommen. Ich persönlich hatte zwar nicht einmal eine Türklinke zerbrochen, aber da ich einer der lautesten in der Klasse war, wurde ich automatisch der Bruchbande zugerechnet. Eines Tages schlug ich in der Pause aus Versehen eine Scheibe ein. Ich wußte sehr wohl, daß niemand erfahren durfte, daß ich das gewesen war. Alle hielten die Klappe – bis auf ein Pißtier aus meiner Klasse, einen dermaßen öligen Schleimi, daß er an der Wand festgepappt hätte, wenn man ihm einen Schubs gegeben hätte. Nachdem er mich verpfiffen hatte, verpaßte ich ihm zur Strafe einen Hintern voll. Das entdeckte ein Lehrer, der gerade Hofaufsicht hatte – und damit waren meine Tage an dieser Schule gezählt.

Ich war damals mit einem Mädchen aus meiner Parallelklasse zusammen – genauer gesagt hielt die Sache nur zwei Monate. Sie war fünfzehn und ich war sechzehn, als sie von mir schwanger wurde. Das war wirklich peinlich, und sie traute sich nicht, zu Hause etwas zu sagen. Als die Stimmung aber zu gedrückt wurde, mußte sie doch damit herausrücken.

Ich wußte nicht, daß sie den Mund aufgemacht hatte, als ich eines Morgens anspaziert kam, um sie zur Schule abzuholen. Sie und ihre Schwester standen in der Küche und waren mit dem Abwasch beschäftigt. Sie winkten mir abwehrend zu, wie um mir zu raten, »to get the hell out of here«. Ihr Vater lag hinter der Tür auf der Lauer. Ich konnte im Affenzahn kehrtmachen, worauf er mich im besten Stummfilmstil durch die Wohnstraße jagte. Zum Glück war er groß und fett und konnte mich nicht einholen. Aber danach war diese Beziehung ruiniert. Meine Freundin durfte mich nicht mehr treffen, und sie hielt sich an diese elterliche Weisung.

Meine Eltern stellten mich nun vor die Wahl, arbeiten zu gehen oder eine Sonderschule zu besuchen. Ich entschied mich für ersteres.

Ich hörte an einem Freitag in der Schule auf, und schon am Montag hatte meine Mutter nichts anderes im Kopf, als für mich einen Job zu finden. Es war keine Rede von einer kleinen Pause – ich sollte um jeden Preis beschäftigt werden. Sie hatte sich bei der Arbeit freigenommen, um mir bei der Suche zu helfen und um klarzustellen, daß ich mir die Sache nicht zu leicht machte.

Wir fuhren durch die Stadt, und beim fünften Versuch hatten wir Erfolg. Und zwar in einem Supermarkt in Bagsværd. Die Frau an der Information wollte uns zuerst abweisen, aber meine Mutter blieb stur – sie bestand darauf, mit dem Chef zu sprechen. Nachdem sie zehn Minuten mit ihm gesprochen hatte, war ich eingestellt. Mein angehender Chef war in diesem Gespräch so gut wie nicht zu Wort gekommen.

In meinen Augen machte sich die Sache ein wenig, nachdem ich nicht mehr zur Schule gehen mußte. Unser Club hatte ein neues Mitglied – Norweger – der eine 1000er Kawasaki besaß. Durch ein studentisches Austauschsprogramm war er aus Norwegen gekommen, um in Kopenhagen Medizin zu studieren. Nachdem er sich einem Motorradclub im Südhafen angeschlossen hatte, litt seine Konzentration ein wenig. Mein Vater mochte ihn sehr gut leiden, aber er sagte, sollte er jemals eine Operation brauchen und dann feststellen, daß Norweger der Chirurg war, dann würde er schreiend aus dem Operationssaal fliehen. Aber der Typ war auch ein ziemlicher Schussel.

Auch Carlo hatte jetzt ein Bike – eine 650er Triumph mit herrlichem Geräusch. Doch er war noch nicht alt genug, um sie offiziell fahren zu dürfen, er mußte noch zwei Monate warten. Sein Vater war Feuerwehrhauptmann und außerdem ein ziemlicher Paragraphenreiter und hatte – wie auch mein Vater – große Probleme damit, unseren Lebensstil zu schlucken.

Neben dem harten Kern des Clubs war noch ein Mädchen oft mit uns zusammen. Sie hieß Pia. Sie fuhr eine Honda 350 ccm oder etwas ähnliches. Sie war ziemlich keß und hatte eine Klappe wie ein Bierkutscher.

Eines Tages waren Carlo und Pia zu einer Kneipe namens Butterfly gefahren. Sie lag im Südhafen und war ein bekannter Rockertreffpunkt. Hier trafen sich die großen Clubs – neben den *Dirty Eagles*, den *Nomads* und den *Filthy Few* waren das *Galloping Goose*, *Black Eagles* und noch viele andere Gruppierungen.

Wir hießen also *Dirty Eagles*. Die *Dirty Angels* regten sich entsetzlich über unsere Patches auf, weil wir etwas mit Dirty hießen. Während Carlo mit einigen Leuten von *Dirty Angels* und *Nomads* in eine Diskussion vertieft war, knallte FM ihm einen doppelten Fußsprung an die Birne.

FM war ein *Dirty Angel*. Angeblich war FM die Abkürzung für Führer-Michael, aber ob das stimmt, habe ich nie in Erfahrung bringen können. Ein interessierter Richter wollte das auch einmal wissen. »Fräulein Madsen«, antwortete FM. Er war häßlich wie die Erbsünde – kahl, mit Unterbiß und kräftigen Koteletten.

Angesichts dieser Übermacht mußte Carlo sich geschlagen geben. Er mußte versprechen, daß wir das »Dirty« aufgeben würden. Und nicht nur das. Um nicht ihr Gesicht zu verlieren, forderten die *Black Eagles*, daß wir auch auf den Namen Eagles verzichteten.

Am folgenden Wochenende waren wir bereit zu unserem ersten Treffen mit neuem Namen auf dem Rücken. Das Emblem war dasselbe, aber wir hatten den Namen in GV-MC geändert, was bedeutete, *Gentofte Vangede Motorradclub*. Es sollte nur ein provisorischer Name sein, aber er blieb dann sehr lange an uns hängen.

Das Treffen fand in Korsör statt. Nur acht von uns konnten hinfahren, da wir nur acht Motorräder besaßen. Wir hatten natürlich auch noch Pias, aber keiner von uns wollte hinter einem Frauenzimmer sitzen müssen. Wir waren damals eben eingefleischte Chauvis. Ich beschloß also, zu Hause zu bleiben.

Auch die *Nomads* und die *Dirty Angels* waren bei dem Treffen dabei, und die anderen sprachen ziemlich viel mit ihnen. Sie fanden Carlo in Ordnung, da der sich nicht in die Hose gemacht hatte, als eine ganze Bande ihn draußen im Butterfly umzingelte. Und nach diesem Treffen waren wir dann ziemlich oft mit beiden Clubs zusammen.

An einem Abend im Butterfly traf ich sie alle auf einmal, und das war für mich wirklich ein Erlebnis. Ich war mit Friede unterwegs, meinem alten Schulkameraden. Als wir ankamen, waren noch nicht viele Gäste in der Kneipe, vielleicht fünfzehn oder zwanzig. Die meisten waren Frauenzimmer. Ich kannte von allen nur Pia.

Nach zwei Bieren trudelten immer mehr Bekannte ein, Leute aus den kleinen Clubs und andere, die nirgendwo Mitglied waren. Irgendwann tauchten fünfundzwanzig bis dreißig von der Mopedbande *Hell Riders* auf, mit Geschrei, Geschubse und Provokationen.

»Das wird sicher lustig, wenn die Nomaden und die Dirtys kommen«, sagte Pia. Die anderen führten sich auf, als ob die Kneipe ihnen gehörte.

Nach einer halben Stunde wimmelte es auf dem Platz vor der Tränke plötzlich von Motorrädern. Die Mopedknaben wurden daraufhin seltsam still und kleinlaut. Die *Nomads* und die *Dirty Angels* waren aufgetaucht. Und noch ehe irgendwer den Schnabel aufreißen konnte, hatten die ersten schon einen auf den Hut bekommen. Mir fiel vor allem Blondie auf, der den Anführer der *Hell Riders* am Wickel hatte. Der kriegte Senge, daß es nur so knallte. Mit einem Tritt in den Arsch und dem guten Rat, »setzt eure Schweißquanten bloß nie mehr in diesen Laden«, wurde er hinter dem Rest seiner ramponierten Bande hergeschleudert.

Danach gab es ein großes Fest mit allerbester Stimmung. Die ganze Nacht wurde gezecht und gebrüllt und geschrien und über die eilig davongestürzten *Hell Riders* hergezogen. Bald danach verschwanden sie aus dem Stadtbild. Ich weiß nicht, ob sie sich aufgelöst oder einfach ihre Patches weggeworfen haben, weg waren sie jedenfalls.

Irgendwann mitten in diesen vielen Ereignissen hatten meine Eltern die Nase voll. Ich wurde zu Hause vor die Tür gesetzt. Aber sie wollten mir wohl nur einen Schrecken einjagen, denn drei Wochen danach bat meine Mutter mich, wieder nach Hause zu kommen. Ich war bei Holmers Tante in Ordrup eingezogen – sie war eine wunderbare alte Dame, die in einem gemütlichen kleinen Holzhaus wohnte. Sie wohnte unten, Holmer und ich hausten unter dem Dach. Immer standen Tee und Käsebrote bereit, wenn wir abends nach Hause kamen, und sie war eine sauwitzige Gesprächspartnerin.

Meine Mutter hatte offenbar ein schlechtes Gewissen. Ich weiß, daß sie meinen Bruder fragte, ob »Tantchen« sie für eine schlechte Mutter hielte. Das tat »Tantchen« nicht – und ich auch nicht, weshalb ich sofort wieder nach Hause zog, als mir dieses Angebot gemacht worden war.

Meine Arbeit im Supermarkt ließ sich gut an. Ich meldete mich keinen einzigen Tag krank, und mein Chef war deshalb sehr zufrieden mit mir.

Unser Club funktionierte hervorragend, aber irgendwann sprangen einige Mitglieder auf den »Karrieretrip« auf. Stump und noch einer wechselten zu den *Dirty Angels* über und wurden zur Probe dort aufgenommen. Stump wurde nach drei Monaten Probezeit zum Vollmitglied – wir sahen ihn aber weiterhin regelmäßig. Bald darauf ging Teddy – der Dicke im Club – zu den *Nomads* über. Norweger folgte ihm.

Da weder die *Nomads* noch die *Dirty Angels* ein Clubhaus besaßen, schlug Teddy vor, das Silvesterfest in seiner neuen Wohnung abzuhalten. Ich hatte vorgeschlagen, daß er erst nach dem Fest neu tapezieren und den Teppichboden verlegen sollte. Und ich riet ihm, alle Möbel am Boden festzuschrauben. Aber auf diesem Ohr war er taub – es würde alles wunderbar glattgehen.

Und das tat es auch, solange nur wenige Gäste gekommen waren, doch schon zwei Stunden später sah das ganze aus wie ein zu Schutt gebombter Negerkraal. Zigaretten wurden auf dem Boden ausgedrückt. Die Wände wurden mit Bier bespritzt. Es fanden regelrechte Bierschlachten statt, weshalb die Wände immer mehr wie moderne Kunst aussahen. Stühle und Tische gaben bei diesem ausgelassenen und überaus feuchten Fest ihren Geist auf. Und schließlich, und nicht zuletzt, wurden um Mitternacht wie besessen Feuerwerkskörper jeder Art abgeschossen – und zwar im Saale.

Teddy stand kurz vor dem Nervenzusammenbruch, als er am nächsten Tag aus seinem Rausch erwachte und das Zerstörungswerk vor der Nase hatte. Nachts hatte das ganze nicht so arg gewirkt. In nüchternem Zustand dagegen kam es ihm vor wie die Götterdämmerung.

Die erste große Rockerschlacht fand 1966 in Kopenhagen statt. Es fing in der Kneipe Tinsoldaten ganz harmlos an. Zwei Mitglieder der *Nomads* arbeiteten dort als Rausschmeißer und als Kellner – Faßbier und Moses waren ihre Namen. Eines Abends wurden sie von einigen Typen aus der *Gartnergade* übel angemacht. Zuerst kam es nur zu leichten Rangeleien, aber einige Tage später entwickelte sich daraus eine regelrechte Prügelei.

Es liegt auf der Hand, daß die *Nomads* sich nicht damit abfinden wollten, daß in einem Wirtshaus, in dem zwei ihrer Mitglieder arbeiteten, soviel Ärger war. Eines Abends hielten sie deshalb Kriegsrat. Zusammen mit den *Dirty Angels* zogen sie zum Jugendzentrum Gartnergade, wo der Feind sich aufhielt. Auch Carlo aus unserem Club war dabei. Das Heer bestand aus fünfunddreißig bis vierzig mit Messern, Eisenrohren und Knüppeln bewaffneten Kriegern. Im Club hielten sich einer Schätzung nach zu dieser Zeit achtzig bis hundert Menschen auf.

Unterwegs schauten sie im Clubhaus der *Galloping Goose* vorbei und fragten, ob die mithalten wollten. Das wollten sie nicht, erwiderte Zulu, der Präsident dieses Clubs. Sie hatten keine Probleme mit der *Gartnergade* und wollten sich nicht einmischen.

Nach einem langen Fußmarsch schlich die Vorhut sich die Treppe hoch. Der Club lag oben in einer Mansarde. Der Feind war von diesem plötzlichen Angriff überrascht. Die

Angreifer staunten über die Anzahl der Feinde – im Lokal hielten sich fünf oder sechs Mitglieder auf. Trotz der totalen Übermacht waren sie aber so unverschämt wie die Fleischerhunde und wurden deshalb sofort niedergemacht. Einer bekam eine Flasche an den Kopf – ein anderer eine Lampe. Das ganze dauerte eine Minute, und schon war der Spuk vorbei.

Natürlich war dieser Angriff nicht lautlos verlaufen, deshalb wurde die Polizei alarmiert und rückte volle Kanne an. An die fünfundzwanzig der Angreifer wurden festgenommen. Der Rest konnte entwischen und sich auf einem in der Nähe gelegenen Friedhof verstecken.

Am nächsten Tag schrieben die Zeitungen: »Amerikanische Zustände in Nörrebro«. Niemand nahm sich das zu Herzen, sie fanden es nur lustig, in der Zeitung zu stehen. »Seht mal, da ist Carlo! Und da liegt ja Pelz!«

Dieser Zusammenstoß gab, wie sich danach herausstellte, den Anstoß zu einem längeren Krieg, der am Ende auch alle anderen Clubs im Großraum Kopenhagen einbezog.

In unserem Club waren wir nur noch zu viert: mein älterer Bruder, Carlo, Holmer und ich. Wir wollten auch zu den *Nomads* oder den *Dirty Angels*, wollten aber noch etwas warten. Bis ich ein wenig älter wäre und wir alle unser MC hätten – und man mußte achtzehn sein, um überhaupt auch nur zur Probe zugelassen zu werden. Aber wir waren immer häufiger mit den anderen zusammen – vor allem, weil Norweger, Teddy und Stump in diese Clubs aufgenommen worden waren.

Auch Pelz trafen wir ziemlich häufig. Er wohnte ebenfalls in Ordrup. Er hatte eben das Abitur gemacht. Das hatte auch mein Bruder, und die beiden verstanden sich großartig. Manchmal sprachen wir davon, ihn in unseren Club aufzunehmen, aber wir waren uns doch nicht alle ganz einig, deshalb wurde zunächst noch nichts daraus.

Eines Abends wurden wir im Butterfly gefragt, ob wir bei einer Racheaktion mithalten wollten, zwei Nomaden war von einigen Rockern aus Værebro übel mitgespielt worden. Messerstecher-Frank und Johnny Pigalle hatten dabei zum Tanz aufgespielt – sie galten als zwei klare Anführertypen. Und auch einige von ihren Mitläufern hatten sich reichlich provokativ verhalten.

Wir hatten uns in einer Wohnung in Höje Gladsaxe getroffen. Wir waren so viele, daß die letzten im Treppenhaus sitzen mußten. Alle Nomaden und Dirtys hatten sich eingefunden. Dazu wir vier vom *G. V. M. C.* und vier von *Galloping Goose*. Einer von ihnen hieß BSA Bjarne. Später wurde er in Hansi umgetauft.

An Transportmitteln hatten wir sechs Motorräder, drei PKW und einen Möbelwagen. Ein Nomade, Hardy, war Möbelpacker – und zur Feier des Tages hatte er einen Wagen zur Verfügung gestellt, um anstelle von Möbeln unsere Hauptkampfabteilung zu kutschieren.

Wir waren genau achtundvierzig Mann. Und dann ging's los – im Schutze der Dunkelheit. Wir mußten unbedingt ungesehen das Schlachtfeld erreichen. Nach der Schlacht in der Gartnergade behielt die Polizei die verschiedenen Clubs etwas genauer im Auge.

Es war ein ziemlich verblüfft dreinschauender Busfahrer, der so gegen neun Uhr abends einen dunklen Möbelwagen an der Bushaltestelle Værebro an den Kantstein zurücksetzen sah. Als dann noch drei PKW und sechs Motorräder angefahren kamen, sprangen zwei Männer aus dem Führerhaus, liefen nach hinten, schlugen die Plane hoch und öffneten die Klappe. Eine Horde aus mit Stierhaut bekleideten Fahrradkettenvirtuosen quoll hervor, von denen der glotzende Busfahrer soviel in der Zeitung gelesen hatte.

Im Schutze einer Mauer robbten wir die letzten dreißig Meter zum Club, und als alle bereit waren, schlugen wir die Tür ein. Die anderen fielen aus allen Wolken. Wir waren auf an die fünfzehn Clubmitglieder und zwei Jugendbetreuer gestoßen. Der eine Betreuer versuchte, das Telefon zu erreichen und die Bullerei zu alarmieren, aber das kostete ihn zwei Vorderzähne, als das Telefon ihn voll im Gesicht traf.

Ich war einer der ersten, die ein großes Lokal stürmten, in dem eine Bar und eine Disco eingerichtet werden sollten.

Zusammen mit Blondie legte ich Johnny Pigalle und einen anderen Penner auf die Bretter.

»Crash« machte es – ein *Dirty Angel* kam durch ein Fenster gebrettert. Er hatte dieses große Aussichtsfenster der Tür vorgezogen. Er blieb unversehrt, denn er war für diese Gelegenheit passend gekleidet: Lederjacke, Lederhose und Integralhelm.

Zwei von den *Værebro-Rockern* hatten sich hinter einer verschlossenen Tür versteckt – aber auch da fand sich ein Rat. Auf dem Boden wimmelte es ja nur so von Rammbökken. Drei oder vier Typen wummerten gegen die Tür zu den zitternden *Værebro-Rockern*. Die Luft war gesättigt von Flaschen, Brettern und Menschenleibern.

»Aber Blondie, wir sind doch alte Bekannte«, jammerte Messerstecher-Frank. »Ja«, fauchte Blondie, »und deshalb schlag ich hiermit zu!« Worauf er zwei Flaschen fallenließ und Frank mit den Fäusten dermaßen einen auf die Birne gab, daß der Rot und Bleich zugleich sah.

Der verblüffte Busfahrer glotzte noch immer, als wir nach zwei Minuten wieder zum Vorschein kamen, in den Möbelwagen sprangen und wie Tau in der Sonne verschwanden. Wir fuhren in eine andere Richtung als die, aus der wir gekommen waren, und trafen uns schließlich im Butterfly, wo wir die ganze Nacht unseren Sieg begossen.

Die einzige Verletzung in dieser Nacht zogen wir uns zu, als ich auf der alten »Bimmer« meines Bruder aufsaß, um nach Hause zu fahren. Bei einer Baustelle mitten auf der Straße landeten wir auf Arsch und Ellbogen, und ich verletzte mich am Rücken. Vierzehn Tage lang mußte ich einen Stützverband um den ganzen Rumpf tragen.

Wir kannten die *Nomads* inzwischen so gut, daß wir dort um Aufnahme ersuchen wollten. Wir hielten die *Nomads* für den besten Club – und wir hatten keine große Lust, mit dem großen Hakenkreuz der *Dirty Angels* auf dem Rücken herumzulaufen. Nicht, weil wir daran Anstoß genommen hätten, aber es war nun einmal nicht unser Lieblingsabzeichen, und es kam auch bei unseren Eltern nicht gut an, die ja ohnehin nicht gerade stolz auf ihre Söhne waren.

Mein älterer Bruder wollte inzwischen nicht mehr. Als wir deshalb in unserem inzwischen arg reduzierten Club zur Abstimmung schritten, enthielt er sich der Stimme. Holmer und ich wollten zur Probe mitmachen – Carlo war dagegen, mußte sich der Mehrheit aber beugen. Wir sprachen mit Pelz über die Sache, und er zeigte großes Interesse.

Holmer hatte sich eine Triumph 650 ccm zugelegt, das bedeutete, daß wir ziemlich gut dastanden, da die *Nomads* ihre japanischen Nähmaschinen nach und nach gegen Triumphs eintauschen wollten. Die »Engländer« fuhren nicht besser, hatten aber mehr Stil. Und sie klangen besser – der Leerlauf war deutlich zu hören.

In Wirklichkeit war wohl ich das größte Problem – an dem Mittwoch, an dem Pelz und ich zum ersten Mal das Hotel Mercur betraten, wo die *Nomads* sich trafen. Ich hatte kein Bike, und ich würde in vier Wochen nicht achtzehn werden, sondern erst siebzehn. Aber egal – wenn auch sonst nichts, so hatte ich doch einen guten Ruf.

Am 1. März 1977 wollten wir den Sprung aus der dritten Liga in die zweite wagen – wir wollten uns um eine Probemitgliedschaft bei den *Nomads* bewerben.

Wir waren bereits eine gute halbe Stunde vor dem Treffen im Hotel Mercur. Die meisten Nomaden waren schon zur Stelle. Sie trafen sich im Keller vor dem Kino, in einem Saal, der als Disco, Bar und Spielkasino diente. Die Disco hatte einige Jahre den Kopenhagener Rockerclubs als fester Aufenthaltsort gedient, aber jetzt fanden sich nur noch die *Nomads* und ihre Mitläufer hier ein. Es war kein idealer Treffpunkt für einen Motorradclub, aber es war doch besser, als an einer Straßenecke zu stehen.

Als das Treffen beginnen sollte, wurden alle außer Hörweite gejagt – es waren etliche Nicht-*Nomads* anwesend, vor allem einige Rockerbräute, die um den Club herumlungerten. Wir vertrieben uns die nervöse Wartezeit mit einer Diskussion über die Frage, wer unseren Antrag bejahen würde.

Wir kannten Poul Piep und Ronnie aus Gladsaxe – sie waren vermutlich auf unserer Seite. Sie hatten die *Nomads* gegründet, nachdem ihr erster Club, die *Roadrunners*, sich aufgelöst hatte. Piep war ein kleiner kurzbeiniger Wicht – er schielte wie der Teufel. Ich weiß noch, daß Tennis einmal zu ihm sagte: »Du hast wirklich schöne Augen – nur schade, daß sie einander anstarren!« Den Namen Piep bekam er während des Stimmbruchs. Anders als Ronnie konnte Piep sein Geld zusammenhalten und drehte jedes Fünförestück zweimal um. Er ist der geizigste Mensch, der mir in meinem Leben je begegnet ist. Ich will nicht behaupten, daß er seine Freunde schlecht behandelte, aber er brauchte doch gute Gründe, bis seine Kohle das Tageslicht zu sehen bekam.

Ronnie war ein untersetzter kleiner Typ, den ich schon mit vierzehn gekannt hatte. Er war so lieb, wie der Tag lang war, und er liebte Bier. Sein einziger Fehler war, daß er trocken wurde, wenn er sich in ein Frauenzimmer verliebte.

Teddy, Pelz und Norweger würden natürlich ja sagen.

Wir kannten auch die beiden Scherzkekse des Clubs, Steinmüller und Jappe, und gingen davon aus, daß sie ebenfalls auf unserer Seite sein würden.

Steinmüller war ein dünnes Skelett mit der Andeutung eines Buckels. Er hatte eine trockene – fast kranke – Art zu reden. Ich lernte ihn auf einem Fest in Ordrup kennen – er ging auf Krücken nach einem Zusammenstoß mit einem »blinden Autofahrer«, wie er das nannte. Als ich ihn das nächste Mal sah, lag er im Krankenhaus von Hvidovre, weil er am Bein operiert werden mußte. Er lag in einem Zweibettzimmer und war halb betrunken, als mein Bruder und ich mit unseren Mädels ankamen. Er war auch reichlich angeknallt – er lag mit einem Freak zusammen, der für die Joints sorgte, während Müller für den Suff zuständig war.

Jappe war immer gut gelaunt, das ist er noch heute. Er war immer dabei, wo etwas lief. Er konnte alle Menschen nachahmen – es war einfach unglaublich. An ihm ist ein guter Schauspieler verlorengegangen. Wenn er im Kino oder im Fernsehen einen witzigen Film gesehen hatte, konnten wir am nächsten Tag mit einer Parodie rechnen.

Tennis war der letzte Nomade, den wir schon kannten. Und er war sicher unsere beste Karte. Später erfuhren wir, daß Tennis das negativste Mitglied im Club war. Er war im Grunde gegen alles, aber dieses eine Mal stimmte er mit ja. Und das hat sicher viele Zweifler auf unsere Seite gebracht.

Wir wurden ins Versammlungszimmer gerufen und erfuhren, daß wir jetzt Hang-arounds im *Nomads MC* waren. Und daß wir gefälligst ein paar Kästen Bier auf den Tisch stellen sollten.

Auch Trottel-Tom wurde an diesem Abend auf Probe aufgenommen. Er hing schon länger bei ihnen herum. Ich weiß noch, daß er über mich sagte: »Ein Mann ohne Bike ist dasselbe wie ein Mann ohne Schwanz.« Ich konnte nur antworten: »Ich habe immerhin ein Gehirn, bin sechzehn einhalb und Hang-around bei den *Nomads*.«

Einen Monat darauf kaufte mein Bruder eine nagelneue Triumph 750 ccm und begleitete uns zu einem Treffen der *Nomads*. Sofort wurde ihm der Spitzname Glatteis verpaßt – er hatte eben erst die dänischen Meisterschaften im Eiskunstlauf gewonnen. Alle hatten Spitznamen. Die richtigen Namen waren uns kaum vertraut. Der Kassenwart hieß Hardy, wurde aber Richter Dy-Dy genannt – er war Experte darin, mit Bußgeldern um sich zu werfen. Man konnte kaum etwas falsch machen, schon war das Vergehen notiert. Brüderchen war zwei Meter groß, und sein Spitzname stammte vermutlich aus den Büchern von Sven Hazel. Ich habe keine Ahnung, wo mein Spitzname, Jönke, herkam – ich habe ihn immer schon gehabt, so weit ich mich zurückerinnern kann.

Wir trugen abgenutzte Jeans, Lederjacken und Westen. Es spielte keine Rolle, ob wir verdreckt waren – die meisten waren das. Es gehörte zum Image des Clubs, aber für mich war es nicht das richtige, auch wenn ich natürlich nicht im Anzug oder mit Lackschuhen aufkreuzte. Manche waren unglaublich dreckig – sie badeten wochen- oder monatelang nicht. Das war nicht mein Problem – abgesehen davon, daß ich meine Möbel mit Zeitungen bedecken mußte, wenn diese Typen bei mir zu Besuch waren.

Kurze Zeit nach unserer Aufnahme wollten die *Nomads* draußen in Stenmarken ein Fest abhalten. Wir hatten die Räumlichkeiten für ein ganzes Wochenende gemietet und brachten Musikanlage, Alk, Fressen, Bier und Schlafsäcke in Hardys Möbelwagen. Wir waren an die vierzig in den viel zu kleinen Räumlichkeiten; einem Saal, einem Flur, Toilette und Küche oben im Haus, einer Treppe zu einigen verschlossenen Kellerräumen. Die Türen wurden jedoch alsbald eingetreten und die Räume dienten als Schlaf- und Fickzimmer.

Nachdem wir uns eingerichtet hatten, begann die Sauferei. Wir hatten Kabel für die Lautsprecher vergessen, deshalb mußten wir die Leitungen von der Wand reißen und an ihrer Stelle benutzen.

Bald kam Leben in das Fest – Suffgerede, Knutschereien in den Ecken, wilde Tanzerei. Die Musik wurde volles Rohr hochgefahren. Irgendwelche Trottel kamen und beschwerten sich über den Lärm. Wir drehten ihn runter, aber schon nach fünf Minuten wummerte die Anlage los, daß die Wände Risse warfen. Danach beklagte sich niemand mehr.

Auf der Tanzfläche umstanden die anderen einige sturzbesoffene Mitglieder, die sich aus Jux prügelten. Es ging hoch her. Holmer brach sich das Bein, und ehe wir ihn ins Krankenhaus schaffen konnte, hatte ein anderer sich bereits den Finger gebrochen.

Helle, Pieps Alte, konnte sich ducken, und die fliegende Flasche schlug statt dessen ein Loch in die Wand. Piep hatte sie geworfen. Die beiden gerieten sich immer in die Haare, wenn sie genug gebechert hatten. Ich weiß nicht, ob Helle dann unverschämt wurde, oder ob im Suff Pieps Gehirn aussetzte, aber das ganze endete jedenfalls unweigerlich mit heißen Umarmungen.

Brüderchen jagte in seinem Brausebrand Hardy durch das ganze Haus. Jedesmal, wenn Hardy eine Tür erreichte, versteckte er sich dahinter und versuchte, die Klinke festzuhalten, um sich damit zu verbarrikadieren. Leider waren die Klinken allesamt aus Kunststoff und hielten nur wenige Sekunden, wenn Brüderchen sein ganzes Gewicht darauf stützte.

BMW-Ole und ich machten in der Garderobe Gymnastik, bis die Garderobenstangen mit einem Knall zerbrachen.

Irgendwann im Laufe des Festes stellten wir fest, daß es draußen wie besessen schneite, und wir begannen mit einer gewaltigen Schneeballschlacht. Sie fing draußen an, wurde aber bald im Saal fortgesetzt, und das Fest teilte sich in zwei Fraktionen: in die, die von draußen feuerten, und die, die von drinnen feuerten. Um Schneenachschub zu besorgen, griff der »Inhalt« zu Kochtöpfen.

Mitten im ganzen Aufruhr saß Brüderchen und kotzte in einen Riesentopf. Er war jetzt sturzbesoffen und begriff nicht mehr, was um ihn herum ablief. Aber er schnappte doch einige spöttische Bemerkungen auf, mit dem Inhalt, daß er »mit dem Traktor nicht fertig werden könnte« und daß der Traktor »für Brüderchen doch viel zu groß« sei. Der Traktor, von dem hier die Rede war, räumte ein Stück die Straße hoch den Schnee. Brüderchen rappelte sich auf. Wir bepißten uns vor Lachen, als er zum Traktor hinsegelte. Die großen Hinterräder streiften seinen gewaltigen Korpus auf bedrohliche Weise. Er hängte sich an die offene Fahrzeugtür und fragte den – halb lachenden, halb genervten – Fahrer: »Taugst du was?« Brüderchen meinte den Traktor, nicht den Fahrer, und der Fahrer antwortete stellvertretend für den Traktor mit nein. Brüderchen kam glücklich zurückgetorkelt: »Da seht ihr's. Der Traktor hat Schiß vor mir.«

Nach der Schneeballschlacht mußten wir den Schnee aus dem Lokal schaufeln. Unser Fest war noch lange nicht zu Ende, und der Boden war vollgesaut. Der einzige, der das Fest nicht überlebte, war der Staubsauger. Nach zehn Minuten intensiven Saugens war der Nilfisk mausetot.

Als ich morgens erwachte, begrüßte mich ein übler Gestank, als ich mein Schlafzimmer im Keller verließ. Zwei von den Frauen hatten Kaffee kochen wollen, und den Kessel aufgesetzt, ohne nachzusehen, ob er Wasser enthielt. Und gekochte Pisse kann wirklich dem Zähesten den Appetit rauben!

Später an diesem Vormittag kam auch Ronnie zu Schaden. Er hatte hinten bei Moses aufgesessen, um Brötchen zu holen. Aber die Fahrt endete vor einer Ampel auf Arsch und Armen, und alle hundert Brötchen kullerten über die Fahrbahn. Es kam zu einem kleineren Stau, als die Fahrer der anderen Wagen den armen Kateropfern halfen, die Brötchen aus dem Schnee zu fischen.

Unsere beiden Verletzten vom Vorabend waren aus dem Krankenhaus zurück und feierten schon wieder weiter. Steinmüller hatte sie geholt. Auf dem Rückweg hatte die Polizei sie angehalten, weil die Blinker in Steinmüllers Wagen nicht funktionierten – er hielt einen Arm aus dem Fenster und winkte. Nachdem der Beamte gesagt hatte: »So geht das aber nicht«, hatte er sich gebückt und in Müllers seltsame Augen geblickt. Um wirklich etwas herzumachen, hatte Müller sich mit Wimperntusche schwarze Sterne um die Augen gemalt – und sah damit aus wie ein Mitglied der Rockgruppe Kiss. Der Bulle verstummte und ging kopfschüttelnd zu seinem Fahrzeug zurück.

Auf einem Ausflug, den er vom Fest unternahm, stießen Ronnie und sechs oder sieben andere auf eine kommunistische Wahlveranstaltung. Sie waren wohl ein wenig laut. Ein Sprecher rief von der Rednertribüne: »Würden die christdemokratischen Sturmtruppen wohl kurz den Mund halten?« Als er seine Rede beendet hatte, ging Ronnie zu ihm und bot ihm einen Schluck Bier an. Splasch, machte es, als es ihm aus dem Mund spritzte: »Das ist ja Pisse!« Wir verschwanden vor Lachen heulend aus dem Saal. Der Typ würde uns garantiert nie wieder als Sturmtruppen bezeichnen.

Nach und nach kam das Fest in den verwüsteten Räumlichkeiten dann wieder in Gang. Ronnies Mutter hatte das Abendessen gestiftet – Frikadellen, Bratwurst, Brot, Rotkohl. Sie guckte reichlich komisch, als sie das Lokal sah. Wir beruhigten sie damit, daß wir für die Schäden aufkommen würden.

Nachts hielten wir eine Runde Speedway ab. Steinmüller trat mit seiner Triumph 775 ccm an – »Bone-Jackson« nannte er sie – und zwar gegen Faßbier mit seiner Honda 350 ccm. Die Disziplin hieß »fünfzehn Meter Teppichbahn«. Das Spiel endete jedoch bald, da das Fest sonst nur mit Gasmasken zu überleben gewesen wäre.

Motorenlärm aus Küche und Zimmern war das letzte, was ich hörte, ehe ich zu Boden ging. Ich war von Bier und Schnaps so groggy, daß ich zu Bett torkelte. Oder genauer gesagt: Ich torkelte zum harten Kellerboden und deckte mich mit einem alten Vorhang zu. In meinem Zustand kam es mir vor wie ein rosarotes Himmelbett.

Kim gehörte zu den eher vernünftigen Mitgliedern der *Nomads*. Er war einer der wenigen, die keinen Spitznamen hatten, und damit war er recht zufrieden. Wie ich und Glatteis gehörte er auch nicht zur »Schmuddelfraktion«. Er hatte eine Triumph, die tiptop in Schuß war. Er war der beste Mechaniker des Clubs, und seine Mühle sah auch danach aus.

Er war immer mit Britta zusammen, seiner Alten. Die beiden waren unzertrennlich. Ich kann mich nicht daran erinnern, sie jemals getrennt erlebt zu haben – abgesehen davon, wenn eine Strafexpedition angesagt war. Kim war kein großer Schläger, aber wenn es sein mußte, dann war er bereit.

Er sagte nicht viel, ich kann mich aber an einige Situationen erinnern, wo er sich aufregte – zum Beispiel einmal, als Steinmüller und Quälgeist die Disco Leoparden besucht hatten.

Quälgeist war Mitglied der *Dirty Angels*, und kein anderer machte seinem Spitznamen solche Ehre wie er. Aber an diesem Abend setzten er und Müller sich ruhig und gelassen hin und tranken ein Bier. Plötzlich wurden sie von hinten angegriffen und von heftigen Schlägen getroffen; dann wurde alles schwarz vor ihren Augen.

Quälgeist kam im Krankenhaus wieder zu sich. Steinmüller erwachte, als der Krankenwagen durch die Istedgade fuhr. Ein Polizist fragte: »Wer war das? Die holen wir uns.« – »Danke, das regeln wir schon selber«, war die Antwort.

Mit Hilfe einiger Freunde konnten sie das feige Schwein ausfindig machen. Auf einem Treffen im Mercur planten wir eine grausame Rache. Nicht alle brauchten mitzumachen, aber ich meldete mich freiwillig. Und das tat auch Kim.

Zehn *Nomads*, fünf *Dirty Angels* und zwei *Galloping Goose* fuhren auf ihren Bikes los. Ich saß hinten bei Steinmüller auf, der zwar noch nicht richtig zuschlagen konnte, aber dabeisein – das wollte er doch.

Wir fuhren die Straße hinab und hielten dreißig bis vierzig Meter vor unserem Ziel, der Kneipe McCloud, wo der Feind sich aufhielt. Das hatten unsere Spione herausgebracht. Wir stürmten das Wirtshaus und blockierten alle Ausgänge. Und das Telefon. Einzelne verängstigte Gäste baten um freies Geleit, da sie Ohrfeigen witterten. Wir sagten, sie sollten sich in eine Ecke setzen, während wir den Tresen umringten, an dem der Hauptfeind saß. Der Barmann sprang hinter dem Tresen hervor und ging in Deckung.

»Na, da seid ihr«, sagte der Typ und drückte lässig seine Kippe in einem Aschenbecher aus. Äußerlich schien er die Ruhe zu bewahren, aber seine Hände zitterten. »Warum hast du das getan?« fragte Müller. Der Typ zuckte mit den Schultern und grinste hilflos. Dann hatte ich die Nase voll. Ich rammte ihm meinen Sturzhelm auf die Birne. Er konnte sich aber trotzdem hinter dem Tresen verkriechen, und jetzt sahen wir, was Steinmüller und Quälgeist auf die Bretter geworfen hatte. Unter seiner langen Jacke zog er einen Satz Nun-Chakos hervor – zwei durch eine Kette verbundene Holzstangen.

Als wir sie sahen, drehten wir einfach durch. Flaschen, Gläser und Aschenbecher flogen ihm um die Ohren wie die Hagelkörner. Danach wurde er auf den Boden geklatscht, und Müller durfte sich mit zwei zusätzlichen Tritten rächen. Die Bestrafung wurde schließlich damit abgerundet, daß ihm die Sehnen der einen Hand durchtrennt wurden.

Auge um Auge. Zahn um Zahn. Das war unsere Devise. Und noch etwas mehr.

Müller lief übrigens einige Monate später diesem Typen in Christiania über den Weg. Sie vereinbarten, daß sie vor Gericht nicht gegeneinander aussagen würden. Sie waren beide wegen schwerer Körperverletzung angeklagt. Die Hand dieses Typen lag ganz seltsam, quer über seinem Bauch. Von dem Tag an sagten wir immer, wenn wir eine Tracht Prügel austeilen wollten: »Und jetzt geht's so«, wobei wir die Hand so hielten, wie dieser Typ das machte.

Ende Juni wurden noch zwei Probemitglieder aufgenommen: Smarte, den ich nicht kannte, und Makrele, den ich ein einzelnes Mal in der Disco Rådhuskælderen getroffen hatte. Sie brachten ihre Zeit bei den *Nomads* schnell hinter sich. Schon eine Woche später – auf dem Roskildefestival – flogen sie mit Pauken und Trompeten hinaus. Sie hatten zufällige Festivalbesucher niedergeschlagen und ihnen Bier geklaut. Sie bekamen rechts und links eine gescheuert und mußten sich anhören, daß das nicht unser Stil sei. Solche Kindereien könnten sie bei den *Filthy Few* veranstalten.

Wir waren jetzt häufiger im Rådhuskælderen, der unter dem Hotel Palace am Rådhusplads lag.

Das Butterfly war geschlossen worden, und dafür hatten wir im Grunde selbst gesorgt. Der Besitzer hatte uns gebeten, uns erstmal nicht mehr dort blicken zu lassen. Darauf wollten wir natürlich nicht eingehen. Vermutlich schwebte seine Schanklizenz in ernsthafter Gefahr, aber wir hielten ihn trotzdem für ein blödes Schwein.

Ich war selber nicht dabei, aber ich habe gehört, daß der Laden sorgsamst in seine Bestandteile zerlegt wurde. Das einzige, worüber die Teilnehmer sich nachher ärgerten, war, daß sie den Schnaps nicht eingesackt hatten – statt einfach die Flaschen zu zerschlagen.

Der Rådhuskælder war eine gute Disco mit jeder Menge guter Schnecken. Man konnte dort die seltsamsten Dinge erleben. Eines Nachts, in der ich nicht gerade unternehmungslustig war, hatte ich mich allein an einen Tisch in eine dunkle Ecke gesetzt – und war dort eingeschlafen. Ich wurde von einer liebevollen Hand auf meinem Oberschenkel geweckt und schaute in die Augen einer wunderbaren blonden Maus, die fragte, ob ich mit ihr nach Hause gehen und mir ihre Unterwäschesammlung ansehen wollte.

Damals interessierten die meisten sich nur für Einmalficks, und nur ganz wenige hatten eine feste Alte.

Das Wort Alte galt bei uns nicht als Beleidigung, sondern als Kosename. Wir hatten auch einen Kosenamen für Männer – ein Mann war ein Dussel.

Ich habe im Laufe der Zeit mit Frauen immer wieder über das Wort Alte diskutiert. Meine Mutter hat versucht, mich davon abzubringen. Aber in meine Sprache lasse ich mir nicht reinreden. Daß sie sich mit der Zeit natürlich ändert – das steht auf einem anderen Blatt. Ansonsten ist meine Mutter auch eine Alte und muß sich damit abfinden, daß sie so genannt wird, wenn sie mit mir reden will. Na gut, sie ist eine wunderbare Alte – aber eine Alte, das ist sie.

Ein Wort braucht nicht schlecht zu sein, bloß weil es einen schlechten Ruf hat. Nicht, was gesagt wird, ist wichtig, sondern wie es gesagt wird.

Unsere Sprache im Club war sehr farbenfroh und oft für Außenstehende unverständlich. Alte war noch die mildeste Bezeichnung für ein Wesen weiblichen Geschlechts. Andere Wörter waren z. B. Waran, Amöbe oder Buckeltier. Bestimmte Wörter waren eine Zeitlang populär, dann mußten sie neuen Wörtern weichen. Als gäbe es eine »Wortmode«.

Nehmen wir einen Satz wie »komm her«. Langsam gingen wir über zu »kommst du hier?«. Das wurde zu »kommst du Tier« und zu »kommst du Geschwür« und schließlich zu »kommst du Tier, Geschwür«. Irgendwann konnte man Sätze hören wie »kommst du hier, Tier, Geschwür in deinem Revier oder kommst du nur around?« Heute sagen wir wieder ganz einfach »kommst du«, das aber wird zum Ausgleich aus dem Mundwinkel gespuckt.

Am Ende des Sommers endete auch unsere Hotel-Mercur-Phase. Der Club suchte schon lange nach einem festen Lokal, aber es ist nicht immer leicht, eins zu finden. Eigentlich fühlten wir uns im Mercur sehr wohl. Es war eins der wenigen Lokale, das wir über einen längeren Zeitraum aufsuchten, ohne unbeliebt zu werden. Der Besitzer, Simon Spies, schaute ab und zu herein und wünschte uns guten Abend. Es machte ihm nicht die geringsten Sorgen, daß sein Keller mit Rockern gefüllt war.

Aber Hardy hatte – in seiner Eigenschaft als Möbelpakker – in der Gormsgade in Nørrebro einige Kellerräume entdeckt. Der nächste Nachbar war ein Altersheim, wir hatten uns also nicht den idealen Treffpunkt ausgesucht. Es gab einen großen Vorraum, ein Hinterzimmer und ein Klo. Das war nicht viel, aber es gehörte uns, und wir gingen sofort daran, uns mit Möbeln vom Sperrmüll und von diversen Eltern einzurichten.

Wir waren jetzt häufiger mit den *Galloping Goose* zusammen. Wir waren fast Nachbarn – sie verfügten über ein ähnliches Lokal in der Jægersborggade. Wir veranstalteten abwechselnd beieinander Feste. Einige Mitglieder spielten auch mit dem Gedanken, beide Clubs zusammenzuschließen.

Holmer und Carlo waren jetzt Vollmitglieder bei den *Nomads* – und ich stand kurz davor. Daß es mit meiner Aufnahme noch dauerte, lag an meinem jungen Alter und der Tatsache, daß ich kein Bike hatte.

Unser Rückenzeichen bestand aus einem Bogen mit dem Namen *Nomads*, einem Bild, das einen tückischen Araber darstellte, und einem MC-Abzeichen. MC in diesem Zusammenhang bedeutet Motorradclub.

Mein Bruder, der nach mir zur Probe aufgenommen worden war, hatte einen Nomaden-Bogen und ein MC-Abzeichen bekommen, war aber noch immer kein Vollmitglied. Als wir zu einem Fest in einem Ferienhaus unterwegs waren, wollten wir alle unterwegs tanken. Ich saß wie immer bei meinem Bruder auf. Plötzlich kamen einige Typen grinsend auf Glatteis zugelaufen. »Du bist Mitglied«, sagten sie und warfen ihm das letzte Patch an den Kopf. Er war natürlich glücklich, und ich auch. Ich war nicht neidisch. Ich kannte ja die Regeln. Aber von nun an sparte ich noch viel energischer – ich sparte für ein Bike.

Auf einem Abstecher in den Vergnügungspark Bakken lernten wir einen dritten Club kennen, der später in die »Union« eintrat. Ole und noch ein paar andere waren mit Leuten aus Greve aneinandergeraten, aber als wir anderen dazukamen, waren sie schon gute Freunde geworden. Und das ganze endete damit, daß wir sie in unseren Club einluden, als der Bakken dichtmachte.

Sie nannten sich *Iron Sculls* und hausten in einem alten Bauernhof in Greve. In der folgenden Zeit trafen wir und die *Galloping Goose* uns immer häufiger mit den *Iron Sculls*. Wir besuchten sie auf ihrem Hof und feierten, was das Zeug hielt. In Greve endeten wir normalerweise in einer Kneipe namens Hestestalden. Und da wurden allerlei Faustkämpfe mit lokalen Saftsäcken ausgefochten.

Eines Nachts starteten wir – irgendwo zwischen Greve und Kopenhagen – zur größten gesammelten Sause in der Geschichte unseres Clubs. Wir waren an die dreißig Räder, und eine ganze Menge der Fahrer waren schon knallvoll. Wir fanden es damals nicht weiter schlimm, im Suff zu fahren. Obwohl wir in einem dicken Pulk fuhren – und immer wieder gegeneinander stießen –, ging alles gut. Anfangs. Auf den Straßen war nicht viel los – es war ein Uhr nachts.

Irgendwann war Pferd, bei dem Crazy hinten aufsaß, am Köge Landvej auf den Fahrradweg geraten. Plötzlich entdeckte er eine Schranke und wollte zurück auf die Straße. Das Problem war nur, daß eine lange schmale Hecke ihn und uns trennte. Die Schranke lag dicht vor ihm, und er fuhr an die hundertzehn bis hundertzwanzig Stundenkilometer. Mit gewaltigem Getöse brach er durch die Hecke.

Er landete mitten im Pulk. Und als erst ein Bike getroffen war, kam es zur Kettenreaktion: Menschen und Räder wurden durcheinandergewirbelt. Mein Bruder und ich hatten den Pulk zum Glück gerade überholt und lagen mit hundertdreißig Sachen an der Spitze. Aber Himmel, das sah vielleicht aus, als ich über die Schulter zurückblickte. Die Funken stoben mehrere Meter hoch in die Luft.

Zwölf Bikes waren am Arsch. Acht Mann mußten ins Krankenhaus. Am schlimmsten waren Pferd und Crazy zugerichtet worden. Sie lagen totenstill auf der Fahrbahn, und ihr Blut tropfte auf den Boden. Beide trugen Sturzhelme – ohne hätten sie wohl die Löffel abgeben müssen. Sie wurden in bewußtlosem Zustand auf die Neurochirurgie eingeliefert, und die unter uns, denen die Flucht nicht mehr gelungen war, endeten auf der Wache.

Nach zehn Tagen im Krankenhaus ließ Pferd sich auf eigene Verantwortung entlassen. Das war nicht gerade gescheit, aber Pferd gehörte auch nicht zu den Gescheitesten. Crazy wurde zwei Tage später mit verbundenem Kopf und einem Bier in der Hand gesichtet. Noch weniger gescheit. Pferd machte zumeist einen Bogen um den Alkohol, denn der ist so ungefähr das Schlimmste, was man nach so einem Absturz anfassen kann. Es dauerte dann auch nicht mehr lange, und wir sahen Crazy nicht mehr. Von nun an war er auf der Piste unter dem Namen »Hirni« bekannt.

Eine der peinlicheren Episoden aus der Zeit, in der die Union geschmiedet wurde, ergab sich im Zusammenhang mit allerlei Scheiß, der in der Grevehalle stattfand. Eigentlich wollten wir die *Bandidos* zusammenfalten – eine Bande, die ihren Namen auf den T-Shirts trug. Sie machten schon seit längerem nichts als Ärger. Aber wir konnten sie nicht finden und beschlossen deshalb, uns lieber ein wenig zu amüsieren.

Die Einheimischen fanden die Idee gar nicht so gut, und das kann ich durchaus verstehen. Wir waren an die sechzig Mann. Wir kannten einander noch nicht sehr gut, und viele hatten ihr Gehirn ganz einfach zu Hause gelassen.

Die Sause in Greve war anfangs auch ganz witzig, aber als wir nach Hause wollten, kippte die Kiste um. Als wir zu den Mühlen nach draußen gingen, wurde ein einzelner Typ angemacht oder genauer gesagt niedergemacht. Die Schlägerei fand erst ein Ende, als einige von uns die Beteiligten von ihrem Opfer wegzogen. Während der Krankenwagen näherkam, machten wir, daß wir ins Clubhaus der *Iron Sculls* kamen.

Hier kam es zu einem wilden Streit über die Schlägerei draußen in Greve. Der Hintergrund war folgender: Ein ganz normaler Familienvater mit einer sechzehnjährigen Tochter war auf den Platz zugekommen. Einer von uns hatte die Tochter angegrabscht. Der Vater hatte sie hinter sich geschoben und ganz ruhig gesagt: »Laß das mal lieber, Kumpel.« Ehe irgendwer piep sagen konnte, fielen fünf oder sechs Mann über ihn her. Leider bekam er unangenehm viel aufs

Dach. Ich habe nichts gegen einen gelegentlichen Boxkampf. Aber wer Prügel kriegt, muß sie verdammt nochmal auch verdient haben. Wenn dieser Mann heute Motorradclubs haßt, dann kann ich ihn gut verstehen, denn das hier war einfach der pure Blödsinn.

Zum Glück wurden solche Episoden nach und nach zur Seltenheit – jedenfalls, was uns betraf –, nachdem wir die Clubs ausgeräuchert hatten.

Als die Polizei später vor dem Clubhaus der *Iron Sculls* anrückte, kam es zu einem seltsamen Streit. Wir standen fast in Reih und Glied da – in Gruppen. Zuerst kam eine Bande von Bullen, die das alles für Sauerei hielten. Sie fetzten sich mit einer Gruppe von uns, die ihnen recht gab, die aber zu erklären versuchte, daß wir das nicht gewesen waren. Danach kam eine Reihe von denen, die es getan hatten oder die das in Ordnung fanden. Sie fetzten sich mit den restlichen Reihen, die die Sache peinlich und lächerlich fanden.

Am Ende zogen die Bullen wieder ab. Sie waren nicht genug, um uns festzunehmen, und sie konnten ja auch sehen, daß die meisten von uns nicht gerade stolz auf diese Tat waren. Die Sache endete damit, daß die Scheißbauer zugaben, daß es kein Geniestreich gewesen war.

Kurz danach wollten die Bullen Revanche. Wir waren nach Mön gefahren – zum jährlichen Mön-Treffen. Zum ersten Mal fuhr die Union gesammelt durch die Stadt. Wir hatten außerdem einige schwedische Gäste im Gefolge. Wir waren an die vierzig Bikes, dazu kam Hardys berüchtigter Möbelwagen. Der war gefüllt mit dreißig Kästen Bier, Schlafsäcken, Zelten – und etwa einem Dutzend Typen.

Neben den üblichen Clubs waren auch zwei Leute von *Gypsy Nova* mit von der Partie. Auf diese Weise lernte ich Hamster und Allan kennen. Hamster war ein untersetzter Typ und sah schon damals wie das aus, was er heute ist: Ein Engel! Hamster hatte einen wunderschönen trockenen Humor und war rundum sympathisch. Niemand im Club konnte ihn unter den Tisch fressen, und wenn alle anderen satt waren, fungierte er fast schon als Abfalleimer. Für feste Arbeit hat er sich nie sonderlich interessiert. Der einzige Job, der zu ihm passen würde, wäre der des Mundschenks.

Hamster war der einzige, der damals eine Harley hatte. Und die wurde fast zum Flaggschiff der ganzen Bande.
Allan und Hamster waren die totalen Gegensätze. Allan war eine Art Quengelbolzen. Immer sauer und verstimmt. Groß, dünn und schlecht gelaunt, aber meine Güte, wir haben uns zusammen auch bepißt vor Lachen.
Die ersten zwei Tage auf Mön liefen wie geschmiert, aber dann fing der Ärger an, an dem wir ausnahmsweise einmal wirklich nicht schuld waren. Eine Bäckerei am Ort wurde geplündert, und dasselbe widerfuhr dem Kiosk auf dem Campingplatz. Und einem Touristen fielen lauter Schrotkörner in die Frisur.
Das einzige Ungesetzliche, das die Angehörigen der Union sich hatten zuschulden kommen lassen, war, daß einige von uns vollständig angezogen ins Schwimmbecken gehüpft waren.
Als die Polizei ankam, um die Bude aufzuräumen, konzentrierten sie sich natürlich vor allem auf uns, denn es sah so aus, als stamme aller Ärger aus Hardys Möbelwagen. Alle wurden aufgefordert, sofort ihren Kram zusammenzupacken – auch die glotzenden Schweden.
Alles ging einigermaßen ruhig vor sich, bis zwei Bullen auf ein Mädel einschlugen, das in einem Zelt eingeschlafen war. Sie hatte keine Ahnung, was draußen vor sich ging. Sören Loch-im-Haar hämmerte daraufhin mit zwei Zeltstangen auf die Bullen ein, aber das half nicht viel, denn die Stangen wurden verbogen, und Sören bekam Handschellen verpaßt. Er hätte zu diesem Zeitpunkt schon auf der Rückreise nach Jütland sein müssen, da sein Hafturlaub fast zu Ende war. Aber jetzt landete er eben in der lokalen Arrestzelle.
Nach zwei Stunden Chaos ging es mit Bike und Lastwagen dann nach Hause. Wenn wir auch keinen tollen Ausflug hinter uns hatten, so hatten wir doch immerhin eine Menge neuer Zelte erbeutet, die in der Hitze des Gefechts in Hardys Möbelwagen geworfen worden waren.

I m Herbst wurden wir dann aufgefordert, die Gormsgade zu räumen. Ein MC-Club passe nicht so recht ins Straßenbild. Uns war das eigentlich egal, denn der Club schimmelte inzwischen vor sich hin. Das Hinterzimmer war so naß, daß man über Bretter gehen mußte, um aufs Klo zu gelangen. Und am Ende hatten die Leute keinen Bock mehr auf diesen Balancegang und pißten einfach von den Brettern, was den Wasserstand im Hinterzimmer noch erhöhte. Aber niemand mochte einen Finger rühren – wir würden ja doch nicht mehr lange dort sein.

Das letzte Fest in der Gormsgade war zugleich eins der besten. Müller und ich hatte jeder eine Flasche Zitronenschnaps geleert und beschlossen, auf seinem Bike in die Stadt zu fahren. Nackt, wohlgemerkt. Wir holten die Mühle aus dem Keller hinter dem Club. Angetan mit Stiefeln, Westen und deutschen Stahlhelmen. Wir fuhren bis zum Rådhusplads. Auf dem Åboulevard richtete ich mich auf und tanzte mit nacktem Arsch Rumba. Alle waren hin und weg. Die Leute winkten und stießen sich gegenseitig an. Es war ein bißchen kühl – auf den Straßen lag Schnee, aber wir hielten durch.

Auf der Rückfahrt beschlossen wir einen Abstecher in die Gartnergade, um dem dortigen Club unsere Verachtung zu zeigen. Wir fuhren durch die Straße, eine Einbahnstraße, aber wir hielten in die Gegenrichtung. Ich konnte nur noch sagen, »stell dir vor, wenn«, als vor uns eine Bullenwanne hielt. Die Insassen glotzten uns leicht verblüfft an.

»Ist das nicht ein bißchen kalt?« fragte der erste Bulle. »Doch, aber uns geht's gut«, erwiderte ich. »Hast du einen Führerschein, darf ich mal sehen?« fragte er Müller. »Der steckt in meiner Hose«, antwortete Müller, und dann lachten wir alle vier, worauf wir unsere Fahrt im Adamskostüm fortsetzen durften. Heim zum Fest und in die Wärme.

Im September 1977 siedelten wir nach Amager über, nach Islands Brygge, Kigkurren 2. Wir hatten mit den *Galloping Goose* über ein gemeinsames Clubhaus gesprochen, aber obwohl wir uns als eine festverschweißte Union auffaßten, waren wir doch noch nicht ganz dazu bereit, zusammenzuziehen. Die Räumlichkeiten in Brygge lagen in einem heruntergekommenen zweiten Hinterhof. Man durchquerte einen breiten Torweg und stapfte danach fünfzig bis sechzig

Meter durch ägyptische Finsternis, bis man die Eingangstür erreicht hatte. Es stank ganz entsetzlich – das lag an der nebenan gelegenen Soyakagefabrik. Abgesehen vom Hausmeister – einem jungen Mann – und seiner Frau und seinem kleinen Kind mußten wir hier allein die Schanze halten.

Wir hatten ein großes Zimmer, und das war den Räumen in der Gormsgade um einiges vorzuziehen. Es gab eine kleine Küche. Wir richteten uns im Zimmer mit einem Tresen ein – es war ein über Eck gehendes Zimmer mit vielen Fenstern. Es gab einen weiteren großen Raum, den wir aufteilten – für Norweger und einen anderen, die damals erwerbslos waren (so heißt das wohl in gutem Dänisch). Die Wände wurden schwarz angestrichen und mit allerlei Gemälden dekoriert – unter anderem unserem Abzeichen, das auf zwei mal zwei Meter vergrößert wurde. Die Möbel holten wir wie immer bei einem wohltätigen Verband. Ein Sofa in unserer Szene hielt nur selten mehr als drei Monate.

Wir malten auch zwei große Hakenkreuzflaggen. Das war damals in, und ein Club, der keine Naziflagge an der Wand hatte, war kein richtiger Club. Nicht, daß wir Nazis gewesen wären – wir hatten für Politik überhaupt nichts übrig –, aber wir fanden sie fesch und faszinierend. Vielleicht, weil sie etwas Böses an sich hatten.

Pelz, der Club-»Vorsitzende«, fragte, ob er für vier Monate auf einer Bohrinsel jobben könnte. Das konnte er natürlich. Bald darauf zog er los. Wir haben ihn nie mehr wiedergesehen. Wir haben uns natürlich erkundigt, ob er noch lebt. Das tut er, aber offenbar hat er jetzt einen anderen Zeitvertreib gefunden.

Anfangs ging es auf Brygge wirklich gut. Der Club sah gar nicht schlecht aus, und die Leute, die in der Gegend wohnten und arbeiteten, gewöhnten sich rasch an uns.

Was man von gewissen Leuten von der anderen Seite von Amager nicht gerade behaupten konnte. Norweger war zweimal dort in einer Disco gewesen, und das hatte keine Probleme gebracht – aber eines Abends ging der Ärger los. Er wurde von zehn bis zwölf Typen umringt, die behaupteten, sie wollten weder ihn noch andere aus unserem Club in diesem Teil von Amager sehen. Sie schlugen ihn nicht zu Boden, aber für uns machte das keinen großen Unterschied – niemand schickt ungestraft einen Nomad weg.

Am folgenden Wochenende waren wir bereit, um hinzufahren und uns zu erkundigen, wo der Schuh denn drückte. Es handelte sich um eine Bande, die sich *Nörager-Gedächtnisbande* nannte. Sie waren vielleicht dreißig, waren aber weniger fest organisiert als wir – sie waren eher alte Kumpels, die sich ab und zu trafen. Wir konnten nicht feststellen, ob es bei ihnen auch welche mit Bikes gab.

Obwohl wir sechs oder sieben von ihren Tränken aufsuchten, konnten wir sie am ersten Wochenende nicht ausfindig machen. Überall wurden wir überaus freundlich empfangen. Alle beteuerten, die Nöragerbande nicht ausstehen zu können, denn die habe die Gegend schon seit langem terrorisiert. Natürlich redeten die meisten uns einfach nach dem Mund. Ich bin sicher, daß wir von ihnen als Pisser bezeichnet wurden, wenn wir weg waren und die anderen auftauchten. Das war schon in Ordnung so. Was sollte ein Wirt denn sonst machen, wenn er seinen Laden behalten wollte?

Am folgenden Wochenende machten wir einen neuen Versuch, aber sie schienen nicht mit uns reden zu wollen. Wir kamen mit den Bikes, wenn wir sie suchten, und deshalb konnten sie sich rechtzeitig verdrücken.

Gegen zehn Uhr abends am Samstag endeten wir im Lögtegårdshus – einer Disco im Lögtegårdsvej. Wir beschlossen, dort ein Bier zu trinken und zu versuchen, irgendwelche Informationen aufzuschnappen. Der Wirt haßte natürlich »diese Ärsche wie die Pest«. Aber zum ersten Mal hatten wir das Gefühl, auf einer Spur zu sein. Während ich mich noch mit einem Knaben unterhielt, wurden vier oder fünf Alte reichlich frech. Wir wußten, daß sie zur Nöragerbande gehörten. Nachdem wir ihnen eine gescheuert hatten, hielten sie die Fresse. Wenn es um Maulschellen ging, waren wir nämlich für Gleichberechtigung. Ich sah durchaus, daß der Typ, mit dem ich gerade redete, das Gesicht verzog, als eins von den Mädels sich eine fing, aber ich achtete nicht weiter darauf.

Als wir gehen wollten, kamen wir mit einem dreizehnjährigen Jungen ins Gespräch. Er erzählte, daß sich im Lokal drei Mitglieder der Nöragerbande aufhielten. Ehe er sie uns zeigen konnte, kam die eine von den Frauen, die eine eingefangen hatten, vorbei. Unsere Freunde hatten eine Schweineangst und waren sofort stumm wie die Austern. Ich sagte ihnen, sie sollten lieber nach Hause gehen – wir würden jetzt auf jeden Fall fahren.

Wir wollten es nämlich mit einem kleinen Trick versuchen. Wir wollten uns für eine Viertelstunde verdrücken – und dann zurückgeschlichen kommen.

Leider hielt der Dreizehnjährige sich nicht an unseren Rat. Als wir zurückkamen, war er soeben in einem Krankenwagen weggefahren worden. Sein Kumpel erzählte, der Typ, mit dem ich am Tresen geplaudert hatte, habe ihn bestraft.

Wir gingen wieder ins Wirtshaus. Alles verstummte. Ich ging zu meinem Freund am Tresen: »Du bist doch einer von den kühnen Nöragerrittern, hab ich gehört.« Er wirkte nicht gerade kühn. Seine Stimme zitterte, und seine Hände bebten. »Ich habe nichts mit denen zu tun«, stammelte er.

Wir wußten, daß sich noch andere Bandenmitglieder im Lokal aufhielten, aber wir wußten nicht, wer sie waren.

»Jetzt wollten wir mal sehen, ob du noch genauso stark bist wie draußen bei den kleinen Knaben.«

Klatsch, machte es, als ich ihm eine flache Ohrfeige verpaßte, die in der ganzen Nachbarschaft widerhallte. Er versuchte, meine Arme festzuhalten, aber nach drei Stirntreffern war Schluß damit. Er sank über einem Tisch in sich zusammen und war erst mal abgehakt. Ich konnte gerade noch einen von den anderen daran hindern, noch einmal zuzuschlagen. Ich mach so was immer selber – ich brauchte keine Hilfe.

Seine Freundin versuchte, an den anderen vorbeizukommen, aber die hielten sie zurück. Sie rief: »Er ist doch erst siebzehn!«

»Das ist der Typ, der ihn zusammenfaltet, auch«, lachte Piep.

Der Junge war fertig und konnte dem anderen ins Krankenhaus folgen. Wir versprachen, am nächsten Freitag zurückzukommen. Wir waren mit dem Abend zufrieden und fuhren heim nach Kigkurren, zu Fest und Farben.

Die Woche verbrachten wir damit, uns auf die große Schlacht am kommenden Freitag vorzubereiten. Allerlei Schlagwaffen wurden bereitgelegt. Wir gingen davon aus, daß die Gegenseite fünfzig bis sechzig Mann aufstellen könnte, wenn sie alle Spardosen leerte – also holten auch wir uns bei den *Galloping Goose* und den *Dirty Angels* ein wenig Verstärkung.

Als wir den Löjtegårdsvej erreichten, waren wir vierundfünfzig Mann auf Mühlen und in Wagen. Wir fuhren an der Kneipe vorbei. Wir sahen fast aus wie eine Hochzeitsgesellschaft auf dem Weg zur Kirche. Auf beiden Seiten der Straße standen Bullen, jeweils zwei Meter auseinander. Ich rechnete die ganze Zeit damit, daß sie uns mit Reis bewerfen würden.

Uns blieb nichts anderes übrig, als weiterzufahren – und zurück zum Club. Ein Stück die Straße hinunter stand eine kleine Gruppe von Nöragerärschen. Zum Abschied schmissen wir ihnen einen Kracher zwischen die Füße.

Am nächsten Tag stand in der Zeitung, daß die Polizei eine halbe Stunde vor unserem Eintreffen in der Kneipe eine Razzia durchgezogen hatte. Etwa zwanzig Typen dort waren mit allerlei Waffen festgenommen worden, unter anderem auch zwei abgesägten Schrotgewehren. Wir selber hatten keine Schießeisen bei uns gehabt, und es war eine seltsame Erkenntnis, was den anderen zuzutrauen war.

Am nächsten Tag kam der Überraschungsangriff. Ich hatte einen wehen Hals und saß zu Hause bei einem Puzzlespiel. Ich weiß gut, daß das wie ein Witz klingt, aber es war wirklich so! Um elf Uhr abends hörte ich in den Nachrichten, daß bei einem Bandenkrieg in Amager zwei Männer schwer verletzt und einer getötet worden wären. Sofort riß ich das Telefon an mich, konnte aber niemanden erreichen. Alle waren entweder auf der Flucht, im Krankenhaus – oder im Arrest. Endlich kam ich an ein »Elternteil«, das Bescheid wußte: es war einer von den anderen, der dabei krepiert war.

Am nächsten Tag erfuhr ich dann die ganze Geschichte. Sie waren mit einem Lastwagen und einem PKW gekommen. Sie waren insgesamt fünfzehn bis sechzehn Mann. Einer unserer Probemitglieder, »Frosch«, wurde zusammen mit seiner Freundin auf dem Weg in einen Imbiß überrascht. Vor dem Tor lagen die anderen auf der Lauer. Mit einem Doppellauf im Mund wurde er gezwungen, die Tür für sie aufzumachen. Zwei Typen bewachten Frosch und seine Freundin, die übrigen rannten weiter. Zuerst brachen sie über den bedauernswerten Hausmeister und seine Familie herein. Nachdem sie den ohnehin vor Angst schon halbtoten Mann mit Feuer und Schwefel bedroht hatten, jagten sie weiter in den letzten Hinterhof.

Zwei von ihnen deckten die Fenster. Sie wollten die Bude stürmen und alle mit den Gewehren in Schach halten, während die anderen durch die Fenster einige Salven abgaben. Vielleicht hatten sie vor, uns danach zusammenzufalten – einen nach dem anderen.

Es war nicht schwer für sie, ins Haus zu gelangen. Piep zankte sich wie immer – wenn die Lage brenzlig roch – mit seiner Alten. Plötzlich brachen jede Menge Menschen und Knarren über die Treppe herein. Blitzschnell schubste Piep seine Alte aus der Schußlinie und fuhr herum – und wehrte im selben Moment mit dem einen Arm ein Wasserrohr ab. Er rannte in den Club und schrie: »Sie kommen! Sie kommen!« Im Lokal saßen sieben Mitglieder und fünf Alte. Sie hatten es sich mit einem Joint und ein paar Bierchen gemütlich gemacht. Die ersten Salven wurden durch die Fenster gefeuert. Es gab einen Höllenlärm, der in allen Hinterhöfen widerhallte. Es war auch in der nächstgelegenen Wache zu hören. Das zwar nur durch das Telefon des Hausmeisters, aber es reichte, um einen schlaftrunkenen Beamten aus dem Sessel zu reißen und alles, was kreuchte und fleuchte, nach Kigkurren zu beordern.

Flaschen und Gläser regneten auf den Feind herab. Piep hatte sich ein Eisenrohr geschnappt und ging damit zum Angriff über, wurde aber von mehr als hundert Schrotkörnern zurückgeworfen, die ihn astrein mitten im Gehänge trafen.

Jetzt hatten die meisten von uns sich Eisenrohre und Hämmer gegriffen und setzten zum Gegenangriff an. Zwei oder drei schlugen auf Piep ein, der schwerverletzt in einem Sessel hing, mit der einen Hand seine Eier festhielt und mit der anderen das Eisenrohr schwenkte. Am anderen Ende des Lokal kämpfte Steinmüller gegen zwei oder drei von den anderen. Zwei von ihnen waren mit Eisenrohren bewaffnet – der dritte schwenkte einen Morgenstern. Müller konnte den einen niederschlagen und den anderen mit seinem Hammer ausschalten. Nach einem wilden Schlagwechsel zwischen Hammer und Morgenstern verzog sich der Feind, schrie dabei aber: »Erschießt den Psychopathen auf der Matratze!« Worauf Müller sich fallen ließ. Die gewünschten Schüsse aber fielen nie.

Aus Norwegers Zimmer dagegen waren welche zu hören. Zwei von uns waren in das Nebenzimmer gerannt, um sich zwei doppelläufige Gewehre zu holen. Jappe warf Gubi das eine zu und machte sich dann ans Laden. Doch ehe Jappe so weit gekommen war, wurde er von einer Schrotsalve im Oberschenkel getroffen und brach zusammen. Jetzt fand zwischen Gubi und dem Schatten in der Tür ein Wettlauf um die Zeit statt. Der Feind drehte sich zu Gubi um, nachdem er auf Jappe geschossen hatte. Die Luft war von Pulverdampf gesättigt. Gubi versuchte fieberhaft zu laden. Der Schatten in der Tür knickte den Lauf seines einläufigen Jagdgewehrs nach hinten. Die leere Hülse verließ das Jagdgewehr wie ein Pilot mit Schleudersitz einen Flieger. Gubi konnte zwei Patronen ins Gewehr stopfen und es zusammenklappen. Der Schatten schob eine Patrone in seins und schloß es ebenfalls. Der Schatten hob den Lauf und zeigte auf Gubi. »Schießen, Gubi«, schrie Jappe. Und Gubi schoß. Der Schatten, der Kim hieß, wurde vom Boden hochgehoben und rückwärts aus der Tür geschleudert. Die gesamte Ladung traf ihn im Hals – er war auf der Stelle tot.

»Kim ist tot! Kim ist tot!« schrien unsere Feinde und stürzten aus der Tür.

Kurz darauf quollen die ersten Bullen zur Tür herein. Unten im Hinterhof waren sie ruhig und überlegen gewesen, doch als sie zuerst Piep und dann den Toten sahen, wurden andere Saiten aufgezogen. Zwei von den ganz jungen mußten hinauslaufen, um sich zu übergeben.

Krankenwagen rückten an, und Jappe, Piep und der Tote wurden unter vollen Sirenen ins Gemeindekrankenhaus gefahren. Alle im Club wurden festgenommen und einer nach dem anderen in einen großen Transporter gebracht.

Sieben bis acht *Dirty Angels* tauchten auf, um uns zu helfen, aber es gab nichts mehr zu helfen, denn alle Feinde waren verschwunden. Trotzdem wurden auch sie festgenommen – die Polizei fand sie haarscharf zu hitzig. Alle wurden auf dieselbe Wache gebracht, aber da war nicht genug Platz, und deshalb landeten sie in einer Turnhalle.

Irgendwann kam ein Bulle und sagte mit trauriger Stimme: »Er ist tot.« – »Yeah!!!«, schrien alle Typen. Die Bullen glotzten diese munteren Leute an, die eben eine vermeintlich schlechte Nachricht gehört hatten. Aber wir wußten ja, daß es ein Feind war, der uns ans Leben gewollt hatte.

Am nächsten Tag besuchte ich Piep im Krankenhaus. Er war noch sehr schwach, nahm alles aber gelassen hin. Er zeigte mir seinen Unterbau: rot, blau, lila, gelb und voller Löcher und Risse. Die Ärzte hatten nicht alle Schrotkörner entfernen können. Die sollten selber ihren Weg hinausfinden. Schön war die Latte nicht, aber er hat seither doch zwei Kinder gemacht, also muß er ohne bleibende Schäden davongekommen sein. Es kam vor, daß er Schrotkörner pißte, und in der ersten Zeit konnte er nur Röcke tragen, und deshalb hütete er das Bett. Ohne zwei Paar verdreckte Jeans und eine Gürtelschnalle hätte er die Sache nicht überlebt.

Jappe war glimpflicher davongekommen. Er war nur im Oberschenkel getroffen worden und kam verhältnismäßig rasch wieder auf die Beine.

Die Bullen verhörten Piep und Jappe, aber die wollten nichts sagen – abgesehen davon, daß sie Rache ankündigten! Für die Bullerei war das alles ganz schön verwirrend. Es war aus sieben oder acht verschiedenen Waffen gefeuert worden – mehr oder weniger ins Blaue. Zuerst glaubten sie, der Typ sei von seinen eigenen Leuten erledigt worden, aber nach einem Monat wurde Gubi festgenommen und des Mordes angeklagt. Später wurde er dann freigesprochen.

Nach diesem Zwischenfall kam eine Zeit mit sehr viel Presse. Wir waren guter Stoff, und das fanden wir toll. Was in den Zeitungen stand, war aber nicht immer gleichermaßen nett. Vieles wirkte wie ein Drohkrieg zwischen uns und den anderen. Wir waren wirklich guter Stoff. Sogar das Fernsehen fand sich ein und filmte im neuen Clubhaus der *Dirty Angels*. Nachdem der dänische Rundfunk die Mitwirkenden mit acht Kästen Bier abgefüllt hatte, bekamen die Journalisten genau das, was sie sich gewünscht hatten. Bilder mit Waffen waren die beliebtesten, aber auch die, die sich am wenigsten empfahlen. Wir waren wirklich nicht gerade clever. In dieser Zeit dachten wir nur von einem Tag auf den anderen.

Eines der Waffenbilder brachte einen Monat später Norweger in Schwierigkeiten. Es wurde auch in einer norwegischen Zeitung veröffentlicht. Norweger brachte seinen Eltern eine ungeheure Achtung entgegen. Sie glaubten, er studiere wie besessen und wohne in einer schönen Wohnung. Wenn sie zu Besuch kamen, lieh er die Wohnung eines Kumpels und legte dort seine Habseligkeiten aus. Er konnte doch seinen Vater, den Oberarzt, nicht gut in unser Clubhaus schleifen. Aber dann tauchte er also als bewaffneter Kopenhagener Rocker in einer norwegischen Zeitung auf. Ich saß neben ihm, als er mit dem Professor in Elverum telefonierte. Er lief kupferrot an und brachte stammelnd auf Norwegisch alle möglichen Seeverklarungen vor. Ich hätte mich kringelig lachen können.

Das Leben im Kigkurren ging weiter, als sei nichts passiert. Der einzige Unterschied war, daß die Mädchen nervöser waren, wenn sie durch den finsteren Hinterhof am gelben Mann vorbei mußten. Der gelbe Mann war eine Skizze des Toten, die die Polizei hinterlassen hatte. Wir hatten sie gelb ausgemalt – als eine Art Denkmal.

Ich machte trotz aller Ereignisse noch immer meine Arbeit im Supermarkt. Ich war jetzt in die Ausbildung übernommen worden. Mich ärgerte nur die große Entfernung zwischen Supermarkt und Club. Mein Bruder war zu einem längeren Aufenthalt nach Kanada gereist, und das bedeutete für mich anderthalb Stunden Busfahrt hin und zurück. Ich betrachtete meinen Arbeitsplatz und meine Arbeit als Hobby – mein Leben war der Club.

Das Neujahrsfrühstück wurde im Kigkurren abgehalten. Nach einem überaus feuchten Frühstück mit folgendem Wettessen fuhr der ganze Club samt Alten mit dem Bus zur Titangade in Nörrebro, wo die *Galloping Goose* das beste Clubhaus aller Zeiten aufgetan hatten. Es war groß, hatte gute Bad- und Toiletteneinrichtungen, es lag zentral – und hatte keine Nachbarn. Ehe wir uns vom Kigkurren verabschiedeten, ließen wir zwei selbstgemachte Bomben hochgehen. Und deshalb wurden wir schließlich aus Kigkurren hinausgeworfen. Uns blieb ein Monat, um eine andere Bleibe zu finden. Wir gingen davon aus, daß die Polizei hinter der Kündigung steckte. Die Bullen wollten uns aus Amager vertreiben.

Wir zogen bei den *Dirty Angels* in der Slotsgade ein. Dort blieben wir zwei Monate, dann wurden auch sie gefeuert. Wir führten wirklich ein Nomadendasein.

Der Prozeß gegen die Nöragerbande verlief nicht im Stillen. Wir hatten lange versucht, sie zu fassen zu bekommen, aber sie versteckten sich gut, und deshalb beschlossen wir, ihnen eine zu semmeln, wenn sie vor Gericht gestellt wurden. Einige von uns waren ja ohnehin als Zeugen vorgeladen, und da konnten sie ihre Zeit auch gleich vernünftig verbringen.

Ansonsten hatten wir beschlossen, zugunsten der Nöragerbande auszusagen. Wir wollten sie ja nicht im Knast sehen – wir wollten selber mit ihnen den Boden putzen.

Und beides gelang uns ziemlich gut. Allesamt kamen mit geringen Strafen davon. Und mit einem Hintern voll, der ihnen im Wartesaal verpaßt wurde. Wir hielten das für einen guten Abschluß dieser Geschichte.

Zu dieser Zeit trafen wir uns im Dirty Place. Eines Abends, als Norweger und ich in einen Imbiß wollten, um etwas Warmes in den Bauch zu packen, passierte im Club so allerlei. Wir fuhren weiter nach Nyhavn, wo ich mir »*Nomads* MC« auf den Unterarm tätowieren lassen wollte.

Während ich im Sessel saß und mich dieser physischen Folter unterwarf, riefen Hardy und Junior an, die in der Stadt unterwegs waren. Sie erzählten – das aber aus Jux –, daß sie in einer Kneipe namens Bauer in eine wüste Schlägerei verwickelt seien. Wir wußten, daß diese Kneipe allerlei Irre aus der Bellmansgade anzog, und konnten also annehmen, daß es hoch her ging.

Auf der Straße waren nur sechs Mühlen. Zwölf Mann waren im Handumdrehen an Ort und Stelle. Der Rest fuhr Taxi. Als die ersten zwölf im Wirtshaus einfielen, sahen sie jede Menge Feinde – aber auch nicht den Schatten einer Ohrfeige. Aber der stellte sich bald ein. Der Einmarsch hatte die anderen provoziert, die lokalen Heinis wollten sich das nicht gefallen lassen und forderten sofort zum Tanz auf. Sie waren in der Überzahl und rechneten mit einem raschen Sieg.

Doch sie wurden eines Besseren belehrt. Einerseits, weil wir inzwischen total fanatisch geworden waren, was gute Schlägereien anging, andererseits, weil noch fünfundzwanzig per Taxi anrückten.

Smatsch. Knall. Schädelbruch.

Sie wurden hingehobelt. Ein einzelner kriegte einen mit einem Morgenstern ab, aber das nur, weil er ein Messer gezogen hatte. Die meisten von uns kamen nicht einmal herein, ehe die Sache schon vorbei war.

Am nächsten Tag hörte ich von einem Taxifahrer, daß die Verletzten im Pendelverkehr ins Krankenhaus geschafft worden waren.

Zwei Stunden später stürmte die Polizei den Club in der Slotsgade, das Dirty Place. Sie brauchten zwei Stunden, um die Tür zu knacken. Die war kräftig. Und immer dann, wenn sie mit dem Brecheisen ein wenig weiter gekommen waren, rief Chopper ihnen zu: »Wir schießen! Wir schießen!« Das sollte nur ein Witz sein, im Club gab es gar keine Schußwaffen – aber jedesmal wichen die Bullen zur Treppe zurück.

Endlich konnten sie die Tür aufbrechen und mit entsicherter Waffe ins Lokal stürzen. Alle im Club wurden mitgeschleift. Einige hatten geschlafen und wußten nicht einmal, daß die anderen im Einsatz gewesen waren. Sie wurden in Unterhosen einkassiert. Es war ein kaltes Vergnügen, denn es war noch mitten im Winter.

Blondie hatte sich in seinem Bett versteckt, unter einigen Brettern, aber er wurde von einem Bullen mit Stablampe gefunden. »Hier hat das Schwein sich also versteckt«, sagte der, während Blondie loskicherte. Und dann ging es los, in Unterhosen.

Glatteis, Quälgeist und noch zwei andere hatten sich auf dem Dach versteckt, doch als die Bullerei zwei Hunde hochschickte, ergaben sie sich. Es gab keinen Grund, sich die Arschbacken zerbeißen zu lassen. Zwei Knüppelschläge hießen sie willkommen. Ein Bulle fand Quälgeist nicht schnell genug, weshalb er ihm einen auf den Daumen verpaßte. Am nächsten Tag war der Daumen so groß wie ein Boxhandschuh und hatte eine seltsame Färbung angenommen.

Der einzige, der nicht verhaftet wurde, war ein Junge von den *Iron Sculls*. Er zog sich seinen Isländer über die Weste und ging die Treppe hinunter – mitten durch das ganze Chaos. Er wurde in der Tür von zwei Bullen aufgehalten. Er sagte, er sei der Vermieter, und die Flachhirnis ließen ihn laufen.

Norweger und ich trafen dort ein, als die Leute gerade in die grüne Minna geschleift wurden. Sofort zogen wir die Rüssel wieder ein. Wozu auch mit der Bullerei aneinandergeraten, wenn es sich vermeiden ließ.

Die anderen wurden im Laufe des folgenden Tages und Abends wieder auf freien Fuß gesetzt, Blondie als letzter. Er wurde dreiundzwanzigeinhalb Stunden festgehalten. Schon damals hatte die Polizei ihn auf dem Kieker. Nicht, weil er sich daneben benommen hätte, sondern, weil sie ihn nicht kleinkriegten.

Wir gingen zum letzten großen Treffen in der Geschichte des Clubs. Diese Art von Kontakt interessierte uns einfach nicht mehr. Wir waren uns jetzt selbst genug. Und wir waren auch nicht sonderlich willkommen, egal, wo wir auftauchten. Wir waren damals reichlich grob – und unser Eintreffen rief immer besorgte Mienen hervor.

Das Treffen wurde in Kalundborg abgehalten. Im Clubhaus der »Kalundbürger« (wie wir sie nannten). Nomaden und Dirtys hatten sie beide auch früher schon besucht. Diesmal nahm die Sache aber keinen günstigen Ausgang.

Das Clubhaus war ein Bauernhof, zu dem zwei Äcker gehörten.

Wir waren fünfunddreißig. Dazu kamen vielleicht an die zweihundertfünfzig Motorradfahrer.

Das Fest, das in einer Scheune stattfand, kam rasch in Gang. Es waren viele Tische aufgestellt worden, und es waren reichliche Mengen Flüssigkeit vorhanden. Es wurde geraucht, getrunken, gesungen, gebrüllt, geschrien, auf den Tischen getanzt, in Ecken gezänkelt.

Jappe sprühte einem gewissen Vagn von den *Iron Sculls* Tränengas auf den Schwanz. Vagn rastete aus und jagte Jappe durch das Lokal. Dabei rief er immer wieder: »Das brennt! Das brennt!«

Auch andere fielen Tränengas-Angriffen zum Opfer, und wir mußten mehr als einmal nach draußen stürzen, um frische Luft zu schnappen.

Abends kamen zwei von den *Filthy Few* dazu. Sie blieben nicht lange – die *Dirty Angels* pflückten ihnen die Patches ab. Wir hatten diese Typen schon lange satt. Wir fanden sie lächerlich, und zwei Tage zuvor hatten sie in einer Zeitung allerlei provozierende Dinge von sich gegeben. Sie trafen sich häufiger mit der Nöragerbande, und das sprach in unseren Augen ja auch nicht für sie. Sie wurden also gebeten, sich zu verziehen. Prügel bezogen sie nicht. Das hätten wir feige gefunden – wir waren ja nicht im Krieg mit ihnen.

Am nächsten Morgen und Mittag hatten einige Teilnehmer am Treffen uns so ziemlich satt. Was zu allerlei Raufereien und Wortwechseln führte.

Aber plötzlich kippte dann alles um. Einige Clubs hatten beschlossen, uns rauszuschmeißen. Zu diesem Zeitpunkt waren an die fünfzehn oder sechzehn von uns auf den Beinen, und der Rest wurde in aller Eile aus den Schlafsäcken geschüttelt. Und da standen wir dann – fünfunddreißig gegen hundertfünfzig. Die anderen waren nicht an Zusammenarbeit gewöhnt, während wir Rücken an Rücken dastanden. Die Schlägerei wogte über das Feld hin und her, wie ein großer Hefeteig. Es hatte geregnet, deshalb standen wir bis an die Knie im Schlamm, aber das machte die Sache nicht weniger lustig.

Blondie hatte zehn Mann auf sich, aber ehe sie ihn erreichten, hatte er die meisten abgeschüttelt und zwei zu Boden geschlagen. Aus einem Loch neben dem Mund lief ihm das Blut über den Hals.

Norweger und ich waren etwa zehn Meter von ihm entfernt in eine wilde Schlägerei mit allerlei Typen verwickelt. Wir hatten uns beide schon im Modder gewälzt. Wir mußten lachen, als wir uns mitten in der Prügelei gegenseitig ansahen. Nur unsere Augen waren noch einigermaßen schlammfrei. Wenn die Sache noch viel länger gedauert hätte, hätten wir Freund und Feind nicht mehr auseinanderhalten können.

Pferd war an einen wahren Koloß geraten. Plötzlich sah ich zu meinem Entsetzen einen weiteren von hinten kommen – mit einer Zaunlatte. Er hämmerte Pferd damit auf die Birne, aber der drehte sich nur um und sagte irgendwas. Ich nehme an, er sagte,»mein Bart teilt sich« oder »hereinspaziert« oder so. Dann drehte er sich abermals um und boxte weiter. Der Typ, der versucht hatte, Pferd zu Boden zu schlagen, glotzte noch immer seine Zaunlatte an, als ich ihm munter eins auf die Fresse verpaßte.

Tennis war hinten bei der Scheune niedergeschlagen worden, wurde dann aber sofort gerächt. Zwei Feinde lagen bewußtlos neben ihm. Sie hatten mit einem Rohr eins in den Nacken gekriegt.

Die Schlägerei wurde ab und zu unterbrochen, wenn der Feind Luftholen wollte. Einer fragte Steinmüller: »Wollt ihr nicht lieber nach Hause fahren? Wir wissen ja, daß wir euch nicht aus Kopenhagen wegkriegen. Ihr seid doch das Kämpfen gewöhnt.« Dann ging es wieder los. Hier wurde einfach auf alles eingeschlagen, was sich bewegte.

Erst, als vier von der Gegenseite ins Krankenhaus geschafft worden waren, tauchte die Polizei auf, mit Maschinenpistolen und Hunden. Von uns wurden nicht wenige in den Hintern gebissen. Einer von ihnen war Hardy, der den Haussuchungsbefehl verlangte, als sein Möbelwagen durchsucht werden sollte. Der war wie immer vollgeladen – mit Zelten und Schlafsäcken, wild durcheinander.

Egal wie, wir trugen den Sieg davon. Nur mit Hilfe der Bullerei konnten sie uns vertreiben.

Wir kamen nach Hause, wuschen den Schlamm ab und verschafften uns einen Überblick über unsere Blessuren. Abgesehen von Blondies Loch im Kopf und Tennis' zahllosen Beulen überall, hatte Piep einen aufs Horn bekommen. Das war schon vorher groß gewesen, war aber nichts im Vergleich zu der Erdbeere, die er sich damit zugelegt hatte.

In Kopenhagen loderte der Krieg wieder auf. Die *Filthy Few* wollten ihre Patches zurückhaben, die die *Dirty Angels* ihnen in Kalundborg abgezupft hatten. Eines Abends, als nur drei Mitglieder im Dirty Place anwesend waren – FM, der Deutsche und Quälgeist – brachen sie plötzlich zur Tür herein. Zwanzig Mann. Nachdem die Bullerei sie eingeschlagen hatte, war die Tür nicht repariert worden.

Einer der Filthys hatte eine Stengun und ballerte sofort wild um sich. Er hatte die Sache absolut nicht unter Kontrolle. Die Kugeln pfiffen nur so durch das Lokal.

Zwei Kugeln durchschlugen eine Wand und fegten an Quälgeists Kopf vorbei. Er hielt sich gerade in einem Nebenzimmer auf, wo er nach einem Jagdgewehr suchte, stellte die Suche aber ein, als die Luft plötzlich bleihaltig wurde. FM rettete sich durch die Hintertür. Wir rechneten später aus, daß er von vier oder fünf Schüssen getroffen worden wäre, wenn er auch nur zwei Sekunden länger an dieser Stelle verharrt hätte.

Die Sache endete seltsamerweise nicht mit einer Prügelei. Vermutlich, weil wir die Kumpels in Kalundborg ja auch nicht zusammengefaltet hatten. Und weil die beiden Patches bei den *Galloping Goose* in der Titangade hingen.

Abgesehen davon, daß sie allerlei Löcher in den Wänden hinterließen, erreichten sie nur, daß die Union zur Treibjagd auf sie blies. Sie schlossen sich enger mit der Nöragerbande zusammen – gegen uns. Und damit war der Krieg wieder in Gang.

Wir waren dauernd auf Jagd nach ihnen. Kein Tag oder

Abend verging, an dem wir das nicht versuchten. Aber sie versteckten sich gut. Und wenn wir sie dann endlich erwischten, rannten sie davon. Einer von uns kriegte einen von ihnen zu fassen und zwang ihn dazu, sein Patch herzugeben. Der Club der anderen wurde gestürmt – war aber leer, abgesehen von Souvenirs, die an den Wänden hingen.

Über lange Zeiträume hinweg schienen sie wie im Erdboden versunken – und dann nahm der Jagdeifer wieder ab.

Die *Nomads* zogen zum letzten Mal ihre Zeltstangen aus dem Boden und zogen zu den *Galloping Goose* in die Titangade, wo die GG schon seit einigen Monaten hausten und sich inzwischen recht gut eingerichtet hatten.

Die Bar war – wie in allen Clubs – das wichtigste. Sie wurde angestrichen, bis sie funkelte wie eine Goldmedaille. Zwischen Wohnzimmer und Werkstatt wurde eine massive Trennwand gezogen, zehn Meter breit, vier Meter hoch. Auf diese gewaltige Wand wurde eine Riesenmatrone mit gespreizten Beinen gemalt. Die Möse war die Tür zur Werkstatt. Darunter war sogar ein hübsches kleines hellrotes Arschloch gemalt worden, das bald weit und breit bekannt war. Wir nannten dieses Bild »Big Mama«.

Einmal kamen die Chefs der verschiedenen Kopenhagener Polizeiabteilungen auf Höflichkeitsbesuch. Als sie durch die seltsame Tür geschritten waren, fragte einer: »Na, da habt ihr doch endlich mal wieder eine Runde Möse abgekriegt, was?« Sie drehten sich um – und waren sprachlos.

Wir befestigten Maschendraht vor den Fenstern, die nicht vernagelt wurden. Gegen Brandbomben und solche Dinge.

Ich hatte die ersten elftausend Kronen für eine neue Triumph 750 ccm bezahlt und war deshalb in allerbester Laune. Die Triumph war noch nicht fahrbereit – ich mußte noch etwas warten, aber das Ende war schon abzusehen.

Im Club kam es zu einigen Veränderungen. Einige waren ausgetreten, weil die Kriege ihnen zu heftig wurden. Wir hatten noch zwei weitere Patches erbeutet, in Wirklichkeit dachten wir aber eher clubmäßig – es ging um unsere eigene Organisation.

Die *Dirty Angels* hatten einen Fuck-off-Brief erhalten und waren daraufhin zu uns in die Titangade gezogen. Das Clubhaus der *Iron Sculls* war abgefackelt worden. Irgendwer, der früher an dem Abend Schläge bezogen hatte, hatte sich rächen wollen. Diejenigen unter den *Iron Sculls*, die sich mit uns zusammentun wollten, endeten ebenfalls in der Titangade. Wir dachten nun aber auch in internationalen Bahnen. Wir wollten Hell's Angels werden.

Die *Hell's Angels* sind die Elite unter den Motorradleuten – sie waren das höchste, was man in dieser Branche erreichen konnte.

Die *Nomads* waren wohl diejenigen, die die *Hell's Angels* am besten kannten. Als ich schon dabei war, hatten wir bei einer Ferientour in die Niederlande welche getroffen. Einzelne unter uns hatten sie seither besucht. Wir nahmen den Kontakt zu dieser niederländischen Gruppe wieder auf. Es stellte sich heraus, daß sie als Gruppe auch nur auf Probe bei den *Hell's Angels* aufgenommen worden waren. Sie schlugen uns vor, uns an das Hamburger Chapter zu wenden. Was wir dann auch taten.

Zwei Wochen darauf traf ein Brief ein. Eine Gruppe aus Hamburg wollte uns zu Ostern in Kopenhagen besuchen und sich ein Bild von uns machen. Anderthalb Jahre zuvor hatten sie die *Iron Sculls* inspiziert und sich schon nach einem Tag mit der Bemerkung verabschiedet: »Wir sehen uns in zwei oder drei Jahren.« Das sagte einiges über ihre Ansprüche. Aber wir kannten keine Zweifel.

Alles war für den Besuch bereit. Wir hatten reichlich Essen, Schnaps und Bier gebunkert – Osterbier natürlich.

Aus Hamburg rückten sechzehn Mann in vier Mercedessen an. Dazu kamen noch sechs oder sieben vom Prospect Club in Amsterdam, wie die offizielle Bezeichnung lautete. Zum ersten Mal beherbergte die Titangade *Hell's Angels*. Wir waren natürlich zutiefst beeindruckt. Die anderen waren schon seit fünf Jahren bei den *Hell's Angels* und ganz anders als wir. Wir hatten gehört, es sei verboten, im Hamburger Angels' Place auf den Boden zu spucken, aber es überraschte uns doch, daß sie so ruhig und freundlich waren. Die meisten von uns waren total verdreckt. Die Hamburger waren sauber. Und sie wurden nicht ausfällig, bloß weil sie etwas getrunken hatten.

Zu diesem Zeitpunkt kamen so an die fünfundfünfzig ins Clubhaus. Ein gutes Dutzend Mitglieder saß im Knast.

Das Fest kam gut in Gang und wir fühlten einander auf den Zahn. Und das Ganze endete natürlich mit einer wilden Boxerei. Die Deutschen waren die besseren – sie waren ja echte *Hell's Angels*. Andererseits waren wir es auch nicht gewöhnt, vor irgendwem im Staub zu kriechen, und da war eine Schlägerei ja unvermeidlich.

Es fing in der Küche an. Ein Mitglied der *Dirty Angels* lallte immer irgendeinen Spruch, wenn die Deutschen sich etwas zu essen holten. Die waren ohnehin ein bißchen sauer über das Patch der *Dirty Angels* – denn ihrer Ansicht nach gab es nur eine Art Engel, eben die Hell's. Am Ende hatte einer der Deutschen die Faxen dicke und Pondus kriegte einen vor den Latz und ging ausgezählt zu Boden. Energisch setzte Tennis über den Tresen und in die Küche. Er wurde von einer Bierflasche gefällt, noch ehe er sein Ziel erreicht hatte – und die Küche wurde zum Inferno aus boxenden Menschen. Glatteis versetzte einem Deutschen einen Tritt vor den Kopf, aber da der Boden triefnaß war, landete er in der Eile auf Arsch und Ellbogen. Hätte er Schlittschuhe getragen, hätte das zu seinem Vorteil sein können. Carlo nutzte eine Bratpfanne als Waffe. Sie sang aufs Herrlichste, wenn sie einen Kopf traf.

Die Schlägerei endete ebenso abrupt, wie sie begonnen hatte. Es war Trinkzeit. Beide Seiten schielten einander an, bis es dann wieder losging.

Diesmal geriet ich im Wohnzimmer mit einem Deutschen in eine wilde Prügelei. Plötzlich wurde ich von hinten um den Hals gepackt und vom Boden hochgehoben. Für zwei Sekunden wurde alles schwarz. Dann saß ich auf dem Boden und konnte wieder klar sehen. Ich schaute über die Schulter zurück und sah einen großen Deutschen, der sich das Kinn rieb. Er hatte mich zu würgen versucht. Darauf hatte Mike ihm energisch eine reingesemmelt, und er hatte mich loslassen müssen.

Wieder wurde die Schlägerei vorübergehend ausgesetzt.

Beim nächsten Mal ging es draußen auf dem Flur los. Ich kämpfte mit zweien zugleich, und als die Übermacht zu groß wurde, zog ich meine Kanone aus dem Hosenbund. »Don't ever shoot a *Hell's Angel*«, sagte der eine, und das verstand ich glücklicherweise, denn sonst wäre ich niemals bei ihnen aufgenommen worden. Ich stopfte die Knarre wieder in die Hose, und wir prügelten uns weiter.

In einer Kampfpause entdeckten Junior und ich einen von uns, der sich hinter der Heizung versteckt hatte. Er wurde natürlich aus dem Club gefeuert. Später schrieben wir an die Wand: »Söfes Platz«, mit einem Pfeil, der hinter die Heizung zeigte. Was für ein Waschlappen.

Ich ging pissen, aber das hätte ich lieber lassen sollen, denn plötzlich standen drei Deutsche um mich herum. Der eine drückte mir eine 45er in den Bauch. »Wo ist die Knarre«, fragten sie. »Weggeschmissen«, sagte ich. Über die Köpfe einiger Deutschen hinweg waren ein paar Schüsse abgefeuert worden. Jetzt wollten sie alle Waffen aus dem Club verbannen, ehe die Schlägerei weiterging. Ich hatte meine versteckt, wollte aber nicht verraten wo. Ich schluckte, gab aber nicht nach. Obwohl ich doch in den Lauf der Kanone schaute.

Mitten in der Schlägerei brach plötzlich die Polizei mit kugelsicheren Westen und Maschinenpistolen über uns herein. Irgendwer hatte die Schüsse gehört und auf der Wache angerufen. Der erste Bulle, der den Club betrat, war einwandfrei ein mieses Landei. »An die Wand«, rief er auf Jütländisch. »Verpißt euch doch«, antworteten wir. Was sie auch taten. Der Anblick dieses Irrenhaufens verschlug ihnen einfach die Sprache.

Solange die Polizei da war, machten wir mit den Deutschen natürlich gemeinsame Front. Danach ging die Schlägerei im Kleinen weiter, aber gegen Morgen setzten die wenigen, die noch aufrecht stehen konnten, zur Verbrüderung an.

Die Deutschen fuhren am nächsten Nachmittag gegen zwei, nachdem sie kurz mit einigen von uns gesprochen hatten. »See you, motherfuckers«, lautete ihr Abschiedsgruß. Wir waren akzeptiert.

Am 1. April 1978 bekam ich mein Bike. Es war herrlich, auf etwas zu sitzen, das so schnell fahren konnte. Das erste, was ich tat – nachdem Carlo und mein Bruder mich bei der Arbeit abgeholt hatten – war, Spiegel und Blinker abzureißen. Dieser Kram kam uns nur albern vor. Überflüssiges Gebammel. Dann kam ein hoher Lenker dazu – und ich war zufrieden.

Ich hatte natürlich keinen Führerschein, ich war ja erst siebzehn, aber ich konnte ausgezeichnet auch ohne fahren. Meine Eltern versuchten, mir das auszureden, aber da trafen sie auf taube Ohren. Und was hätten sie machen sollen? Ich war so stark, daß mein Vater mich nicht mehr ohrfeigen konnte, und es wäre doch nur lächerlich gewesen, immer dann, wenn ich zu Hause losfuhr, die Bullen anzurufen.

Zweimal versuchte die Bullerei, mich anzuhalten. Ich hatte aber ein System aus Schranken und Wegen und Sackgassen, das ich mir auf der Flucht zunutze machte. Und deshalb kriegten sie mich nicht.

Der Krieg gegen die *Filthy Few* loderte wieder auf. Wir machten ununterbrochen Jagd auf sie. Sie hatten kein Clubhaus und zeigten sich nur in Weste, wenn sie viele waren.

Eines Abends erfuhren wir, daß in einem Torweg in der Jægersborggade vier Filthys standen. Drei hauten ab, als sie uns sahen. Der vierte wurde energisch vermöbelt. Danach wurde er noch von einem Bike überfahren.

Auf dem Rückweg zum Club begegneten wir der Bullerei. Sie wollten sich die Sache zuerst ansehen. Aber eine Viertelstunde darauf hielten die ersten Försterwagen vor dem Club. Wir beschlossen, der Sache ein rasches Ende zu machen, und gingen alle – vierzig Heinis und zehn bis fünfzehn Mädels – hinaus, um uns festnehmen zu lassen. Boss der Aktion war Bach von der Wache Bellahöj. Er war mindestens so zugedröhnt, wie wir angetrunken waren.

»Wer von euch hat sich da einen Jux erlaubt?« fragte er. »Wir haben den ganzen Abend hier gesessen.« – »Ja, ihr könnt mir viel erzählen. Einer von euren lieben Freunden von Filthy ist unten in der Jægersborggade ordentlich auf den Arsch gegangen.« Wir konnten unser Lachen kaum unterdrücken.»Wir können doch nichts dafür, daß die Filthys ihre Mühlen nicht im Griff haben.« –»Davon kriegt man verdammt nochmal keine Reifenspuren auf den Bauch«, sagte Bach. Wir brüllten vor Lachen. Sogar einige Bullen feixten jetzt los.»Na, wer war das?« fragte Bach. Wir lachten nur. Die Bullen verzogen sich. Wir gingen wieder ins Haus. Party! Zisten und Mike liefen diesem Filthy zwei Wochen später über den Weg. Er lief auf Krücken und sah ziemlich ramponiert aus. Er wurde ganz nervös und glaubte, sie wollten wieder zulangen.

Später hörten wir, daß er aus Protest aus dem Club ausgetreten war, da die anderen ihn nicht rächen wollten.

Die einzige Rache, die sie zustandebrachten, war, die Bullerei anzurufen und mitzuteilen, daß wir in unserem Club Waffen aufbewahrten. Anonym, natürlich. Aber das führte eben auch zu Razzien. Die kamen damals gar nicht selten vor.

Ich und ein Junge namens Johnny arbeiteten jetzt in der Milchabteilung des Supermarktes. Wir kamen sehr gut miteinander aus.

Eines Tages stellten die Tuborg-Leute einen Kasten Bier vor unseren Raum.»Für euer Betriebsfest«, sagten sie. Und wir sagten,»klasse« und»weiter so.« Und kamen überein, den Kasten in Gebrauch zu nehmen.

So kam es dann auch, und Johnny und ich oder einige von den anderen jungen Typen fischten gern ein Kühles aus dem Kasten, wenn wir Milch nachfüllen gingen.

Eine Woche darauf wollte ich eines Tages nach der Arbeit ganz schnell nach Hause. Mein Bike machte Probleme, und zwei Typen wollten die Zündung neu einstellen. Ich überlegte, daß ich doch sechs Pils für die Mechaniker mit nach Hause nehmen könnte. Ich verließ die Arbeit durch das Fenster des Frühstücksraums, um aus der Fabrik meines Onkels, die gleich in der Nähe lag, eine Pistole zu holen. (Um keine Mißverständnisse aufkommen zu lassen: Eine Pistole ist ein Apparat, mit dem die Zündung verstellt wird.) Ich bat Johnny, das Bier mit zum Bahnhof zu nehmen, wo ich dann auf ihn warten wollte.

Er traf einige Minuten nach mir ein – und machte ein merkwürdiges Gesicht. Ich bekam meine sechs Bier. Plötzlich tauchte hinter Johnny ein junger Mann auf und fragte, ob das mein Bier sei. »Ja«, antwortete ich überrascht, worauf er kehrtmachte und ging. Johnny verabschiedete sich und sah noch immer nicht gerade glücklich aus.

Am nächsten Tag wurde ich zum Chef gerufen. »Du hast gestern sechs Bier von hier mitgenommen?« Das mußte ich ja zugeben. »Warum bist du durch das Fenster gestiegen?« Das erklärte ich, was ihn beruhigte. »Hattest du für die sechs Bier bezahlt?« Ich sagte ja. »Bist du sicher?« Wieder sagte ich ja, aber im Grunde fühlte ich mich gar nicht wohl in meiner Haut. »An welcher Kasse hast du bezahlt?« – »An Lilians«, sagte ich. Der Chef verließ den Raum – und kehrte zurück. »Sie kann sich nicht daran erinnern, dich gestern gesehen zu haben. Hast du außer den sechs Bieren noch etwas gekauft?« Er zog die Kassenrolle des Vortages aus der Tasche.

In seinem Büro war es jetzt sehr warm. Ich stellte mir schon vor, wie ich nach dem Rausschmiß den Job verließ. Ich sah den Chef an und betrachtete seine Miene. Er sah nicht wütend aus – die Sache schien ihm fast schon leid zu tun. Deshalb beschloß ich, ehrlich zu sein. Ich erzählte ihm von dem Bierkasten im Milchraum und dem Geschenk der Tuborg-Leute. »Okay, dann verzieh dich jetzt und geh an die Arbeit.«

Danach war ich ziemlich sauer auf Johnny. Er hätte mir dieses peinliche Kreuzverhör ersparen können. Der junge Mann, der Johnny zum Bahnhof gefolgt war, war von der Personalaufsicht. Später erfuhr ich, daß er Johnny schon länger im Auge gehabt hatte. Es stellte sich – auch das erst später – heraus, daß er jeden Monat im Supermarkt mehr geklaut hatte, als sein Gehalt betrug.

Ich setzte meine Lehrzeit fort. Pu-ha.

E ine Zeitlang waren wir viel mit den *Free Wheelers* zusammen, einem Club aus Gladsaxe. Wir feierten bei ihnen und sie bei uns.

Eines Tages wollten wir zu einer Art Einweihungsfest in ihrem neuen Club – einem Haus, das die Gemeinde ihnen zur Verfügung gestellt hatte. Es hieß Egegården. Es handelte sich um ein Wohnhaus mit Clublokalen – Bar, Billard, Werkstatt – und einer großen Scheune, die fünfundzwanzig Meter lang und fünfzehn Meter breit war. Nur die halbe Scheune war überdacht. Unter dem Dach lag eine Art Heuboden. Im »Freilicht«-Teil der Scheune war ein Feuer aufgeschichtet worden. Es brannte bereits, die Musik dröhnte, die Gaumen wurden angefeuchtet. Wir fanden alles toll.

Ungefähr gleichzeitig gingen draußen auf der Straße Herr und Frau Jensen vorbei – oder wie immer sie nun hießen. Die Straße war fünfzig Meter vom Haus entfernt, deshalb konnten sie niemanden sehen und auch keine Musik hören. Aber sie sahen eine große Scheune und einen kräftigen orangen Lichtschein. Herr und Frau Jensen sagten: »Es brennt«, und rannten zur nächsten Telefonzelle.

Kurz darauf hielten drei Löschzüge und zwei Streifenwagen vor dem Tor. Wir wollten sie natürlich nicht zum Löschen hereinkommen lassen. Nach kurzer Diskussion durften dann jedoch der Feuerwehrchef und einige seiner Leute das Feuer inspizieren. »Akzeptiert«, sagte der Chef, und die Feuerwehr verzog sich. Aus irgendeinem Grund blieb die Polizei.

Es kamen immer neue Wagen. Sogar einige grüne Minnas. Und Leute von der Anti-Terror-Truppe. Vielleicht wollten sie üben – mit uns als Versuchskaninchen. Wir waren sechzig oder siebzig Festgäste, aber als die Polizei anfing, die Scheune zu umstellen, verzogen sich nicht wenige – sie hatten keinen Bock, die Nacht auf der Wache zu verbringen. Aber am Ende waren es doch noch fünfundzwanzig bis dreißig Mann, die das Fest nicht beenden mochten, bloß weil die Polizei ihren Aggressionen ein wenig Auslauf gönnte.

Uns war klar, daß sie die Butze räumen wollten – sonst hätten sie keine grünen Minnas geholt. Wir löschten das Feuer und stiegen auf den Heuboden. Eine »Speerspitze« wurde in den Club geschickt, um Bier für die Barrikaden zu holen. Zugleich sollten sie in der Umgebung sämtliche Lampen löschen.

Gemeinsam schafften wir acht Kästen Bier und eine Menge Wurfgeschosse auf den Heuboden. Piep sägte die untersten sechs Treppenstufen ab. »Damit die Hunde nicht hochkommen.« Ich hatte meine Bedenken und sagte: »Das wird unser Tod, wenn sie Gas einsetzen.«

Wir setzten uns zum Warten hin. Es waren sieben oder acht Fauen dabei. Die fanden die Lage nicht gerade komisch, wollten aber ihre Männer nicht verlassen.

»Hände hoch und rauskommen«, wurde mehrere Male gerufen, bis Sören Loch-im-Haar zurückgab: »Ihr könnt ins Meer scheißen!«

»Das ist die letzte Warnung, ehe wir eure Motorräder zerschlagen«, brüllte die Stimme ins Megaphon. Wir konnten sehen, daß sie bei unseren Bikes standen. Niemand verließ den Heuboden.

Jetzt rückte die Anti-Terror-Truppe vor, mit Karabinern und dem ganzen anderen Dreck. Wir warteten schweigend, bis sie das Scheunentor aufgeschoben hatten. Wir konnten sie deutlich sehen, sie uns gar nicht. Als der erste seine Taschenlampe einschaltete, überzogen wir sie mit einem Steinhagel – und die Lampe ging zu Boden. Die Angreifer stürzten Hals über Kopf aus der Scheune.

Fünf oder zehn Minuten vergingen. Ein einzelnes Polizeigesicht schaute vorsichtig in die Scheune. »Der erste, der die Rübe reinsteckt, kriegt eine 45 in die Birne«, rief Sören. Sofort war das Gesicht wieder verschwunden.

Jetzt änderte die Bullerei ihre Taktik. »Kommt jetzt raus, dann passiert euch nichts«, säuselte eine Stimme ins Megaphon. »Wir wollen euch doch nur kurz überprüfen.« Ich wollte nicht von hundert Bullen auf einmal »überprüft« werden, aber Tommy von den *Free Wheelers* ließ es darauf ankommen. Was ihm übel bekam. Als er sich fünfundzwanzig Meter von der Scheune entfernt hatte, warfen sich sieben oder acht Bullen auf ihn, schlugen mit Knüppeln auf ihn ein und traten ihn durch die Gegend. Wir hörten ihn schreien, bis der Krankenwagen kam.

Jetzt warteten wir auf das Gas. Wir glaubten, es ertragen zu können, weil die Scheune nicht überdacht war, aber da hatten wir uns geirrt. Zuerst kamen drei oder vier Rauchbomben angesegelt und landeten dort, wo das Feuer gebrannt hatte. Dann trafen überall in der Scheune Tränengasgeschosse auf. Hier wurde wirklich nicht an Munition gespart. Es war wie bei der Bombardierung Kopenhagens. Alles wurde zu Nebel. Wir kotzten nur so los, die Tränen liefen uns aus den Augen, der Rotz strömte wie aus Kannen. Wir taumelten hilflos durch die Gegend. Die Frauen kreischten und wir brüllten, während die Bullerei weitere Tränengasgranaten abfeuerte. Wir rissen ein Brett aus der Scheunenwand, aber anstellte von frischer Luft kamen sofort Tränengasbomben durch dieses Loch.

Wenn man so viel Tränengas abbekommt, glaubt man, sterben zu müssen. Alle dachten jetzt nur noch daran, sich zu retten. Manche sprangen vom Dachboden, obwohl der fünf Meter hoch war. Andere schafften es aufs Dach. Ich wälzte mich die Treppe hinunter, hatte aber vergessen, daß die untersten Stufen fehlten. Ich hatte Glück, bei anderen war das nicht der Fall. Bei Piep zum Beispiel. Er fiel voll auf die Fresse und mußte ins Krankenhaus. Die Wunde auf der Innenseite seiner Lippe wurde mit sechs Stichen genäht. Hamster sprang zusammen mit mehreren anderen aus dem Loch – und sofort machten die Bullen sich über ihn her. Er hatte eine dicke Beule am Kopf und brach sich drei Finger. Auch die Mädels kriegten eins aufs Dach.

Allan war clever. Er sprang nach unten, kippte seitwärts um und rief: »Au, ich hab mir das Bein gebrochen!« Er bekam im Vorübergehen ein paar Schläge ab, wurde dann aber zum Krankenwagen getragen. Er wurde im selben Wagen wie Hamster fortgeschafft, sie konnten aber nicht miteinander reden, Hamster war bewußtlos.

Ich selber kam einigermaßen glimpflich davon. Als wir auf einem großen Haufen vor der Treppe landeten, hatte ich nur einen Gedanken: frische Luft, frische Luft, frische Luft! Der Typ vor mir kriegte einen auf die Nase, als er durch das Scheunentor kroch, und ich machte mich so klein wie möglich, als es weiterging. Ich wurde fast zum Zwerg – mit Feuer im Hintern. Ich wackelte weiter und ließ mich zwischen einige Steinhaufen fallen. Nicht, um der Bullerei zu entgehen, sondern, um vom Gas wegzukommen. Rotz und Kotze hingen in Girlanden aus Rüssel und Bart.

Wie im Tran sah ich, daß die letzten herausgeschleift wurden. Hansi und Glatteis mußten zwischen den Knüppeln Spießruten laufen. »Da liegt noch so ein Abschaum«, hörte ich eine Stimme sagen, und dann traf mich der Knüppel voll an der Birne. Mir wurden Handschellen verpaßt, dann wurde ich zu den anderen hinausgeschleift, die auf dem Boden lagen. Alle auf dem Bauch, mit den Händen auf dem Rücken. Zum Glück war jetzt eine Menge Presse angerückt, deshalb mußten die schlimmsten Mißhandlungen ein Ende nehmen. Statt dessen trampelten die Bullen mit ihren schweren Stiefeln auf unseren Knöcheln und Handgelenken herum. Der Bulle, der mich durchsuchen sollte, kniff mich dabei immer wieder in den Oberschenkel. Ich sagte keinen Mucks, und das ärgerte ihn, weshalb er weitermachte, härter und härter. Es war keine Gewaltanwendung, daß ich auf den Bauch gelegt wurde, während mir jemand die Arme auf den Rücken drehte, ein sabbernder und bellender Hund fünf Zentimeter von meinem Ohr entfernt war und ein Vertreter der Ordnungsmacht mich in den Oberschenkel kniff. Das waren nur polizeiliche Maßnahmen!

Sie wußten natürlich nur zu gut, daß sie hier Scheiß gebaut hatten, denn am nächsten Morgen wurden wir ohne Anklageerhebung auf freien Fuß gesetzt.

Mai 1978. Ich hatte gegen acht Uhr abends im Post-Pub in Lyngby ein Rendezvous. Aber dort kam ich niemals an.

Eine Stunde vorher fragte Pferd mich – im Club –, ob ich ihn nicht zur Kneipe Brönshöj Kro fahren könnte. Er habe kurz etwas mit dem Besitzer zu regeln. Ich wußte so ungefähr, was dieses »etwas« war. Der Besitzer hatte zusammen mit Sören Loch-im-Haar im Knast gesessen. Er hatte Sören von allerlei Problemen in der Kneipe erzählt. Viele Gäste trauten sich nicht hin, wenn wir dort waren. Er hatte Sören deshalb Geld dafür geboten, daß wir wegblieben.

Sören erzählte das im Club, aber die meisten von uns vergaßen es gleich wieder. Abgesehen von Pferd. Eines Tages ging er zum Besitzer und verlangte einen Tausender pro Monat – dann würden wir wegbleiben. Der Besitzer wollte sich die Sache überlegen, und Pferd versprach, am folgenden Donnerstag zurückzukommen.

Wenn ich genau gewußt hätte, was da anlag, dann wäre ich nie im Leben mitgegangen. Es war die peinlichste und komischste Szene, die ich in meinem Leben je erlebt habe.

Wir kamen in der Kneipe an und wurden vom Besitzer begrüßt. Er sagte zu Pferd, er wolle den Laden verkaufen. Möglicherweise wären auch die neuen Besitzer an so einer Abmachung interessiert. Sie waren zufällig zugegen, und wir wurden ihnen vorgestellt. Aber meine Fresse, was waren wir doof – wenn ich ein Schlangenmensch gewesen wäre, dann hätte ich mich wohl selber in den Hintern getreten. Aber gut – es gibt Grenzen dafür, was zwei Knaben von siebzehn Jahren über das Leben wissen können.

Pferd wiederholte den beiden neuen Besitzern gegenüber, was er schon eine Woche zuvor gesagt hatte. Auch die beiden wollten sich die Sache überlegen und gingen in den Vorraum des Lokals. Als sie kehrtmachten, sah ich für einen Moment einen Satz Handschellen, die unter der Jacke des einen sogenannten Besitzers hervorbaumelten. Ich schaute Pferd an und sagte: »Das war die Bullerei.« Ich stand auf und ging hinaus, um mit den Handschellen zu reden. Sie warteten auf Verstärkung und schauten uns überrascht an.

»Es ist jetzt...«, sagte der eine. »Ja, ja, erspar uns das und laß uns machen, daß wir hier wegkommen«, sagte ich. Wir hatten wirklich ins Förmchen geschissen. Kein Wunder, daß wir im Club noch lange Zeit »Gehirntrust« genannt wurden.

Wir mußten vor den Untersuchungsrichter und bekamen jeder zwei Wochen. Pferd hatte schon zwei Kleinigkeiten auf dem Kerbholz und landete in Vestre. Ich wurde ins Fürsorgeheim Sölvager gesteckt – aufgrund meines tadellosen Leumunds und meines jugendlichen Alters.

Ich langweilte mich natürlich schrecklich, hatte aber selbst darum gebeten. Ich machte mir vor allem Sorgen wegen der Arbeit. Nach einer Woche kam meine Verteidigerin zu Besuch – eine wunderbare ältere Dame, die mir seither aus mancher Klemme geholfen hat. Lilly erzählte, ich könne meinen Job behalten, wenn mein Aufenthalt hier im Heim nicht zu lange dauerte. Sie glaubte, ich würde bald entlassen werden. Sogar die Bullerei nahm die Sache ziemlich leicht.

Mir wurden noch zehn Tage U-Haft verpaßt, dann kam die vorbereitende Gerichtsverhandlung. Pferd und ich fielen einander um den Hals, als wir uns im Gerichtssaal sahen. Er wußte sehr gut, daß er jetzt nicht herauskommen würde, aber er freute sich für mich. Ich wurde bis auf weiteres auf freien Fuß gesetzt. Meine Fresse, was strahlte an diesem Tag die Sonne. Erst, wenn man eingesperrt gewesen ist, weiß man, wie schön das Leben ist. Das Urteil wurde erst einige Monate später gefällt. Pferd bekam acht Monate. Ich vier – zur Bewährung. Dieser Unterschied im Strafmaß lag daran, daß es meine erste Vorstrafe überhaupt war, während Pferd in diesem Zusammenhang auch noch eine alte Gewaltsache angehängt wurde.

Während ich in Sölvager gewesen war, war etwas geschehen, was unseren Ruf nicht gerade aufpoliert hatte. Fünfzehn Clubmitglieder hatten eine Hochzeit in Amsterdam besucht. Während des Fests war eine Frau vergewaltigt und mißhandelt worden. Sie berichtete, daß sie von einer ganzen Bande nacheinander vergewaltigt worden sei – unter anderem in einem Pranger –, und dabei sei sie geschlagen und in einem Eisenbett hin und her geschleudert worden.

Ich war auch zu dieser Hochzeit eingeladen gewesen, und da war es nur gut, daß ich derzeit wegen dieser anderen Sache gesessen hatte. Auf jeden Fall wurden alle fünfzehn Dänen festgenommen, was lächerlich war. Nach vier Tagen wurden drei von ihnen freigelassen und nach Hause geschickt – Kim, Jappe und Zulu. Auch einige Niederländer und Engländer waren festgehalten worden. Übrig waren jetzt zwölf Dänen, ein Niederländer und ein Belgier. Die niederländischen Zeitungen machten ein gewaltiges Geschrei, und die Behörden brauchten Sündenböcke.

Nur ein einziger Däne hatte sich an der Sache beteiligt, und er wurde nach zweiundvierzig Tagen auf freien Fuß gesetzt.

In Dänemark ging das Leben seinen gewohnten Gang. Ich machte meine Arbeit im Supermarkt, und abgesehen von einigen komischen Sprüchen wurde mein unfreiwilliger Urlaub nicht erwähnt. Meine Kollegen rümpften jedoch angesichts der Vergewaltigungssache die Nase, und das kann ich gut verstehen, denn es war eine peinliche Angelegenheit, und es war schwer zu erzählen, daß wir mit solchen Dingen nichts zu tun haben wollten, wo doch zwölf von uns dort unten im Knast saßen. Wenn ich gefragt wurde, dann sagte ich: »Das ist wirklich nicht so toll, aber ich muß ja für das einstehen, wofür die Typen, die dasselbe Patch wie ich tragen, eingefahren sind.« Eine andere Antwort wäre einfach feige gewesen.

An dem Tag, an dem über Pferd und mich im Fall Brönshöj Kro das Urteil gefällt wurde, kamen sechs Brüder aus Amsterdam zurück. Die Sache da unten wurde wirklich zur Farce. Der einzige Däne, der sich an der Vergewaltigung beteiligt hatte, war nach Hause geschickt worden. Zum Ausgleich hatten sie Hamster, Hansi, Allan, Tennis, Junior und Hardy dabehalten, obwohl die allesamt nichts mit der Sache zu tun hatten.

Die Frau hatte den Schuldigen unter den Dänen selbst identifiziert. Sie nannte ihn die »Bestie«. Es handelte sich um Sören Loch-im-Haar. Wenn er betrunken war, war er wirklich ein mieses Stück. Nüchtern dagegen war er der beste Kumpel, den man sich vorstellen kann. Leider war er fast immer blau.

Nach einigen Bieren und einer Quasselrunde wollten drei der Heimgekehrten eine Runde fahren – Sören, Mike und Zisten. Carlo und ich schlossen uns an. Auf dem Weg in die Stadt bekamen sie eine Kurzversion des Krieges gegen die *Filthy Few*. Wir hatten sie lange nicht finden können, aber nun wollten Gerüchte wissen, daß sie sich im Vestend einige Kellerräume zugelegt hätten. Wir beschlossen, in dieser Straße nachzusehen, die eine Sackgasse und nur in einer Richtung befahrbar ist. Die einzige Waffe, die wir im Wagen hatten, war fast ein Witz – eine Plastikpistole mit einem sechs Zentimeter langen Springmesser im Lauf. Aber wir waren ja auch nur auf Sightseeing-Tour.

Als wir in die Straße hineinschauten, entdeckten wir zwei Filthys hinter einem Lastwagen. Da wir sie sonst nie finden konnten, waren wir sofort Feuer und Flamme. »Die schnappen wir uns«, schrie ich aufgeregt. »Alles klar«, erwiderte Carlo und fuhr in die Straße hinein.

Als wir dann wieder hinter den Lastwagen schauten, staunten wir nur noch. Dort standen fünfundzwanzig Mitglieder der *Filthy Few* und der *Nöragerbande*, dazu zehn von ihren Waranen. Ein ganz schöner Brocken – und das in einer Sackgasse. Wir konnten nur aus dem Wagen springen und auf alles einschlagen, was sich bewegte.

Mike sprang aus der Vordertür und brüllte: »Na, da seid ihr?« Ich preschte vor und schlug einen von der *Nöragerbande* zu Boden. Mike und Zisten schnappten sich einen, der versuchte, ein Jagdgewehr zu laden. Sören zielte mit der Plastikpistole auf das Hauptfeld, das über die Straße stürzte und sich in die verschiedenen Torwege flüchtete. Ich weiß nicht, wer am schrillsten kreischte – die Typen oder ihre Alten.

Carlo wendete den Wagen in aller Ruhe, während wir sie zusammenfalteten. Wir sprangen in die Karre und wollten gerade losdröhnen, als wir das Dessert über die Straße gehen sahen – Makrele und Provo-Knud. Sie hatten uns nicht gesehen und latschten fröhlich weiter. Plötzlich entdeckte Fischgesicht uns und machte auf dem Absatz kehrt. Die beiden stürzten davon, gefolgt von Mike und mir. Sie verschwanden in einem Treppenhaus. Wir verzichteten auf die weitere Verfolgung, denn in der Ferne hörten wir schon Sirenen, und alle Hausbewohner hingen aus den Fenstern.

Wir dröhnten zurück in die Titangade. Und zwar im letzten Moment, denn als wir durch den Torweg fuhren, sah ich den ersten Bullenwagen um die Ecke biegen. Wir sprangen aus dem Wagen und mischten uns unter die anderen Typen.

Erst nach zehn Minuten betraten die Schwarzen den Hof – sie hatten erst auf Verstärkung warten wollen. Bach und Nörgaard führten die Sturmabteilung an. Sie sagten: »Sören, Mike und Zisten, ihr müßt mitkommen. Und wo haben wir Carlo?«

Wir waren sprachlos. Man hätte fast meinen können, die hätten auf der Wache von Bellahöj eine magische Kristallkugel. Aber es war natürlich so, daß die Filthys unsere Namen genannt hatten. Der einzige, den sie nicht erkannt hatten, war ich.

Die vier anderen wurden für zwei Wochen in Haft genommen. Sören, Zisten und Mike waren zu diesem Zeitpunkt seit acht Stunden auf freiem Fuß, deshalb sahen sie leicht vergrätzt aus.

Auf der Wache wurden die Jungs einer nach dem anderen vor einen durchsichtigen Spiegel gestellt und identifiziert. Carlo riß die Tür zum Raum hinter dem Spiegel auf und erblickte zwei verängstigte Filthys. Später sagten wir immer über Filthys und Nöragerbande. »Die reden nicht, die zeigen nur auf Bilder.«

Obwohl ich vierundzwanzig Tage gefehlt hatte, gab der Chef mir zwei Wochen Ferien. Ich beschloß, sie zusammen mit Holmer und Ole auf Bornholm zu verbringen. Sören war nicht mehr im Knast und wollte sich ebenfalls anschließen. Ole und Holmer hatten ihre Alten hinten aufsitzen. Wir wollten bei Holmers Eltern in Rönne wohnen. Das hatte ich auch im Vorjahr getan. Ich machte jetzt zum vierten Mal auf dieser Insel Urlaub. Die Sonne schien, als wir von der Fähre fuhren, und bei Holmers Eltern wurden wir mit Kaffee und Brötchen erwartet.

Später an diesem Tag fuhren wir zum Marktplatz, wo die Rocker und Flipper der Stadt herumhingen. Wir tranken zwei Bier mit alten Freunden. Wir konnten auch die im letzten Jahr kennengelernten Frauen begrüßen, ehe wir zum Abendessen zurücktuckerten. Abends tranken wir dann im Krystalcafé und kamen nach einem herrlichen ruhigen Abend reichlich bezecht nach Hause.

Am nächsten Tag traf ich auf dem Marktplatz meinen Chef. Er stammte von Bornholm. Als letztes, ehe wir uns trennten, sagte er: »Gute Ferien, und bau ja keinen Unfug!« – »Keine Sorge«, erwiderte ich lachend.

So vergingen zwei Tage mit Ausflügen, Bier und Badereien. Wir besuchten Holmers alte Freunde vom Motorradclub Holmerne. Es waren ungefähr zwanzig, aber ich hatte nicht den Eindruck, daß sie viel taugten – jedenfalls nicht, wenn es um den Zusammenhalt ging.

Am dritten Abend wollten wir wieder ins Krystalcafé, Krissi genannt. Wir ließen unsere Bikes stehen – selbst wir fanden, ein wenig zuviel intus zu haben. Will sagen nicht sternhagelvoll, aber doch gut abgefüllt. Und wir – das waren Sören, Holmer und ich und zwei oder drei Einheimische. In der Kneipe saßen achtzig bis hundert Menschen, als wir dort eintrafen. Das Lokal war zweigeteilt. Zuerst betrat man den eigentlichen Schankraum mit dem Tresen. Von dort aus ging es weiter durch eine Glastür ins Billardzimmer und zu den Toiletten. Wir saßen am liebsten im Billardzimmer.

Sören ging als erster zur Glastür. Ich ging hinterher. Holmer und seine Freundin blieben zum Auftanken am Tresen stehen.

In der Glastür stand ein Arschgesicht namens Alex. Er hielt ein abgebrochenes Billardqueue in der Hand. Sören wollte sich an ihm vorbeizwängen, aber Alex versperrte ihm den Weg und piekste Sören mit dem Queue. »Laß die Kacke«, sagte Sören. Das Arschgesicht schlug mit dem Queue zu. Ich rechnete damit, daß Sören jeden Moment Amok laufen könnte. Ich hatte ihn noch nie so geduldig erlebt – vor allem in Anbetracht der Tatsache, daß er betrunken war.

»Jetzt hör aber auf«, sagte Sören, aber das Arschgesicht grinste nur blöd und schlug nach Sörens Kopf. Und jetzt hatte Sören die Nase voll. Er riß dem Arsch das Queue aus der Hand und hämmerte damit auf ihn ein.

Der Pisser lachte und lief in den Schankraum. Sören ging hinterher. In diesem Moment sah ich, daß sich an den Tischen ungefähr ein Dutzend Mann erhob. Das wird hart, dachte ich. Einige waren ziemlich harte Brocken. Aber der Angriff ist die beste Verteidigung, und deshalb schleuderte ich mein Bierglas über Sörens Schulter und traf den Pisser an der Fresse.

Das war das letzte, was wir von ihm sahen. Er verpißte sich von seinen Kumpels. Erst provoziert er eine Schlägerei. Seine Freunde springen auf, um ihm zu helfen, und dann läßt er sie im Stich!

Die Feinde schwirrten um uns herum. Wir konnten einfach nur noch losschlagen. Holmer betrat den Plan und hämmerte mit seinen Riesenpranken los. Sören hatte sich zwei Billardkugeln geschnappt, lief herum und spielte damit Schläfenklatschen.

Nur einer von den Holmerne half uns. Die anderen standen wie gelähmt am Rande des Geschehens. Die übrigen Gäste schauten der Prügelei mit offenem Mund zu. Sie dachten sicher, jetzt würden die Säcke aus der Großstadt Keile einstecken, aber da hatten sie sich geirrt.

Ich konnte natürlich sehen, daß wir auf die Dauer keine Chance hatten. Deshalb zog ich mein Buck. Ein Buck ist ein scharfes Klappmesser. Über meiner linken Schulter hing ein Bornholmer, aber ich rammte das Messer in einen Typen, der mich gleichzeitig von vorn angriff. Er machte weiter, und ich traf ihn in der Brust und dann noch im Oberschenkel, und endlich fiel er auf den Arsch und kippte um.

Dann kam es zu einer Pause in der wilden Rauferei. Alle glotzten nur noch. Ich wartete ab, um festzustellen, ob noch andere so eine Runde brauchten. Ich wischte mir das Messer an meiner langen Lederweste ab. Ich klappte es zusammen, behielt es aber in der Hand.

Der Typ, den ich angestochen hatte, war das pure Klo. Er rappelte sich auf und setzte Holmer eins auf die Birne. Und dann ging die Schlägerei wieder los. Sören schlug zwei Typen mit einem Barhocker nieder, dann legte ein Arsch von zwei Metern den Arm um ihn und hielt ihn fest wie im Schraubstock.

Er kehrte mir den Rücken und hielt Sören fest. Sören keuchte. Ich stützte die linke Hand auf den Billardtisch und sprang hinaus. Gleichzeitig drehte ich mein Handgelenk, wodurch sich das Messer wieder öffnete. Ich landete auf den Knien und rammte es in den Rücken des Bären. Er schaute sich voller Entsetzen um und sah mich und das Messer – und das Blut am Messer. »Loslassen«, schrie ich. »Nein«, rief der Bär, ließ Sören aber trotzdem los und rannte aus dem Lokal.

Jetzt hatten die anderen genug. Zwei waren abgehauen. zwei lagen nach einer Begegnung mit dem Barhocker auf dem Boden. Einer wälzte sich in einer Blutlache. Die letzten standen sprachlos da und glotzten uns an.

»Da sind die doch tatsächlich abgehauen«, rief Sören. Durch die Tür und hinunter zum Hafen. Die Wache lag nur hundertzwanzig Meter entfernt, deshalb mußten wir jetzt dringend den Arsch in Bewegung setzen.

Unten im Hafen legten wir eine Verschnaufpause ein, dann gingen wir weiter. Wir drei, Holmers Alte und einer von den Holmerne. »Das gibt was, wenn die dich kriegen, Jönke«, sagte Sören. Aber nicht wir hatten die Schlägerei vom Zaun gebrochen. Leider ist es jedoch so, daß egal, wie eine Prügelei begonnen hat, verantwortlich gemacht wird, wer am Ende noch aufrecht stehen kann.

Wir gingen weiter, einige Wege hoch. Sören humpelte. Es war eine alte Wunde, die immer aufbrach, wenn er jemandem Tritte versetzte. Holmer hatte Kopfschmerzen – Sören hatte ihm im Eifer des Gefechts den Barhocker an die Birne gerammt. Und ich hatte einen wehen Hals, aber das lag daran, daß ich zu dünn angezogen aus dem Haus gegangen war.

Im Schutze der Dunkelheit stiegen wir bei jemandem durch das Fenster, mit dem wir früher an diesem Tag einen getrunken hatten. Zwei Einheimische fuhren mit dem Auto vor. Wir verabredeten, daß sie Sören zu dem Steinbruch fahren sollten, wo er sein Zelt stehen hatte.

Holmer und seine Freundin gingen nach Hause und ins Bett. Sie hatten noch nicht lange geschlafen, als die Polizei mit Maschinenpistolen das Haus umstellte. Holmer wurde festgenommen.

Wir hatten inzwischen den Steinbruch erreicht. Nach kurzem Geplauder schliefen Sören und ich ein. Morgens erwachte ich und stellte fest, daß ich auf etwas Hartem gelegen hatte. Ich hob die Matratze hoch und sah ein großes, häßliches Polizeischild. Einige Holmerne hatten das früher an diesem Tag auf der Wache geklaut.

Wir setzten uns an den Rand des Steinbruchs und diskutierten die Ereignisse der Nacht. Sören ging davon aus, daß wir wohl anderthalb Jahre kriegen würden, wenn wir vor Gericht kämen.

Es war ein schöner Morgen. Die Sonne brannte, und das Wasser unter uns glitzerte. Wir hörten ein Auto. Ich lief hin und schaute die Straße hinunter. Zwei Einheimische brachten Frühstück und die letzten Neuigkeiten. Im Radio war mitgeteilt worden, ein zweiundzwanzig Jahre altes Mitglied der Nomaden habe die beiden Männer niedergestochen.

Beide hatten überlebt, aber es ging ihnen nicht gerade gut. Wir freuten uns darüber, daß sie noch lebten. Es war doch nur eine blöde Wirtshausprügelei gewesen, die sich so drastisch entwickelt hatte.

Ich wüßte ja gern, was mein Chef gedacht hat, als er die Nachrichten hörte. Erst vor drei Tagen hatte er mich ermahnt, einen Unfug anzurichten. Eins stand fest: Lebwohl, Job!

Die beiden Einheimischen fuhren. Wir waren wieder allein. Wir legten Decken ins Gras und widmeten uns dem Sonnenbaden.

Zwei Stunden später hörte ich ein Auto. Ich stand auf, ging hinüber und schaute die Straße hinunter. Es war die Bullerei. Zwei Männer stiegen aus. Sie luden ihre Pistolen durch und kamen zu uns hoch. Ich lief zu Sören zurück und sagte: »Die Gestapo steht auf der Matte.« Wir hatten verabredet, keinen Fluchtversuch zu unternehmen, deshalb nahmen wir die Sache ziemlich ruhig.

Plötzlich kam ein junger Bulle hinter dem Zelt aus dem Gebüsch hervor.

»Ganz still gestanden«, stammelte er. Die Pistole in seiner Hand zitterte. »Ja, nur ruhig, aber nimm die Knarre weg«, stöhnte Sören. »Gut, aber ich hab eine Scheißangst vor euch«, sagte der Bulle. »Wir machen keinen Ärger, also paß auf deinen Zeigefinger auf.« Der Bulle wurde sichtlich ruhiger. Das wurden wir auch – aber dann kam die nächste Abteilung angetobt.

»Hände hoch, hier ist die Polizei«, brüllte einer von den Bullen, denen die Polizei ihren schlechten Ruf verdankt. Er kam angerannt und ließ bei mir die Handschellen zuschnappen – natürlich schnitten sie mir tief ins Fleisch. »Die sitzen zu fest«, sagte der Jungbulle. »Auch egal«, fauchte das Schwein. »Mach sie ein bißchen weiter«, sagte ein dritter Beamter. Er war in Zivil und hatte das Kommando. Er war – wie der junge – ziemlich sympathisch.

Er lachte, als er das Polizeischild fand. »Das hätte ich hier nun wirklich nicht erwartet.« Er hob ein Brotmesser vom Boden hoch und fragte: »Hast du mit dem hier zugestochen,

Jönke?« Ich schaute Sören an und lächelte. Meine Augen gaben ihm recht. Flucht hätte hier nichts gebracht.

Wir wurden zum Bullenwagen geführt. »Wie habt ihr uns gefunden?« fragten wir. »Ein Bauersmann hat heute nacht hier oben Licht gesehen und uns heute morgen angerufen, nachdem er die Nachrichten gehört hatte.«

Das war sicher gelogen.

Der Pöbel glotzte natürlich, als wir mit Eisenmanschetten ins Gebäude der Kripo geführt wurden.

Die Sonne zog sich zurück, und wir saßen in einem stickigen Büro. Ich gab sofort alles zu. Einerseits gab es so viele Zeugen, daß Leugnen keinen Zweck gehabt hätte; andererseits gab es auch keinen Grund, Sören und Holmer allein in den Knast wandern zu lassen. Mir wurde Mordversuch vorgeworfen. Die Polizei hielt daran fest, weshalb mein Fall vor Gericht gelangte.

Es ist normal, daß sie höher zielen, als sie treffen können. Dann kann der Staatsanwalt vor Gericht besser um den Preis feilschen.

Ich wurde in Rönne in den Arrest gesteckt, Holmer ließen sie laufen. Sören weigerte sich, mit der Polizei zu sprechen, wurde aber vierzehn Tage später auf freien Fuß gesetzt.

In den ersten beiden Wochen war ich vollständig isoliert. Ich hatte weder Radio noch Fernsehen oder Zeitungen. Es gab einige wenige Bücher – Wildwestromane und Hank Janson. Ich mopste mich zu Tode. Es war ein kleines Gefängnis, es gab also auch nicht viel Hintergrundlärm. Es war nur Platz für achtzehn Insassen – ein Zellenblock mit Zellen, Toiletten und Badezimmer. Am Ende des Zellengangs führte eine Gittertür hinaus in die Freiheit – und in die Gefängnisküche, wo die Mahlzeiten für die Gefangenen zubereitet wurden. Es gab keine Feinschmeckerkost, aber man konnte damit leben. Ich hatte befürchtet, daß jeden Tag Räucherhering auf dem Speiseplan stehen würde.

Jeden Tag um eins gab es eine Stunde Hofgang. Ich wurde auf einen isolierten Hof mit hohen Mauern und Maschendraht vor dem Himmel geführt. In der Regel sonnte ich mich einfach nur und bewegte mich kaum. Ich hatte auch keine

Lust, in der Zelle Gymnastik zu machen, und deshalb wurde ich rasch ziemlich schlaff.

Bald kamen Briefe von meinen Brüdern und von Familie und Freunden. Ich korrespondierte mit den sechs, die noch immer in Amsterdam im Knast saßen. Nach drei Wochen bekam ich Fernseher und Radio, und die Zeit war nicht mehr ganz so lang.

Mein Fall wurde an den Staatsanwalt weitergereicht, aber bis zum Prozeß dauerte es noch eine ganze Weile. Mein Verteidiger war ein junger Typ, der für die Anwaltskanzlei Bonnemann Carlsen arbeitete. Er war sympathisch und ein angenehmer Gesprächspartner. Er hatte sich an Lilly gewandt, meine ehemalige Verteidigerin. Sie war bereit, nach Bornholm zu kommen und mich zu vertreten, aber das kam uns doch übertrieben vor. Der junge Jurist erzählte mir, daß sein Chef die Sache übernehmen werde, wenn erst die Verhandlung anberaumt sei.

Nach anderthalb Monaten fragte der Gefängnisleiter, ob ich mir nicht ein wenig Gesellschaft wünschte. Im Kittchen war kein Zimmer frei, und es gab einen Jungen, der es nicht ertragen konnte, allein zu sein. Ich langweilte mich auch, und deshalb stimmte ich zu und zog in eine Doppelzelle um.

Mein neuer Zellengenosse war vier oder fünf Jahre älter als ich. Aber wirklich nur zeitlich bemessen. Vom Aussehen und Wesen her war er vier oder fünf Jahre jünger. Er saß wegen irgendeiner seltsamen Vergewaltigungsgeschichte.

Meine Stelle im Supermarkt wurde gekündigt, und ich konnte nichts daran ändern. Mein Bruder hatte mein Motorrad abgeholt. Er hatte mit mehreren Einheimischen gesprochen, und die hatten gesagt, sie fänden es richtig – was ich gemacht hatte. Meine Eltern freuten sich, als er nach Hause kam und das erzählen konnte. Ich mußte für mein Motorrad noch immer neuntausend Kronen abbezahlen. Piep bot an, mir das Geld zu leihen, deshalb konnte ich das Bike glücklicherweise behalten.

Während ich in Rönne einsaß, traf auch mein Musterungsbefehl ein, doch einen Monat darauf wurde mitgeteilt, daß ich wegen grober Kriminalität doch nicht wehrtauglich sei. Das fand ich ungeheuer komisch. Ich hatte gedacht, das Töten lerne man bei der Truppe, und da hätten sie mich doch mit offenen Armen willkommen heißen müssen. Vor dem Zellenfenster fanden sich einige kurze Nachtbesuche ein. Beim ersten Mal hätte ich mir fast den Hals gebrochen. Wir hatten einen Stuhl auf den Tisch und den Fernseher auf den Stuhl gestellt – nur deshalb konnte ich das Fenster, das ganz oben unter der Decke in der Zellenwand saß, gerade noch erreichen. Ein Einheimischer kam mit einer Flasche Rum und Cola vorbei. Er kletterte zum Fenster hoch und schob einen Trinkhalm durch das Drahtgeflecht, das draußen vor dem Gitter angebracht war. Während ich noch wie ein Ferkelchen mit Ringelschwanz nuckelte, hörte ich plötzlich aus der Dunkelheit vom Hafen her eine Stimme: »Findest du nicht, du solltest jetzt gehen?« Ich erschrak dermaßen, daß ich auf Arsch und Ellbogen in mein Bett fiel. Dem Jungen draußen ging es auch nicht anders. Der Gefängnisdirektor sagte am nächsten Tag nichts, er grinste einfach nur.

Anfangs war es nett, einen Zellengenossen zu haben – wir konnten quatschen und Karten spielen. Aber schon bald hatte ich ihn nur noch satt. Vor allem ging es mir auf die Nerven, daß er den ganzen Tag Büroklammern zurechtbog. Um acht Uhr morgens fing er damit an und machte bis achtzehn Uhr weiter – und manchmal noch länger. Und er kannte nur zwei Gesprächsthemen: Votze und Landmaschinen.

Als wir eines Tages beim Essen saßen und er wie üblich furzte, hatte ich die Faxen dicke. »Jetzt hörst du auf mit dem Scheiß, während wir essen.« – »Ach, halt die Fresse«, war seine Antwort. Klatsch, machte es, und dann saß er mit einer roten Wange auf dem Boden. Das war die erste Warnung.

Eine Woche später riß der Film. Er hatte mich den ganzen Tag mit seinen Büroklammern genervt. Wenn er arbeitete, stand der Fernseher auf dem Boden. Ich bat ihn, Feierabend zu machen und die Flimmerkiste an ihren eigentlichen Platz zurückzubringen. Er sagte: »Den Scheiß kannst du selber verstellen.« Ich setzte durch die Zelle und verpaßte ihm drei oder vier Maulschellen. Er machte das Blödeste, was er nur tun konnte – er schlug zurück. Ich duckte mich und holte ganz tief unten aus. Die nächste Maulschelle schleuderte ihn aufs Bett. Aber jetzt war der Teufel in ihn gefahren. Er schnappte sich einen Holzschuh und versuchte damit, mich im Gesicht zu treffen. Ich wurde noch viel saurer. Ich verpaßte ihm drei oder vier kurze Schläge, worauf er auf die Klingel drückte. Und das brachte ihm noch einen Schlag ein.

Die Beamten kamen die Treppe herabgestürzt und fanden das pure Waterloo vor: Tische, Stühle, Bücher, Zeitschriften, Fernseher, Radio, alles lag wild durcheinander und in der ganzen Zelle lagen Klammern herum.

»Nein, so geht das nicht mehr«, sagte einer der Beamten, und ich bekam meine alte Zelle zurück.

Eine Woche nach diesem Boxkampf wurde ich vor Gericht gestellt. Ich hieß inzwischen Jörn Nielsen. Meine Eltern hatten mich gefragt, ob ich etwas gegen einen Namenswechsel hätte. Sie wollten sich nicht die ganze Zeit anhören müssen, was ich jetzt schon wieder angestellt hatte.

Sechs Brüder waren auf die Insel gekommen, um bei der Verhandlung dabeizusein. Sie hatten mich am Abend zuvor vor dem Fenster besucht. Auch Holmer und Sören waren dabei, sie waren ja ebenfalls angeklagt.

Schon von Anfang an war die Sache die pure Farce. Die erste Überraschung war, daß Alex, der die Schlägerei vom Zaun gebrochen hatte, nicht als Zeuge vorgeladen worden war. Mein Verteidiger sagte, Staatsanwaltschaft und Verteidigung hätten sich entsprechend geeinigt. Ich kannte mich damals mit solchen Dingen noch nicht so gut aus, deshalb ging mir nicht sofort auf, welche Sauerei das war. Doch dann kapierte ich: Ohne Alex waren wir die Angreifer, die anderen hatten in Notwehr gehandelt.

Die Anklage wegen Mordversuchs wurde fallengelassen. Im Gegenzug wurde ich wegen schwerer Körperverletzung verurteilt. Während die Jury sich beriet, saß ich draußen im Vorraum und sprach mit meinen Brüdern. Einige meinten, ich würde mit acht Monaten davonkommen. Andere tippten auf anderthalb Jahre. Dann wurden wir zur Urteilsverkündung hineingerufen. Sören bekam sechs Monate. Holmer

einen Monat. Jörn Nielsen wurde, wie das Gericht befand, zu zweieinhalb Jahren Gefängnis verurteilt.
Der ganze Saal keuchte auf, und zwei Mädchen brachen in Tränen aus. Sogar die Gefängniswärter waren entrüstet. Ich drehte mich zu den Zuschauern um und lächelte. Ich lächelte, als ich hinausgeführt wurde, und ich lächele noch immer.
Auf Lillys Rat hin ging ich in Berufung. Und Bonnemann Carlsen hatte ich nun satt. Der fand übrigens, ich sei zu billig davongekommen.

Die letzte Zeit im Arrest von Rönne war etwas angenehmer. Da das Urteil gefällt war, saß ich nicht mehr in Isolation, sondern konnte Kontakt zur übrigen Knastbevölkerung aufnehmen. Ich fand mehrere gute Freunde, und von zu Hause kamen Besuch und Mitteilungen.
Carlo tauchte auf und erzählte von einem Ausflug in die Niederlande. Sieben oder acht von uns hatten in der Vergewaltigungssache eine Verhandlung besucht. Auch Sören war dabei gewesen. Irgendwann hatte er den Jungs zugerufen: »Na, habt ihr Spaß?«
Junior war total durchgedreht und hatte zurückgepöbelt, er werde Sören zu Brei schlagen, wenn er erst wieder auf freiem Fuße wäre. Auch die anderen hatten ein wenig drohend dreingeschaut. Das eine war, daß sie wegen etwas sitzen mußten, das sie nicht getan hatten – es war etwas ganz anderes, daß jemand, der sich an dem Verbrechen beteiligt hatte, sich auch noch über sie lustig machte.
Mein Bruder war aus dem Club ausgetreten, wie ich jetzt erfuhr. Ich hatte eigentlich nichts dagegen. Er hatte nie so recht in diese Szene gepaßt.

Normalerweise bleibt man im Arrest, bis die Untersuchungshaft abgelaufen ist. Ich stellte einen Antrag auf Überführung in ein staatliches Gefängnis. Ich wollte das Urteil des obersten Gerichts lieber dort abwarten.
Eines Vormittags wurde ich von drei Polizeibeamten und einem Gefängniswärter zum Flughafen Rönne gebracht. Zusammen mit dem Gefängniswärter bestieg ich den Flie-

ger. In Kastrup wurden wir von einer Bullenwanne mit drei Beamten aus Vestre abgeholt, wo ich vor dem Weitertransport am nächsten Tag übernachten sollte. Ich ging sofort ins Bett und erwachte erst kurz vor dem Aufbruch.

Jeden Dienstag ging ein Transport von Vestre nach Jütland ab. Unterwegs wurden allerlei Haftanstalten aufgesucht, um Gefangene abzusetzen oder aufzulesen. Wir hatten auch eine Frau bei uns. Im Gefängnis Ringe, zu dem wir unterwegs waren, saßen Männer und Frauen ein.

Ringe war damals das ausbruchsicherste Gefängnis in Dänemark. Es war auch das neueste und modernste. Es hatte Platz für an die neunzig Insassen. Der ganze Komplex war in den Boden eingelassen und von außen deshalb nicht zu sehen. Der ganze Knast war von einer sieben Meter hohen Mauer umgeben.

Die Tussi und ich stiegen aus und wurden von zwei Beamten begrüßt. Die Frau und ich sollten in die Abteilung 3. Ich fand es nur gut, daß ich Alte auf der Abteilung haben sollte. Ich hatte während der vergangenen fünf Monate nicht allzuviel vom anderen Geschlecht gesehen. Allein die Anwesenheit von Frauen ließ die Atmosphäre im Gefängnis weniger bedrückend wirken.

In unserer Abteilung war Platz für sechzehn Insassen. Die Abteilung bestand aus einem Gang mit sechzehn Zellen, dazu einer großen Küche, einem Aufenthaltsraum, zwei Klos und einem Badezimmer. Eine Neuerung war, daß die Insassen selber kochten. In meiner Abteilung gab es zwei oder drei Essensgruppen. Ich wurde der größten zugeteilt. Es war auch die beste – je größer die Gruppe war, je billiger war das Essen. Die Essensgruppen waren jedoch nur von begrenzter Lebensdauer – am Ende kam es immer zu Streitereien darüber, wer den Tisch decken oder die Kartoffeln schälen sollte. Aber schnell bildeten sich neue Gruppen, ein großes Problem war das also nicht.

Nachdem wir in unsere Zelle geführt worden waren, wurde uns in der Gefängnisbank ein Vorschuß von hundertzwanzig Kronen ausbezahlt. Das sollte reichen, bis wir eine Woche darauf unseren ersten Lohn ausbezahlt bekommen würden. Natürlich versuchten andere Insassen sofort, uns anzupumpen, es war am Ende der Woche. Aber die Kiste kannten wir schon, und deshalb machten wir die Schotten dicht.

In meiner Abteilung saßen – bei unserem Eintreffen – sechs Mädels und sieben Typen. Die meisten waren sehr nett, aber es gab auch ziemliche Schreckgestalten dazwischen.

Am Tag nach meiner Ankunft fing ich an, in der Maschinentischlerei zu arbeiten. Ich hatte keine große Lust dazu, da mich diese Art von Arbeit noch nie interessiert hat und ich auch keinen Bock auf die gefährlichen Maschinen hatte. Ich weigerte mich, an einer Maschine zu arbeiten. Ich war ja nicht in den Knast gegangen, um einen Finger zu verlieren – da hätte ich mir auch gleich auf Bornholm den Hintern vollhauen lassen können. In den sieben Monaten, in denen ich in Ringe saß, gab es vier oder fünf, die an den Maschinen Finger einbüßten. Ich glaube nicht, daß es um die Sicherheit besonders gut bestellt war, aber es kann auch daran gelegen haben, daß während der Arbeitszeit zuviel Hasch konsumiert wurde.

Ich hatte nie welches geraucht, ehe ich nach Ringe kam, aber ich hatte schon lange Lust, es zu probieren. Ich hatte über dieses Rauschmittel sehr viel Gutes gehört, und was ich gesehen hatte, gefiel mir auch. Und ich wurde wahrlich nicht enttäuscht. Als ich mein erstes Pfeifchen rauchen wollte, geschah das mit großem Spaß. Das Inhalieren war ein Problem, da ich noch nie geraucht hatte. Aber dann bekam ich etwas Rauch in die Lunge. Dieses Gefühl ist schwer zu beschreiben. Anfangs merkte ich kaum einen Unterschied, dann aber, eines Tages, kam mein erster großer Lachanfall. Daß ich losprustete, hatte eigentlich keinen besonderen Grund, aber plötzlich lagen wir zu zehn oder zwölf über den Tischen und brüllten vor Lachen.

Das ist das Herrlichste am Hasch. Man lacht ganz ohne Grund. Ich habe immer schon gefunden, daß es in dieser grausamen Welt nichts besseres als Lachen gibt. Ein Lächeln fällt mir immer leicht, aber als ich dann erst einmal angefangen hatte zu rauchen, wurde alles zu einem breiten Grinsen. Man konnte die Dinge aus anderen Winkeln sehen, und man entdeckte nach und nach den tieferen Sinn.

Anfangs muß man sich an diesen schrägen Zustand gewöhnen, damit man nicht zuviel lallt. Ich habe seither eine wunderbare Beziehung zu den Joints entwickelt. Eine Pfeife ab und zu schadet bestimmt nichts. Andererseits finde ich schon, wenn Hasch hier bei uns legalisiert werden sollte, dann zu denselben Bedingungen wie Alkohol. Hasch und Schule – zum Beispiel – sind keine besonders gute Kombination. Man kann sich nur schwer an das erinnern, was man gelernt hat, wenn man erst mal high ist, und ich glaube, daß es die Arbeitsfähigkeit halbiert.

Die Angestellten in den verschiedenen Gefängnissen sind froh darüber, daß die Insassen sich Joints reinziehen. Es beruhigt die Atmosphäre und stört die anderen nicht. Es sei denn, irgendwer nimmt Anstoß an zu herzlichem Lachen.

Das Leben im Gefängnis verlief leicht und schmerzlos. Ich habe mich neuen Umgebungen immer schon gut anpassen können, und deshalb glitt ich rasch in den täglichen Trott hinein.

Wir näherten uns Weihnachten – einem Weihnachtsfest, das ich leider hinter Schloß und Riegel verbringen mußte. Kurz vorher jedoch lief eine freudige Nachricht ein: Meine sechs Brüder in den Niederlanden waren auf freien Fuß gesetzt worden. Sieben Monate für nichts ist eine lange Zeit. Sie standen noch immer unter Anklage, waren aber auf freiem Fuß.

Man kann mit gutem Gewissen sagen, daß wir weiße Weihnachten hatten. Die Angestellten lernten auf diese Weise, was es für ein Gefühl ist, von den geliebten Menschen abgeschnitten zu sein. Draußen im Garten türmte sich der Schnee meterhoch auf. Zusammen mit zwei anderen machte ich im Badezimmer ein Dampfbad und lief danach – nur in Unterhose – hinaus in den kalten Schnee. Für Leute mit Herzfehlern war das nichts.

Der Silvesterabend war das pure Elend. Abgesehen von lauter überflüssigem Klopfen um Mitternacht passierte rein gar nichts. Es ist ein fester Brauch in dänischen – und sicher auch in ausländischen – Gefängnissen, daß man auf Gitter und Türen einschlägt, wenn es zwölf Uhr schlägt.

Am 12. Januar 1979 fuhr ich am frühen Morgen nach Kopenhagen und zum Obersten Gericht. Zur Feier des Tages wurde ich von zwei Polizisten begleitet. Ich hatte, wie gesagt, gegen das Urteil von zweieinhalb Jahren Haft Berufung eingelegt. Die Anklagebehörden hatten ebenfalls Berufung eingelegt, das machten sie immer – sie wünschten sich ein strengeres Urteil. Der Angeklagte mußte nicht vor Gesicht erscheinen, aber ich wollte den Zirkus gern mit eigenen Augen und Ohren erleben. Es ging hier immerhin um meine Zukunft. Und außerdem sprang ja auch die Fahrt dabei heraus.

Es ging nur um das Strafmaß, da die Schuldfrage vor dem Obersten Gericht nicht behandelt werden kann. Eine Lücke im dänischen Rechtssystem. Es ist eine Schande, daß man sich nicht gegen die Schuldigsprechung wehren kann, wenn man im Landgericht anfängt. Man wird verurteilt, aber die Schuldfrage kann man nur dann ein zweites Mal behandeln lassen, wenn man das Glück hat, daß die Presse sich für den Fall interessiert, worauf eventuell das spezielle Revisionsgericht die Sache aufgreift.

Ich hatte die Möglichkeit, meine gute alte Verteidigerin Lilly zu treffen. Sie riet mir, mit gar nichts zu rechnen, meinte jedoch, es sei den Versuch wert. Und nach langem Hin und Her wurde mein Urteil dann auch bestätigt. Ich machte mich auf die Heimreise – und wußte nun endlich, wann ich entlassen werden würde.

Unterwegs hielten wir vor einem Imbiß. Das gehörte zu den Dingen, die mir im Knast am ärgsten gefehlt hatten.

Zwei Wochen nach der Verhandlung wechselte ich den Job und wurde in die Putztruppe versetzt. Das war die gefragteste Arbeit im Knast. Man blieb den ganzen Tag in der Abteilung und konnte sich in der Küche Mittagessen machen. Dazu kam, daß die Arbeit nicht besonders hart war. Wenn wir uns beeilten, hatten wir schon um dreizehn Uhr Feierabend. Die Arbeit bestand vor allem darin, einen Schrubber zu schwenken, und das fand ich toll. Ich war immer schon ein Tagträumer, und wenn ich eine gute Wasserpfeife geraucht hatte, dann übernahm ich den langen Flur gern allein. Ich befand mich während dieser Arbeit in einer ganz anderen Welt.

Am Wochenende war Besuchszeit. Alle zwei Wochen kamen vier Brüder. Es machte immer Spaß, neue Geschichten von zu Hause zu hören.

Der Club legte sich gerade neue Patches zu. Als Hangaround-Club bei den internationalen *Hell's Angels* brauchten wir einen gemeinsamen Namen und gemeinsame Patches. Nach einer Abstimmung hatten sich die anderen darauf geeinigt, in Zukunft *Galloping Goose* zu heißen und die anderen alten Namen, *Nomads* und *Iron Sculls*, aufzugeben. Die neuen Patches sollten schwarzweiß sein, da die *Hell's Angels* die Farben rot und weiß haben.

Der Club hatte derzeit zehn Probemitglieder, zwei davon wurden später aufgenommen.

Ich wurde weiterhin über die Zustände in den Niederlanden informiert. Das Gericht hatte nur eine einzige Zeugenaussage – die von einem Aussteiger, einem Belgier, der vor den sprachlosen Richtern Prügel bezogen hatte. Die Anwälte setzten alles ein, um den Brüdern ein Geständnis zu entlocken. Der einzige, der sich vor der eigentlichen Verhandlung bereits einen Anwalt hatte zulegen können, war Junior. Seine Mutter hatte der Sache zwölftausend Kronen geopfert. Junior wurde freigesprochen. Die anderen fünf bekamen zwei Jahre Gefängnis. Wer Geld hat, ist frei, wer keins hat, sitzt im Brei, oder genauer, im Knast.

Der Club in der Titangade hatte erstmals Besuch von amerikanischen H.A.s gehabt – von einem aus San Francisco und einem aus Oakland. Sie waren eine Zeitlang geblieben und hatten sich wohlgefühlt.

Die *Filthy Few* und die Nöragerbande waren schließlich in die Knie gezwungen worden. Vierzehn ihrer Patches hingen an unserer Clubwand, und viele von ihnen hatten sich Prügel eingefangen. Zwei andere Clubs halfen ihnen, aber das brachte nicht viel. Eigentlich wollten wir ja Ruhe haben, aber sie setzten uns immer wieder zu. Einmal fuhren sie am Club vorbei und warfen Brandbomben gegen unsere Fenster. Die Fenster waren natürlich durch Gitter gesichert, aber es ärgerte uns trotzdem. Eines Tages wurde auch eine Maschinenpistolensalve durch die Fenster abgegeben. Damals hatten wir noch keine Stahlplatten angebracht – es hätte also ins Auge gehen können. Es passierte bei einem Fest. Die Musik war laut. Alle warfen sich zu Boden. Abgesehen von Hansi, der glaubte, eine Sektflasche sei geöffnet worden. In seinem Brausebrand begriff er nicht, daß Perlen durch die Luft flogen.

Einige Wochen nach dieser Schießerei waren zwei Typen auf Zechtour durch die Innenstadt. Sie schauten bei der Comet Bar in der Istedgade vorbei. Das Comet ist ein langes, schmales Lokal mit einem etwas größeren Hinterzimmer. Die Typen entdeckten dort zwanzig bis fünfundzwanzig Filthys und Nöragerleute. Seltsamerweise entdeckten sie unsere Leute nicht, und die zogen rasch die Fühlhörner ein. Aus einer Tattoo-Ecke in der Nähe riefen sie per Telefon Verstärkung herbei, und ohne daß Feind oder Polizei Unrat witterten, sammelte sich beim Tätowierer eine Truppe von zwanzig Mann.

Als einzige Waffe hatten sie zwei Stöcke. Einer der Feinde zog – als wir zur Tür hereinstürzten –, eine Pistole und zielte damit auf Mike. Mike lächelte und warf ihm einen Tisch an den Kopf. Die Flaschen hagelten über unsere Leute herein. Die Schlägerei wurde durch den Platzmangel behindert. Die Wurfgeschosse erschwerten den Vormarsch. Ein Nöragerheini hob einen Tisch hoch und konnte einige von unseren Leuten ein Stück zurückdrängen – mit dem Tisch als Brustwehr. Aber endlich wurde er doch von einer Flasche an der Stirn getroffen. Der Tisch sank zu Boden, und Ellis schwenkte die Keule und traf den Typen astrein am Kopf. In dem Schlag steckte so viel Kraft, daß der Knabe hochgeschleudert wurde und aus dem Fenster fiel.

Wir verließen die Arena. Die ersten Bullenwagen waren angekommen, wollten sich aber erst einmischen, wenn Verstärkung angerückt wäre. Die Leute verteilten sich in den Nebenstraßen und verschwanden. Keiner von uns wurde festgenommen. Vier oder fünf Feinde mußten ins Krankenhaus gebracht werden. Der Rest wurde wegen der Schlägerei verhaftet.

Diese Art Geschichten machten die Besuche im Knast lustiger und vertrieben mir die Zeit.

Ich hatte noch keinen Urlaub gehabt, aber jetzt war es bald so weit. Mitte März ging es endlich los. Ich war seit neun Monaten nicht mehr in meinem Club gewesen, deshalb war ich außer mir vor Spannung. Es konnte gar nicht schnell genug gehen. Ich nahm ein Taxi vom Knast zur Fähre – auf dem anderen Ufer würden meine Brüder mich abholen. Dachte ich. Aber kein Schwein war zu sehen. Ich rief im Club an und erfuhr, daß der Wagen, der mich auflesen sollte, auf halber Strecke zusammengebrochen war. Ich sollte einfach ein Taxi nehmen. Was ich auch tat. Fünfhundertzehn Kronen.

Ich war in dieser Zeit das einzige Mitglied, das im Knast saß. Das war ein ziemlicher Rekord. Normalerweise war ein Viertel der Clubmitglieder eingefahren, zumeist wegen Bagatellen, wie Wirtshausprügeleien und ähnlichem. Zum Glück kam das dann immer seltener vor, und heute werden wir nicht mehr wegen solcher Vergehen eingesperrt.

Ich kam im Club an und wurde aufs Feinste empfangen. Es war ein gewaltiges Fest, aber nach drei oder vier Stunden setzt meine Erinnerung aus. Am nächsten Morgen fiel mir immerhin ein, daß Hardy mich aus Jux ins Ohr gebissen hatte. Es tat noch eine ganze Woche später weh.

Mein Wochenende verging viel zu schnell. Acht bis zehn Brüder brachten mich zum Zug und sorgten dafür, daß ich mich auf die Reise machte.

Im Zug war ich mit Randi verabredet, die ich im Knast kennengelernt hatte. Sie hatte ebenfalls Urlaub gehabt. Unseren Urlaub hatten wir getrennt verbracht, uns verband eben doch nur eine Gefängnisromanze.

Ich hatte nicht so recht geglaubt, daß sie zurückkommen würde. Sie hatte ihren Urlaub wohl hauptsächlich meinetwegen bekommen. Die Beamten hatten mich gefragt, ob ich meinte, daß sie zurückkommen würde. Ich sagte natürlich ja. Es war zwar keine offizielle Frage, aber sie konnten doch sehen, daß sie in mich verliebt war, und außerdem hatte sie ein Anrecht auf Urlaub.

Das Problem bei ihrem Urlaub war, daß sie früher einmal Junkie gewesen war. Jetzt war sie zwar seit vierzehn Monaten clean, aber alle, die ein wenig Ahnung von Drogensüchtigen haben, wissen, daß der Weg zurück nicht gerade lang ist. Die Beamten kannten meine Meinung zu harten Stoffen. Sie wußte, daß jeder, der in Randis Anwesenheit das Wort Junk auch nur erwähnte, sofort im Krankenzimmer landete. Ich weiß nicht, was sie zum Junkie gemacht hatte. Ich konnte es nicht verstehen. Sie hatte mit siebzehn zwölf Monate isoliert gesessen – und dazu ist eine starke Psyche nötig, was nicht gerade typisch für Drogensüchtige ist. Sie wollte nicht mit der Polizei sprechen, und das Ergebnis waren zwölf Monate in Einsamkeit.

Ihre ehemaliger Typ saß ebenfalls. Er hatte an die fünfzig Jahre verteilt, zwei davon an Randi. Es war mir ein wahres Vergnügen, ihm seine Alte auszuspannen.

Ich hatte sie auch sehr gern und konnte mir nur schwer vorstellen, was sie gewesen war und im tiefsten Herzen noch immer ist. Sie erzählte mir, daß sie einmal – weil ihr das Geld für Nachschub fehlte – bei ihrer eigenen Mutter eingebrochen ist und deren Fernseher und Stereoanlage gestohlen hat. Solche Geschichten machten mich ziemlich fertig. Daß eine, die doch eigentlich ein guter Mensch ist, so tief sinken konnte. Aus dieser Beziehung habe ich also immerhin etwas gelernt.

Auf dem Rückweg zum Knast stritten wir uns. Sie stieg bei der Fähre aus der Bahn und schaute vom Bahnsteig aus zu mir hoch. In die Gefangenschaft zurückzukehren, war ihr wirklich gegen die Natur. Ich konnte sie verstehen, hatte aber andere Werte und Ziele als sie. Ihre Liebe zu mir machte sie für ihre Einstellung blind. Sie stieg wieder in den Zug. Ein älteres Ehepaar im Abteil, das unserem Wortwechsel zugehört hatte, strahlte. Sie hatten Tränen in den Augen gehabt. Es hatte sie erschüttert, daß ich so kalt geblieben war, aber sie kannten ja auch unsere Lage nicht. Randi wußte genau, daß ich ihre letzte Chance für ein normales Leben war.

Der Knast war überaus glücklich darüber, daß wir wieder da waren – offenbar hatten sie dort ihre Zweifel gehabt.

Mein Leben im Knast ging weiter. Es war jetzt noch leichter – ich konnte mich auf den nächsten Urlaub freuen. Es fehlte nur noch eins, die Möglichkeit, mit der Alten zu schlafen. Wir wurden jeden Abend um halb zehn in unsere Löcher gesperrt und sahen uns dann erst wieder, wenn wir um halb sieben am nächsten Morgen geweckt wurden. Aber wir fanden einen Rat.

Zusammen mit einem anderen hatte ich zwei Schraubenzieher besorgt, und mit denen lockerten wir die Schrauben an den Zellentüren. Das machte einen Höllenlärm, aber zum Glück lagen zwei geschlossene Türen zwischen uns und dem Lärm. Während Henrik, mein Mitverschwörer, hämmerte, unterhielt ich mich im Eingang mit einem Mädel. Die Arbeit nahm einige Zeit in Anspruch, denn Henrik mußte die ganze Zeit aufpassen, ob ich mich am Kopf kratzte. Das war ein Zeichen für Läuse. Ich meine, nicht in den Haaren, sondern in Form von Beamten auf dem Gang.

Wir wollten einen Teil der innen an den Türen angebrachten Schlösser entfernen. Danach konnten wir das Schloß mit der Zahnbürste öffnen.

Wir machten das in sechs Zellen. Bei Randi und mir. Bei einem Ehepaar, Nils und Lilli, das Tür an Tür hauste. Und bei Per und seiner Alten, einer Indianerin namens Victoria.

Als die anderen von der Arbeit kamen, verabredeten wir uns zu einem Fest bei Lilli. Seit vierzehn Tagen standen zehn Kanister Apfelwein zum Gären da, und die wollten wir uns nun zu Gemüte führen. Eigentlich dauerte die Gärung drei bis vier Wochen, aber so lange konnten wir nicht warten.

Im Laufe des Abends wurden Toaster, Teebecher, Käse, Butter, Wasserpfeife und zweiundzwanzigeinhalb Liter selbstgebrauter Apfelwein in Lillis Zelle geschafft. Von den anderen auf der Abteilung wußte niemand Bescheid. Bei zu vielen Mitwissern konnte man sicher sein, daß auch die Angestellten davon erfahren würden.

Es wurde halb zehn, und wir wurden eingeschlossen. Wir standen mit unseren Zahnbürsten parat und warteten darauf, daß die Glastüren der Abteilung ins Schloß fielen. Danach wollten wir ganz schnell an unser Ziel laufen. Auf dem Gang gab es einen Mikrowellenalarm – der wurde eingeschaltet, wenn der Wachhabende in der Technik ankam, einem Raum, in dem rund um die Uhr Beamte saßen und den ganzen Knast im Auge behielten.

Alle, bis auf Victoria, konnten ihre Türen öffnen. Ihre Zelle lag meiner genau gegenüber. Sie mühte sich wie besessen ab und stieß dabei leises Indianergeheul aus. Wir anderen standen unten in Lillis Zelle. Es war wirklich beknackt – der Alarm würde bald eingeschaltet werden. Ich rief ihr zu, sie solle aufhören, aber sie wollte nicht hören. Eine Indianerin auf dem Kriegspfad läßt sich nicht so leicht beruhigen.

Wir schlossen die Tür und machten uns über Pfeifen und Alk her. Erst um halb vier liefen wir in unsere Löcher zurück. Wir schliefen in dieser Nacht nicht beieinander. Zweimal in einer Nacht den Alarm auszutricksen – das wäre zuviel.

Am nächsten Tag brachten wir auch Victorias Schloß in Ordnung. Vor meinen Augen öffnete und schloß sie es zwanzig Mal.

Wir waren völlig fertig vom Wein. Er war noch nicht ausgegoren gewesen. Unser Gedärm brummte und grummelte, und ich muß ehrlich zugeben, daß mein Magen besoffener war als mein Kopf.

In der nächsten Nacht schliefen wir zusammen. Niels bei Lilli. Per bei Victoria. Ich schlief bei Randi. Es war seltsam, endlich mit meiner Freundin zusammen schlafen zu können – inzwischen waren wir schon seit anderthalb Monaten ein Paar.

Sechs Tage lang ging alles gut, aber dann war Schluß mit lustig. Wir hatten verabredet, daß Lone, die neben Randi wohnte, uns wecken sollte. Sie hatte Ausgang nach Kopenhagen und wurde schon um halb sechs geweckt. Womit wir nicht gerechnet hatten, war, daß der Beamte zum Plaudern vor ihrer Tür stehenblieb. Ihr blieb nichts anderes übrig, als an unsere Wände zu klopfen. Aber wir hatten die ganze Nacht Gymnastik betrieben, und deshalb waren wir weit weg.

Plötzlich ging die Tür auf, und eine Beamtin sagte: »Guten Morgen.« Sie war noch sehr jung, und ich kann mich deutlich an ihr verblüfftes Gesicht erinnern, als sie neben Randi einen Vollbart entdeckte.

In aller Eile gossen wir Kleber in die anderen Schlösser und pappten die Metallteile darauf. Auf diese Weise flogen nur Randi und ich auf. Ich wurde wegen Fluchtversuchs sechs Tage in die Isozelle gesteckt. Fluchtversuch in Randis Zelle! Sie mußte fünfundzwanzig Kronen Buße zahlen und wurde verwarnt. Sie hatte ihre Zelle ja schließlich nicht verlassen.

Ich trat meinen zweiten Urlaub an. Randi und ich fuhren zusammen mit dem Zug, trennten uns aber im Kopenhagener Hauptbahnhof. Ich wurde von meinen Brüdern abgeholt und hatte von diesem Urlaub mehr – ich war bei weitem nicht so weggetreten wie beim ersten Mal.

Am Freitag gab es ein Fest im Club. Eine Frau nähte mir das neue Patch auf die Weste. Ich war der letzte, der eins bekam. Von jetzt an hießen wir allesamt *Galloping Goose*. Am nächsten Tag aß ich bei meinen Eltern, verzog mich aber nach einer Stunde. Wie immer fetzte ich mich mit meinem Vater, und das war ja wirklich nicht der Sinn meines Urlaubs.

Am Freitagabend endete ich nach einigen Kneipenbesuchen mit anderen Clubmitgliedern in der Disco Ryttergården, draußen bei Bellevue. Es war seltsam, die Stimmung dieser Disco wieder zu erleben. Ein Clown wollte mir gegenüber unbedingt Scheiß bauen und ging zu Boden. Er entschuldigte sich damit, daß er mich für einen Flipper gehalten habe. Ich sah ja auch so aus, aber das war kein Grund, sich so aufzuführen. Zum Glück konnten wir uns am Ende gütlich einigen, aber es ärgerte mich doch, daß so ein Trottel schuld daran sein könnte, daß ich meine Urlaubsansprüche verlor. Wenn die Bullerei angerückt wäre, wäre ich im Loch gelandet.

Man kann behaupten, daß ich solche Orte nicht unbedingt hätte aufsuchen müssen. Aber das ist der pure Unsinn. Jeder sollte gehen können, wohin er will. Und es ist ja wohl nicht unsere Aufgabe, den anderen beizubringen, daß sie uns nicht auf die Nerven gehen sollen, das müssen sie schon selber begreifen.

Am Sonntag steuerte ich dann wieder den Knast an. Auch diesmal kam Randi zurück, und auch diesmal machte sie mir Probleme. Wenn auch nicht auf der Fahrt, sondern erst, als wir uns wieder hinter Mauern befanden. Sie hatte für einen Arsch auf einer anderen Abteilung Stoff eingeschmuggelt. Sie hatte meine Warnung offenbar in den Wind geschlagen, und da mußte ich dann doch einschreiten. Randi sah sprachlos zu, wie ich allerlei Pillen ins Klo warf. Wenn es nur Hasch gewesen wäre, hätte ich nichts dagegen gehabt. Von mir aus hätte sie sich damit sämtliche Körperhohlräume vollstopfen können, doch dieser Dreck war etwas anderes.

Am nächsten Tag ließ ich mir nichts anmerken. Nach der Arbeit schickte ich einen Jungen zu Jens – Randis Kontaktmann – und ließ ihm ausrichten, er sollte »du weißt schon« in der Wäscherei abholen. Die Wäscherei lag auf der anderen Seite des Flurs und war ein ausgezeichneter Aufenthaltsort, wenn man von den Beamten nicht zu genau beobachtet werden wollte. Jens kam fröhlich angetrabt. Ich stand hinter der Tür und knallte sie hinter ihm zu. Er drehte sich lächelnd zu mir um.

»Was hab ich davon gesagt, von Junk zu reden, wenn Randi in der Nähe ist?«

»Ja, aber...« Mehr konnte er nicht mehr sagen, denn dann ging er schon zu Boden. Er kassierte wirklich Prügel. Ich trat ihn in der Wäscherei hin und her und er versprach schreiend, es nie wieder zu tun. Ich hörte erst auf, als er auf dem Rücken lag und höchstens fünfzehn Zentimeter hoch war. Seither wurde das Wort Junk in Randis Anwesenheit nicht mehr erwähnt. Auf jeden Fall nicht, wenn sie mit mir zusammen war.

D er Sommer näherte sich. Vor dem Knast lag ein Fußballplatz. Wir spielten fünf- bis sechsmal pro Woche. Ein feiner Sport, vor allem, wenn man sich vorher ein Pfeifchen reinzieht. Dann schafft man die seltsamsten Kombinationen und Dribbeleien.

Ich stellte einen Antrag auf Überführung in den offenen Vollzug. Ich wollte zurück zur Handelsschule. Als ich im

Knast gelandet war, war meine Ausbildung unterbrochen worden. Mein Antrag wurde bewilligt und ich erfuhr, daß ich am 12. Juli nach Horseröd bei Helsingör überführt werden sollte.

Ich freute mich. Einerseits, weil ich damit näher an Kopenhagen herankam – andererseits, weil das Gefängnis doch einen gewissen Sinn gehabt hätte, wenn ich dadurch die Handelsschule beenden könnte.

Randi freute sich nicht über diesen Wechsel, aber unsere Beziehung ächzte ohnehin in allen Fugen. Ich hatte meine Rolle als Kindermädchen inzwischen satt. Und außerdem sollte sie ja zwei Wochen nach meiner Verlegung entlassen werden.

Wir traten unseren letzten Urlaub gemeinsam an. Ich war auf eine Hochzeit eingeladen und freute mich sehr. Das bedeutete ein Riesenfest.

Hansi wollte eine gewisse Dorthe heiraten. Ich kannte sie nicht. Sören Loch-im-Haar sollte Trauzeuge sein. Die Zeitungen bauschten das gewaltig auf. Sören wurde wegen seiner vielen Vorstrafen auch Sören Messerstecher genannt. Deshalb konnte man unter anderem lesen: »Sören Messerstecher als Kuppler«.

Der andere Trauzeuge war Stig Emmerich Poulsen, auch Rotzi oder Rotztier genannt. Mir kam er sehr sympathisch vor. Hansi und Zulu hatten ihn auf Sauftouren durch Vesterbro kennengelernt. Er hatte Zulu offenbar beeindruckt, während Hansi Lunte roch, ehe es zu spät war – Rotzi glaubte, uns zu seinen Lakaien machen zu können, wurde aber eines besseren belehrt.

Die meisten Brüder fuhren in geschlossener Formation zur Grundtvigskirche. Der Rest folgte in acht oder neun Taxis. Ich konnte nicht fahren – es gab eine Polizei-Eskorte, und wenn ich ohne Lappen erwischt würde, dann würde ich kein Hochzeitsmahl zu mir nehmen, sondern Wasser und Brot.

Sie heirateten ohne großes Chaos. Der einzige Zwischenfall in der Kirche trat ein, als der Pastor Frenzy aus Amsterdam aufforderte, den Hut abzunehmen. Frenzy hat natürlich kein Wort verstanden. Der Pastor legte ihm die Hand auf die Schultern, denn er glaubte, Frenzy schlafe. Der

Pastor fuhr zusammen, als Frenzy dann aufblickte. Er sah aus wie der Lübecker Totentanz. Einige Mitglieder eines anderen Clubs hatten einige Jahre zuvor in einem Imbiß seinen Kopf in die Friteuse gesteckt. Er hatte ein Ohr und die Nase verloren, und sein restliches Gesicht sah aus wie eine Mondlandschaft.

Nach der Trauung fuhren wir zurück in den Club und legten mit dem Fest los. Die Tische liefen wirklich über. Der Schnaps floß in Strömen, und deshalb dauerte es nicht lange, bis alle durch und durch gehirntot waren, und als dann die langen Pfeifen auftauchten, gingen die letzten Lichter aus. Den Rest des Festes erlebte ich erst sehr viel später – auf Video.

Auch diesmal fuhr ich zusammen mit Randi zurück, aber wir redeten nicht miteinander. Natürlich mochte ich sie immer noch gern, aber unsere Beziehung war zu Ende. Es brachte doch nichts. Ich wollte sie einfach nicht die ganze Zeit überwachen müssen. Ich hatte es versucht. Es war schwer, und ich wußte auch, daß es – in den Augen meiner Brüder – nicht gerade gescheit war. Obwohl kein einziger von ihnen mir gegenüber jemals irgendeine Bemerkung gemacht hatte.

Es waren noch anderthalb Monate bis zu meiner Überführung nach Horseröd. Ich war nervös und reizbar. Eines Morgens, als wir vor der Arbeit draußen auf dem Gang standen, nahm ich mir Thorbjörn vor, den Ausbrecherkönig, wie wir ihn nach einem mißglückten Fluchtversuch nannten. Er schuldete mir zweihundert Kronen vom Kartenspiel, aber er glotzte mich nur frech an und sagte: »Ich schulde dir gar nichts.« Klatsch und Knall machte es, und dann lag der lange Lulatsch auf dem Boden. Gleich neben uns stand ein Beamter, und zu seinen Ehren rief ich: »Nenn meine Mutter ja nicht Hure!« Das half immer. Ich kam nicht in Isolation. Und der Ausbrecherkönig blechte.

Zum Zeitvertreib rauchte ich jede Menge Joints. Ich kann mich an einen Abend erinnern, an dem ich des Guten zuviel tat. Wir hatten fünf oder sechs Pfeifchen mit wunderbarem Inhalt zu uns genommen. Wie immer kriegten wir plötzlich Kohldampf und zockelten in die Küche. Die Mädels brieten Frikadellen. Niels und ich spielten Tischtennis, und plötzlich wälzten wir uns vor Lachen auf dem Boden. Als die Frauen uns sahen und hörten, brachen sie ebenfalls zusammen. Ein Beamter, der in der Küche gestanden hatte, grinste ebenfalls. Er sagte: »Ich glaube, ihr solltet ein bißchen verdampfen, ehe ihr kocht, sonst landen die Frikadellen sicher unter der Decke.«

Wir gackerten noch ärger los. Die Mädels stürzten zu den Toiletten hinaus. Niels und ich saßen keuchend auf dem Boden. Es tat richtig weh im Bauch. Wir konnten uns aufrappeln und in die Zellen zurückschleppen. Der Beamte stand laut lachend in der Küche. Er war nicht angeknallt, aber wer kann sich das Lachen schon verkneifen, wenn alle anderen im Raum geradezu ausrasten?

Wir brauchten in der Zelle noch eine Viertelstunde, um wieder zur Ruhe zu kommen. Und dann noch fünf Minuten, als ich einen weiteren Joint vorschlug. Doch das hätte ich besser nicht getan. Plötzlich ging die Musik in meinem Kopf zu heftig los. Mir wurde einfach schlecht wegen der Musik. »Ich geh nur mal kurz zu mir«, sagte ich, aber meine Güte, wie mir der Schädel dröhnte.

Ich legte mich aufs Ohr. Und jetzt drehte sich das ganze Zimmer. Ich mußte mich übergeben. Ich verließ die Zelle und ging zu den Klos. Der Beamte saß in einem Käfig und redete mit einem Wärter. Sie lachten bei meinem Anblick. Ich erfuhr später, daß ich kreideweiß im Gesicht gewesen war.

Ich taumelte ins Scheißhaus und öffnete die Schleusen. Es ist nicht wie im Suff, wo man einfach kotzen kann und dann wieder gesund ist. Wer über-high ist, muß brav warten, bis die Wirkung wieder verfliegt. Man kann die Sache mit Süßigkeiten dämpfen, aber dazu war es jetzt schon zu spät. Wer zum Teufel soll denn ein Marzipanbrot verzehren, wenn er nicht einmal den Kopf aus der Kloschüssel halten kann?

Nach einem halbstündigen Telefongespräch mit dem lieben Gott durch das große Porzellantelefon wankte ich

zurück in meine Zelle und ließ mich aufs Bett fallen. Sofort griffen die Möbel mich wieder an. So schlecht war mir noch nie gewesen. Alles drehte sich. Mein ärgster Feind hätte mich in den Hintern treten können, während ich mich an die Tonne klammerte – ich hätte mich nicht einmal umgeschaut. Nach weiteren Rülpsereien konnte ich mich endlich in die Zelle zurückschleichen und wieder aufs Bett fallen lassen. Diesmal ging es besser. Ich döste weg.
Der Beamte kam, um gute Nacht zu sagen. »Ich lege dir ein paar Kopfschmerztabletten hin«, sagte er und schloß die Tür. Ich glaube, er feixte.

An einem herrlichen Sommermorgen traf ich in Horseröd ein. Meine Mutter fuhr mich hin. Uns beiden gefiel es dort. Wenn ich denn schon einsitzen musste, dann schon lieber da. Das Gefängnis war von Bäumen und Büschen umgeben, nicht von Beton. Die sterilen Gebäude waren durch Holzbaracken ersetzt worden. Überall gab es Rasenflächen und Blumenbeete – das ganze sah eher aus wie ein Ferienheim als wie ein Gefängnis. Aber ein Gefängnis war es trotzdem. In mancher Hinsicht war es mehr ein Gefängnis, als Ringe das gewesen war. Aufgrund der scheinbaren Freiheit gab es viel mehr Regeln, an die man sich halten mußte.

Auf zwei Seiten stand Wald. Auf der dritten verlief die Straße nach Helsingör. Auf der vierten Seite lagen einige kleine Häuser für die Angestellten, allgemein »Negerkraal« genannt. Zwischen diesen Baracken gab es Wege, kleine Straßen und Rasenfläche. Einige durften betreten werden, andere nicht. Anfangs war das nicht ganz leicht, aber nach zwei Bußen fand ich mich zurecht.

Ich sollte in Baracke 19 wohnen. Mir wurde eine Zelle in »19 Süd« zugewiesen. In jeder Abteilung wohnten sechzehn Mann. Die Baracken waren wohnmäßig alter Scheiß, aber wir konnten doch damit leben.

Nachdem ich einige Bekannte und einige Unbekannte begrüßt hatte, aß ich zu Abend und fiel ins Bett. Hier konnte man schlafen gehen, wann man wollte. Nur die Haustüren wurden nachts abgeschlossen. Allerdings mußten sich alle vor halb zehn wieder in ihrer Abteilung eingefunden haben.

Ich legte mich auf das Bett und dachte über die neuen Eindrücke und den Urlaub nach, den ich gerade erst mit den Brüdern verlebt hatte.

Etwas ging mir nahe. Und zwar Sören Loch-im-Haar, oder eher Sören Loch-im-Kopf, wie er jetzt genannt wurde. Er war immer wild und unrasiert gewesen, aber das waren wir anderen auch. In letzter Zeit aber war er mehrmals zu weit gegangen. Ich hatte das nicht so richtig kapiert, weil ich höchstens an jedem dritten Wochenende freikam. Aber mir wurden immer wieder Geschichten darüber erzählt, daß er jetzt eine Nummer zu verrückt sei.

Eines Abends hatte er angeblich mit einer 45er auf unser Clubmitglied Lasse geschossen. Ein andermal hatte er einen unschuldigen Mann mit einer Bratengabel gejagt und ihm diese schließlich in die Wange gerammt. Eines Nachts, als Allan und Norweger im Club übernachteten, waren sie plötzlich gegen die Beine getreten worden. »Los, jetzt wird getanzt«, sagte Sören und zielte mit einem abgesägten Jagdgewehr auf sie. Norweger und Allan waren davon überzeugt, daß es kein Jux sein sollte, so daß sie ihn überraschten, entwaffneten und die Treppe hinunterwarfen.

Natürlich wurde er verwarnt, kam aber immer wieder davon, weil er – in nüchternem Zustand – der reizendste Mensch auf der Welt war. Leider war er immer seltener nüchtern.

Ich wurde zur Arbeit in der Gefängnisgärtnerei eingeteilt. Ein Häftling in Ringe hatte mir erzählt, daß das im Sommer der Superjob sei. Und das war nicht gelogen. Für mich war es aber nur eine vorübergehende Beschäftigung – bis ich in der Handelsschule von Helsingör anfangen konnte.

Ich hatte eine tolle Frau an Land gezogen, die ebenfalls ihre Strafe absaß. Sie hieß Birgitte. Eines Abends, als wir alle ein wenig warm geworden waren, hatten wir Lust, uns zu lieben. Das fand normalerweise auf den Klos oder in den Zellen statt, wenn man sich von den Beamten ungesehen hinschleichen konnte. Aber an diesem Abend hatte eine unangenehme Bande Schicht, deshalb suchte ich einen anderen Ort. Ich hatte die Kloficks inzwischen sowieso satt.

Wir machten einen Spaziergang. Es war gegen halb neun, als wir an der Schule vorüberkamen, oder, besser gesagt, vor der Schule stehenblieben. Sie war abends offen für Leute, die im Selbststudium lernten oder beim Büffeln ihre Ruhe haben wollten. Ich fragte Birgitte, ob sie gern eine Unterrichtsstunde in Sexualkunde hätte. Sie hatte nichts dagegen.

Im Haus war es halbdunkel. Die Schule bestand aus einem langen Gang, an dem Klassenzimmer und Büros gelegen waren. Wir suchten uns ein etwas weiter hinten gelegenes Klassenzimmer aus. Die Tische waren hufeisenförmig aufgestellt, aber das sollte kein Glücksbringer sein. Wir ließen unsere Klamotten fallen und legten sie als Bett auf den Boden.

Nach einer halben Stunde wilder Vögelei beschlossen wir aufzuhören, wir wollten vor Schließzeit zurück auf unsere Abteilungen. Birgitte lief zu den Toiletten, um etwas zu holen, womit wir uns abwischen konnten. Solche Tätigkeiten sind ja schließlich schweißtreibend. Sie war gerade losgerannt, als hinten im Gang die Tür geöffnet wurde. Wir hörten die Schlüssel klirren – es war ein Schlüsseltier. Ich stand da, mit langer Pfeife, schweren Taschen und Schnee auf der Birne. Zum Glück hatte Birgitte den Eindringling auch gehört und blieb auf dem Klo.

Ich konnte ihn über den Flur gehen hören. Ich ließ mich fallen und schob unsere Kleider unter den Tisch. Ich lag mäuschenstill da, als er das Licht einschaltete und hereinschaute. Er knipste es wieder aus und ging zum Klo. Er fand Birgitte aber nicht. Dann machte er kehrt. Noch einmal schaute er zu mir in die Klasse. Wenn ich nur gekonnt hätte, dann hätte ich mich in einen Schwamm verwandelt. Er schloß die Tür und drehte den Schlüssel im Schloß um! So ein Pech. Ich konnte hören, wie er zur Haustür ging. Ich preßte die Lauscher gegen die Tür. Er ging nicht weg – er betrat ein Büro.

»Verdammt«, fauchte ich vor mich hin, als ich draußen auf dem Gang klatschende Füße hörte. Birgitte dachte, der

Mann sei weg.«Jönke, Jönke, die Tür ist abgeschlossen«, rief sie mit leichter Panik.»Was machst du denn hier?« fragte eine Stimme. Ich stürzte durch die Klasse und stieg in meine Hose. Wenn ich hier schon erwischt würde, dann wenigstens nicht mit nacktem Hintern. Ich versteckte mich hinter einem Tisch, als der Schlüssel ins Schloß gesteckt wurde. Erst als die Tür geöffnet wurde und das Licht brannte, kam ich zum Vorschein.»Hab ich's mir doch gedacht«, sagte der Beamte. Er lächelte, und ich wollte ihn überreden, die Sache zu vergessen, aber auf diesem Ohr wollte er nicht hören.

Am nächsten Tag wußten alle Bescheid. Die meisten, Insassen wie Beamte –, fanden es tierisch komisch. Ich konnte an den nächsten Tagen keinen Meter gehen, ohne mir einen witzigen Spruch anhören zu müssen. Einige waren aber auch sauer auf uns. Das kann ich gut verstehen. Wegen unserer Episode wurde die Schule jetzt abends geschlossen, aber ich konnte doch nichts dafür, daß »Klein-Jönke« an diesem Abend die Herrschaft über mein Gehirn an sich gerissen hat.

Birgitte wurde zu einer Buße von fünfzig Kronen verknackt, ich zu fünfundzwanzig und vier Tagen in Holbæk, die zur Bewährung ausgesetzt wurden. Wir wurden in den Arrest in Holbæk geschickt, wenn wir bestraft werden sollten.

D ie Schule fing an. Wir freuten uns – wie vor vielen Jahren auf den ersten Schultag. Alle Handelsschüler versammelten sich in der Zentralschule in Helsingör. Wir wurden in drei Gruppen eingeteilt, von denen jeder eine Schule zugewiesen wurde. Als ich – zusammen mit den anderen aus dem Knast – in der Zentralschule ankam, sah ich sie sofort. Eine tolle Frau mit munterem Lächeln und strahlenden Augen. Wir tauschten ein kurzes Lächeln, dann wandten wir uns beide ab. Ich dachte: Die will ich. Später stellte ich fest, daß sie dasselbe gedacht hatte. Wir wurden in drei Gruppen geteilt. Wir kamen auf dieselbe Schule. Wir wurden in Klassen eingeteilt. Wir kamen in dieselbe Klasse. Wir stiegen in denselben Bus, der uns durch die Stadt verfrachten sollte.

Wenn ich mich wirklich für etwas interessiere, dann fürchte ich auch kein Risiko. »Setz dich doch hierhin«, hörte ich mich zu dieser Unbekannten sagen. »Na gut«, sagte sie freundlich. Wir erreichten die Schule, die am Stadtrand von Helsingör in Richtung Horseröd lag. Wir wurden in unsere Klassen gewiesen. Als ich und meine unbekannte Freundin das Lokal betraten, hörte ich mich sagen – und wieder ganz ohne Verlegenheit: »Wir können ja eigentlich auch weiter nebeneinander sitzen.« – »Ja, warum nicht?« erwiderte sie lächelnd.

Sie ist wirklich toll, dachte ich, aber – naja, ich sehe ja auch nicht aus wie der Lübecker Totentanz, oder doch nur fast. 1,85 Meter groß, Cowboystiefel, Jeans, Jeansjacke, die lange braune Lederweste mit dem Patch der *Galloping Goose*, langhaarig wie der Teufel, Bart über die ganze Rübe.

Wir bekamen Bücher und alles lief so, wie sich das für den ersten Schultag gehört. Danach gingen alle in die Mensa, um ein Bier zu trinken. Ich unterhielt mich ausgiebig mit Jane, so hieß meine neue Freundin. Sie war vierundzwanzig, also fünf Jahre älter als ich. Sie arbeitete zweimal die Woche in einem Kleiderladen und stand zwischendurch auch mal Modell. Sie wollte eine Ausbildung und hatte sich – zusammen mit ihrer besten Freundin – für die Handelsschule entschieden. Sie wohnte in einer Zweizimmerwohnung in Helsingör. Sie hatte eine Tochter von viereinhalb Jahren, aber das spielte keine Rolle – ich war bereits bis über beide Ohren verliebt.

Nach einer Woche, in der ich mich jeden Tag gewaltig auf die Schule freute, um dort den Gockel zu spielen, fuhr ich zu einem wunderschönen Sommerurlaubswochenende. Ich war fast die ganze Zeit am Strand oder in einer Kneipe. Für alles andere war es zu heiß. Sieben oder acht Brüder wollten nach England. Jappe lieh für diese Reise mein Bike aus.

An sämtlichen Fronten herrschten Ruhe und Frieden. Die *Filthy Few* hatten sich als Club aufgelöst. Die Nöragerbande hatte sich in *Bullshit* umgetauft, blieb uns ansonsten aber bis auf weiteres vom Leibe.

Das einzige Problem im Club war Sören. Er leistete sich eine Peinlichkeit nach der anderen. Und jedesmal mußten die anderen aus dem Club ihn retten – oder die Sache unter den Teppich kehren. Die letzte Geschichte hatte sogar seine besten Freunde empört. Sören hatte einen Hund, den er plötzlich satt hatte. Er feuerte mit einer Pistole gegen dessen Kopf. Die Kugel prallte vom Kopf des Hundes ab, mit dem Ergebnis, daß der Kopf im Laufe einer Woche auf doppelte Größe anschwoll. Als er abermals im Brausebrand Amok lief, schlug er den Hund mit einem Hammer tot. Er brauchte eine Viertelstunde dafür, und danach mußten andere Clubmitglieder die Sauerei entfernen und die blutverschmierte Wohnung putzen. Der Mann war verrückt. Mir gegenüber war er immer lieb und freundlich, aber mir war jetzt doch klar, daß er durchgedreht war.

Ich kehrte in den Knast zurück und vergaß Sören. Ich dachte an eine ganz andere Person, und nach fünf Tagen der intensiven Charmeoffensive gehörte sie mir.

Sie fing an, mich im Gefängnis zu besuchen. Wenn wir zwei Freistunden hatten, gingen wir in ihre Wohnung. Ich lernte auch ihre Tochter kennen und fand sie sehr nett. Ich hätte nie gedacht, daß ich mich auf jeden neuen Schultag so sehr freuen würde. Wir saugten uns morgens, wenn wir uns trafen, wie Egel aneinander fest. Und wir ließen uns erst in letzter Sekunde los, wenn ich in den Bus nach Horseröd einsteigen mußte.

Meinen nächsten Urlaub wollte ich mit Jane verbringen. In einer Schule und einem Besuchszimmer zusammenzusein, ist das eine – eine ganze Nacht mit der Geliebten zu verbringen, etwas ganz anderes.

Zwei Tage vor Urlaubsbeginn erfuhr ich, daß Randi vier Tage nach ihrer Entlassung gestorben war – an einer Überdosis. Sören war ihr am Tag vor ihrem Tod über den Weg gelaufen – in Vesterbro. Auf diese Weise hörte ich zum letzten Mal von ihr. Ich hatte sie an meinem letzten Tag in Ringe zuletzt gesehen. Ich war im Badezimmer, als sie plötzlich an die Tür klopfte und fragte, ob sie mich noch einmal umarmen dürfte. Das kam überraschend für mich – wir waren zu diesem Zeitpunkt wirklich keine dicken Freunde mehr, aber okay, man ist ja schließlich nicht aus Stein. Sie durfte ihre Umarmung also haben.

Es war sicher ein schöner Anblick für Per, der unter der anderen Dusche stand und schelmisch lächelte. Ich war absolut zufrieden und ganz und gar mit Seife eingeschmiert. »Ich wünsche dir alles Gute«, sagte sie. »Ebenfalls«, erwiderte ich höflich. Dann fiel die Tür ins Schloß, und ich sah Randi niemals wieder.

Der Tod veranstaltete ein Erntedankfest. Ungefähr gleichzeitig rief mich mein Clubbruder Jens an. Hardy hatte in London einen Unfall erlitten. Er war tot. Mit hundertzehn Stundenkilometern war er in einem Tunnel gegen einen Betonpfeiler gefahren. Der Pfeiler ragte hinter einer trügerischen Kurve hervor, und der Tunnel war nach dem Unfall geschlossen worden. Zum Glück war Hardy auf der Stelle tot. Er hatte keinen einzigen heilen Knochen mehr im Leib.

Ich fand es hart, kam aber doch rasch darüber hinweg. Er war ja immerhin mit Stil gestorben – auf meinem Bike, während er mit seinen dänischen und mit englischen Brüdern von den *Hell's Angels* unterwegs war. Er hätte sich wirklich nicht gewünscht, daß wir jetzt Trübsal bliesen. Eines Tages würden wir uns im *Hell's Angels*-Heaven wiedersehen.

Seine Mutter wollte ihn nicht nach Dänemark heimholen, damit wir ihn begraben könnten. Wir hätten ihn verdorben, meinte sie. Sie ignorierte die Tatsache, daß ihr Sohn fünfunddreißig gewesen war, seine ganze Zeit mit den Brüdern verbracht und sie so gut wie nie gesehen hatte. Er hatte mit dem Club gelebt und war mit ihm gestorben.

Ironischerweise bekam er in England ein größeres Begräbnis, als das in Dänemark möglich gewesen wäre. Zehn von uns fuhren hinüber. Mehr als hundert *Hell's Angels* aus England nahmen teil, Obwohl wir bei den H. A. ja nur Hang-arounds waren, arrangierten sie eine großartige Beisetzung mit Leichenzug und Unmengen von Kränzen und Blumen, wie sich das gehört, wenn ein Mann in Würde stirbt.

Die Zeit in Horseröd vertrieb ich mir mit Federball, Fußball, Sonnenbaden und Frisbee. Es kam auch vor, daß wir ein Pfeifchen rauchten. Ich schloß mich vor allem an Henning und René an. Henning kam aus Vangele. Er stand absolut auf Hasch. Er war leicht behindert, nachdem er auf der Flucht von einem Einbruch von der Polizei niedergeschossen worden war. Auch er besuchte die Schule in Helsingör. René war ein kräftiger Knabe von fünfunddreißig. Ich nannte ihn Obelix.

Ich kann mich an einen heißen Sommertag erinnern, an dem wir entspannt auf einer Bank saßen. Ein paar Insassen spielten Frisbee. Wir hatten gerade eine gute Pfeife Afghanen geraucht. Es war vor der Invasion, deshalb konnte man von dort noch gute Ware beziehen. Auf dem Rasen tauchte nun eine Volontärin auf und wollte beim Frisbee mitmachen. Viele Insassen waren sauer darüber, daß sie zwischen uns herumlief. Nicht so sehr wegen ihrer Anwesenheit, sondern weil sie fanden, sie sollte eine Uniform tragen oder ein Abzeichen anstecken, damit es nicht zu Mißverständnissen kommen könnte. Sie sah gut aus, aber das machte sie nur noch gefährlicher.

Sie hatte offenbar noch nie Frisbee gespielt, denn sie fummelte ungeschickt an der Scheibe herum. Ich hatte den ganzen Sommer trainiert und war ziemlich gut geworden. Ich rief ihr zu: »Mach einfach dasselbe, was du tust, wenn du einen Engelsknüppel schüttelst.« »Wie denn? So?« rief sie, während sie wild herumfuhrwerkte, um einen guten Wurf hinzulegen. »Nein, so als wenn du einen Engelsknüppel schüttelst«, wiederholte ich als geduldiger Lehrer. Ich zeigte ihr die entsprechende Handbewegung. Sie schaute aufmerksam zu und machte diese Bewegung zweimal nach, ehe sie einen einigermaßen korrekten Wurf schaffte.

»Gut«, sagte ich. René und Henning krümmten sich vor Lachen.

Sie lächelte glücklich nach dem gelungenen Wurf. »Was ist denn ein Engelsknüppel?«

»So einer, wie ich zwischen den Beinen habe«, antwortete ich mit breitem Grinsen.

Wir galten für die internationalen *Hell's Angels* als »prospect club« (also als Organisation mit Probemitgliedschaft). Die Brüder suchten mich auf, um mir den untersten Bogen des Abzeichens zu bringen. Die Gans der *Galloping Goose* wurde durch die rotweißen Farben ersetzt. Da ich den Tag nicht zusammen mit meinen Brüdern feiern konnte, hielt ich in den Festräumen des Horseröd-Centers zusammen mit meinen engsten Freunden eine Party ab.

Der große Tag kam – endlich konnte ich zusammen mit Jane Urlaub machen. Nach einem kurzen Aufenthalt in ihrer Wohnung fuhren wir mit dem Zug nach Kopenhagen und kamen am späten Nachmittag im Club an.

Nach einem Aperitif wurden wir von Carlo und seiner Freundin zum Essen eingeladen. Sie wohnten in einer schönen Wohnung in Gladsaxe. Carlo arbeitete damals als Schmied. Wir fuhren auf unseren Bikes hin – es war wunderbar, wieder den Wind im Gesicht zu spüren.

Während wir ein Festmahl mit allem genossen, was das Herz begehren konnte – und noch mit mehr – schlug Sören Loch-im-Haar im wilden Suff die Wohnung eines Bruders zu Klump. Ich weiß nicht, ob diese Tat nun das Faß zum Überlaufen brachte, doch es hatte in letzter Zeit einfach zuviel Ärger mit ihm gegeben.

Wir fuhren zurück in den Club. Ich saß mit Jane und Blondie zusammen, als Sören auftauchte. Blondie begrüßte ihn nicht. Niemand begrüßte ihn. Ich konnte deutlich die Kälte im Lokal spüren. Sören war angetrunken und bester Laune. Dirty ging zu ihm. Sie tauschten ein paar Bemerkungen aus. Ich konnte sehen, daß nicht gerade ein herzlicher Ton herrschte.

Plötzlich ging Dirty auf Sören los. Eine wilde Schlägerei folgte. Ich war sprachlos. Ich sah zum ersten Mal, wie zwei Brüder aneinandergerieten. Ich habe es seither auch nie wieder erlebt. Ich begriff, daß das Ganze mehr oder weniger abgesprochen war. Sören sollte aus dem Club geworfen werden, und jetzt bekam er seine Abreibung.

Sören kämpfte wie ein Verrückter – als gehe es um sein Leben. Und das tat es auch. Jappe und noch andere machten sich ebenfalls über ihn her. Die meisten Alten wurden nach oben gejagt. Jane war als einzige Alte noch im Lokal anwesend. Wir glotzten einfach nur – mit offenem Mund und Polypen.

Sören wurde mit Tritten über den Boden geschleudert. Blut floß. Mir fiel auf, daß er sich nicht mehr wehrte, und ich fand, die anderen gingen zu weit. Ich stellte mich über ihn und konnte zusammen mit Mike – der Sören ebenfalls Tritte verpaßt hatte – die anderen zur Ruhe bringen.

Dann ging ich zu Jane und nahm ihre Hand. Eigentlich war sie ziemlich ruhig geblieben. Wir gingen nach oben – und ins Bett. Ich wollte nichts mehr sehen.

Später in dieser Nacht wurde Sören in ein gestohlenes Auto hinausgetragen und nach Vesterbro gefahren. Dort wurde er in einem Hinterhof abgelegt. Dann wurde die Polizei angerufen: ein Schwerverletzter in einem Hinterhof. Die Polizei dagegen durchsuchte den falschen Hof, und Sören wurde erst am nächsten Morgen gefunden. Er war tot.

Nachmittags kam der lokale Nörrebro-Bulle »Zahnfleisch« und teilte uns mit, daß Sören tot sei. Zahnfleisch war aschgrau im Gesicht und wagte kaum, uns die Sache zu erzählen. Ich glaube, er schöpfte als erster Argwohn – durch unsere Reaktion. Wir versuchten natürlich, traurig und wütend auszusehen, aber das fiel uns schwer, da wir die Wahrheit bereits kannten.

Nach Zahnfleischs Besuch fuhren wir zum Strand. Wir sprachen über die Sache und kamen überein, daß es gut sei, daß Sören den Löffel abgegeben hatte. Er war nun einmal knatschverrückt und wäre zu allem fähig gewesen, nachdem er aus dem Club geworfen worden war.

Es ärgerte uns aber schrecklich, daß sich nun die Bullerei einmischte. Wir hielten die Sache – und das tun wir noch immer – für eine interne Angelegenheit, die sonst niemanden etwas anging.

Es ist einfach Unsinn, daß man nicht töten soll. Möglicherweise sind zwei Prozent der Bevölkerung wirklich von diesem Grundsatz überzeugt. Die anderen sind Heuchler. Wie oft hören wir jemanden sagen: »Wenn du meine Familie anrührst, dann bringe ich dich um.« Und außerdem sind wir Mitglied der NATO, die bereit ist, Millionen von Russen und Polen umzubringen, wenn sie uns angreifen. Ich bin ja auch für die NATO, aber ich lüge nicht. Ironischerweise sind es oft religiöse Menschen, die nichts mit uns zu tun haben wollen, aber aus keinem Grund sind so viele Menschen ermordet worden wie wegen der Religion. Und es passiert noch immer.

Uns war natürlich klar, daß die Polizei den wahren Zusammenhang herausfinden würde. Es waren zu viele fremde Weiber im Club gewesen. Und zwei von ihnen verpfiffen uns dann auch. Drei oder vier Tage nach dem Zwischenfall wurden die ersten von uns inhaftiert.

Ich war inzwischen nach Horseröd zurückgekehrt und saß weiterhin meine Strafe ab. Eine Menge Leute kamen zu mir und sagten: »Das war ein ziemlicher Scheiß mit Sören, was?« Piß mich doch ins Ohr, dachte ich, antwortete aber: »Ja, totaler Scheiß.«

Mehrere Male kam die Polizei in die Schule und holte mich und Jane zum Verhör. Wir behaupteten, die ganze Nacht geschlafen zu haben, und alles ging gut, bis irgendwer aussagte, daß ich über Sören gestanden hatte. Das hatte ich ja auch, aber bei dieser Aussage war vergessen worden, daß ich ihn vor weiteren Tritten hatte bewahren wollen.

Anderthalb Wochen nach Sörens Tod wurde ich dann endgültig abgeholt. Ich hatte das schon im Gefühl gehabt und meine Mutter angerufen und gebeten, sich um Jane zu kümmern, während ich aus dem Verkehr gezogen war. Eines Morgens gegen halb zwölf kamen der uniformierte Vertreter der »Raketen« – der Fahnderabteilung der Polizei – in die Schule. Die Knastleitung hatte sie dazu überreden wollen, mich erst aus der Schule nach Hause zu beordern. Aber auf dem Ohr waren die Typen taub.

Daß ich abgeholt wurde, brachte die ganze Schule durcheinander. Die Lehrer drehten durch, und die Schule beklagte sich bei irgendeiner Instanz über das Auftreten der Polizei. Die Schüler hatten Angst – und einige weinten zusammen mit Jane. Ich wurde in Ketten gelegt und ein letztes Mal umarmt.

Zuerst fuhren wir nach Horseröd, um meine Sachen abzuholen. Die Bullerei interessierte sich vor allem für meine Stiefel, und als sie feststellten, daß die neu waren, wuchs ihr Interesse noch. »Wo sind deine alten Stiefel?« – »Seit wann hast du diese hier?« Ich erklärte ihnen, daß ich die alten Stiefel weggeworfen hatte, weil sie einfach verschlissen gewesen waren. Die neuen hatte ich jetzt seit einer Woche.

Die Polizei war davon überzeugt, daß ich die alten entsorgt hatte, weil sie blutverschmiert gewesen waren. Ich hatte das alte Paar vier Jahre lang getragen. Sie waren dermaßen abgenutzt gewesen, daß der ganze Club darüber Witze gemacht hatte. Zum Glück hatte ich in Horseröd mit einem Wärter darüber gesprochen, ob ich sie wegwerfen wollte. Er konnte den Bullen erzählen, daß sie total verschlissen und schon längst reif zum Wegwerfen gewesen waren.

Ansonsten hatte ich Turnschuhe getragen – an dem Abend im Club, meinte ich, aber denen widmete die Polizei nicht einen einzigen Gedanken.

Ich wurde in Kopenhagen vor den Untersuchungsrichter geführt und für vierzehn Tage in U-Haft gesteckt. In eine Isozelle, natürlich.

Ich war so wütend, daß ich mir schwor, nie wieder jemandem in Not zu helfen. Wäre ich doch in meiner Ringecke sitzen geblieben. Ich hatte nur eine Schlägerei beendet, und jetzt saß ich in einem kalten Gerichtssaal und wurde von den übelsten Anklagen in Verruf gebracht. Ich fühlte mich wahrlich nicht wohl in meiner Haut.

Die Abteilung A der Polizei hat eine schreckliche Geiseltaktik. Kleine Geschichten und Mutmaßungen – zum Beispiel die Sache mit meinen Stiefeln – werden zu Indizien aufgebauscht, und die Richter fallen jedesmal darauf rein. Carlo war eine Stunde vor Sörens Eintreffen eingeschlafen und hatte den ganzen Auftritt verpennt. Trotzdem wurde er in Haft genommen und als Geisel festgehalten. Hamster weigerte sich, mit der Polizei zu sprechen – und wer nicht reden will, kann aufgrund von »begründetem Verdacht« eingebuchtet werden. Auch, wenn in den Gesetzen klar und deutlich steht, daß niemand zu einer Aussage verpflichtet ist.

Vom Untersuchungsgericht wurde ich zur Kopenhagener Hauptwache gebracht. Hier liegt die »Empfangsabteilung« der Kopenhagener Gefängnisse. Ich wurde ins Register eingetragen und durchsucht und durfte heiß baden.

Nach einer Nacht in einer kalten pißgelben Zelle mit allerlei Graffiti an den Wänden wurde ich in dem grünen KZ-Bus ins Gefängnis Vestre gebracht.

Diese Busse haben acht bis zehn Sitzplätze – enge Verschläge, in die man sich nur mit Mühe hineinquetschen kann. Ich habe mir oft überlegt, was passiert, wenn so ein Bus einen Unfall hat oder von einem LKW angefahren wird. Man wird dabei mit ziemlicher Sicherheit zu Tomatenpüree zerquetscht. Und was passiert, wenn die Karre Feuer fängt oder die Türen sich nicht öffnen lassen...

Ich traf in Vestre ein und kam mir vor wie ein gefangener Ritter, der in die Festung des Bösen verschleppt wird. Ich wurde von einem lächelnden Beamten in Empfang genommen: »Noch einer von euch? Bald haben wir keinen Platz mehr für noch mehr.« Ich glaube, ich war der fünfzehnte. Ich sagte: »Dann laß uns doch raus.« – »Wenn ich nur könnte!«

Es ging eine Treppe hoch zu meinem Loch. Obwohl es hellichter Tag war, herrschte hier Zwielicht. Ein Höllenlärm. Klirrende Schlüssel. Knallende Türen. Beamte, die Befehle und Mitteilungen brüllten. Ich wurde in die Isolationsabteilung im Südflügel gebracht. Dieser Flügel war an die hundertfünfzig Meter lang. Und fünf Stockwerke hoch. Auf jeder Seite der mittleren Freifläche führten Laufplanken an den Zellen vorbei. In manchen Stockwerken war die Freifläche mit Maschendraht bespannt. Ich weiß nicht, ob dadurch Selbstmorde verhindert werden oder ob die, die unten umherliefen, nichts auf den Kopf bekommen sollten.

Meine Zelle – 179 – lag in dem Gebäudeteil, der draußen in der Wirklichkeit als erster Stock bezeichnet wird. Aus irgendeinem Grund aber werden hier drinnen die Bezeichnungen verändert, und deshalb heißt es zweiter Stock. Vielleicht soll das dem Personal die Arbeit erleichtern. Die meisten haben nämlich nicht gerade die allerbeste Schulbildung erhalten.

Die erste Woche war einfach schrecklich. Ich brachte keinen Bissen herunter und lächelte so gut wie nie. Nicht so sehr wegen der Einsamkeit – sondern, weil ich verliebt war. Der erste Brief kam zwar schon nach zwei Tagen – mit Bild und allem – aber hart war es trotzdem. Meine Gedanken waren anderswo.

Nach anderthalb Wochen ging es dann ein wenig besser – ich fing an, mich an die neuen Verhältnisse zu gewöhnen. Aber ich schlief mich von allem Traurigen weg. Ich schlief jeden Morgen bis elf – und ließ den ersten Hofgang ausfallen. Um zwölf Uhr gab es Mittagessen. Es wurde in alten Blechnäpfen serviert, wie im Armenhaus. Man konnte sich das Essen auch auf einen Teller packen, aber ich aß lieber aus dem Blechnapf. In der Zelle gab es nur kaltes Wasser, und mit kaltem Wasser zu spülen ist so gut wie unmöglich. Nach dem Essen erhielt man seine Waren, wenn man etwas bestellt hatte – zwei Tage vorher. Man würde gern eine Limo trinken – aber das heißt doch nicht, daß man zwei Tage später auch noch Lust dazu hat. Gegen dreizehn Uhr kam dann der Hofgang. Für die Isoleute gab es zehn oder zwölf kleine Höfe. Man wurde dort allein eingeschlossen. Diese kleinen Höfe waren von hohen Mauern umgeben und oben mit Maschendraht zugesperrt. Ab und zu sah ich vor oder hinter mir einen meiner Brüder. Es wurde aber immer dafür gesorgt, daß wir weit voneinander entfernt waren. Immerhin konnten sie uns nicht daran hindern, »huhu« zu rufen und zu winken, und das half unserer Laune immer ein wenig auf die Sprünge.

Den Nachmittag verbrachte ich mit Briefeschreiben, Kreuzworträtsellösen oder einem guten Buch. Ich las jeden Tag ein Buch. Irgendwann machten meine Augen dann nicht mehr mit, und ich mußte eine Pause einlegen.

Um halb sechs gab es Abendessen. Krabbensalat, der niemals eine Krabbe gesichtet hatte. Schwitzende Wurstschei-

ben. Grünliche Leberwurst, die wie Kleister im Hals stekkenblieb. Vielleicht eine Scheibe Käse, aber die hatte dann immer knallgelbe Ränder und versuchte aufgrund von allzu-großer Frischluftzufuhr, sich in der Mitte zusammenzufalten. Um sieben Uhr abends wurde die Post gebracht. Ich bekam im Schnitt zwei Briefe am Tag. Aber ich denke oft an die, die niemanden kennen und keinen Mucks aus dem wirklichen Leben hören.
Nach der Fernsehzeit kam die Pennzeit. Es galt, soviel wie möglich zu schlafen. Das war die beste Methode, um die Haft herumzukriegen. Hätte ich Winterschlaf halten können – wie der Bär –, dann hätte ich das getan.

Die Brüder draußen hatten viel zu tun. Ein »prospect club« hat allerlei internationale Verpflichtungen. Fünfzehn Mitglieder waren eingefahren und brauchten Briefe, Geld und alles mögliche. *Bullshit* machte sich wieder mausig. Wenn die Katze aus dem Haus ist, tanzen die Mäuse eben auf dem Tisch. Sie waren übermütig geworden, weil so viele von uns im Knast saßen.

Von den *Filthy Few* hörten wir nie wieder etwas. Einige waren einfach aus der Szene ausgestiegen. Andere waren zu *Bullshit* übergewechselt. Noch andere waren in die *Chosen Few* aus Albertslund eingetreten.

Ich wurde zum ersten Verhör in dieser Haftzeit geholt. Das Verhör fand auf der Hauptwache statt, bei der Abteilung A. Der Vernehmungsspezialist hieß Preben Soundso. Er versuchte es mit allen möglichen Cowboytricks, damit ich erzählte, was passiert war, und um mir das Geständnis zu entlocken, daß ich mich am Spaß beteiligt hatte. Falsche Aussagen mit gefälschten Unterschriften. Alle möglichen Lügengeschichten, die mich in die Falle locken sollten. Horrorgeschichten, um mich weichzukochen: »Würdest du deine Freundin gern auf der ersten Seite vom Ekstra Bladet sehen, bloßgestellt als Clubnutte? Das können wir arrangieren, wenn die Sache vor das Gericht kommt.« Bei so viel Blödheit konnte ich nur noch mit den Schultern zucken.

Er machte auf dieselbe Tour weiter. »Sie ist dir doch sicher gleichgültig? Für dich ist sie wohl nur eine Alte zum Ficken – und dann ab nach rechts.«
Ich ging davon aus, daß der Raum abgehört wurde. Er hatte wohl damit gerechnet, daß ich etwas über sie sagen würde, was als abwertend verstanden werden könnte. Er hatte sicher zu viele miese Romane gelesen. Ich mußte ihn leider enttäuschen und sagte deshalb, daß sie mir ungeheuer viel bedeutete, was er ja auch lesen konnte, da er jeden Tag meine Briefe zensierte.
Dann sollte ich etwas auf Band sprechen, das er dann später Jane mit der Bemerkung: »Hör dir das an. Du bist dem Typen doch total egal. Warum verteidigst du ihn denn noch?« vorspielen konnte.
Mit solchen Fragen wurde sie bombardiert, wenn sie zur Vernehmung geholt wurde. Sie wurde angepöbelt: Sie sei gefühlskalt, sie würden sie für mindestens sechs Monate in den Knast stecken, sie würden dafür sorgen, daß ihr das Kind weggenommen wurde. Sie deckte mich nicht. Sie sagte nur die Wahrheit. Aber das war den Bullen egal – und wenn sie Jane und andere Unschuldige damit in den Nervenzusammenbruch trieben. Sie wollten mich fertigmachen.
Nach drei Wochen in Isolation erzählte Preben Soundso mir, daß sie genau wüßten, daß ich mitgemacht hatte. Aber wenn ich nicht erzählte, wer dabei was getan hätte, könnte ich gerne im Knast verschimmeln und mir noch zwei oder auch fünf Jahre dazu einfangen.
Ich kann mich vor allem an ein Verhör erinnern, wo er mich dazu bringen wollte, Blondie ans Messer zu liefern. Ich saß nun schon zwei Monate in Isolation. Die anderen, die Sören die Tritte versetzt hatten, hatten gestanden, Blondie aber nicht. Ich wurde in den Verhörraum geführt. Preben Soundso lächelte wie üblich wie ein Breitmaulfrosch. »Zigarette?« – »Nein, danke.« Ich sei Nichtraucher. »Eine Tasse Kaffee?« – »Nein, danke.« Ich sei kein Kaffeetrinker. Er glaubte, ich wollte ihn beleidigen. Aber wenn er Rum und Cola angeboten hätte, hätte ich wohl ja gesagt.
Zwei geschlagene Stunden versuchte er, mich zu einer Aussage über Blondie zu bewegen. Er war wirklich in bester

Laune. Er verbreitete sich darüber, wie alt und krank mein Großvater doch sei. »Er macht es nicht mehr lange«, teilte er lächelnd mit. Dann sagte er: »Dein Vater ist auch krank, aber das weißt du sicher?« Ich wußte es nicht, und er wußte sehr gut, daß ich es nicht gewußt hatte. »Es scheint etwas Ernstes zu sein«, sagte er. »Ach«, sagte ich. Natürlich machte es mir Sorgen, daß mein Vater krank war, aber ich sah keinen Grund, das diesem Dreckskerl gegenüber zuzugeben.

»Du vergißt, daß ich direkt in Horseröd lande, um weiter meine Strafe abzusitzen, wenn ich hier rausgelassen werde, also erspar mir diese Geschichte.«

Er hatte diese Tatsache vergessen, hatte aber gleich eine neue Bosheit zur Hand: »Du weißt doch gut, daß Janes Nerven langsam am Ende sind, nicht?« – »Ja, und das hat sie nur euch zu verdanken. Ich bin das ja nicht, der mit ihrer Psyche Schlitten fährt.« Er gab auf.

»Wir machen jetzt Schluß«, sagte er und riß den Bogen aus der Schreibmaschine. Bis auf meinen Namen war der leer. »Ich brauche wohl nicht zu schreiben, daß du hier gewesen bist?« fauchte er wütend und fuchtelte mit dem leeren Blatt in der Luft herum. »Nicht doch«, erwiderte ich.

»Woher nimmst du eigentlich deine vielen Geschichten?« fragte ich dann. »Aus den Briefen von daheim«, antwortete er strahlend. »Kannst du sie mir nicht gleich geben?« – »Nein, die kriegst du morgen. Sie müssen erst durch die üblichen Kanäle gehen.« Jetzt hatte er seine alte Form wieder erreicht. Er freute sich darüber, daß ich mir jetzt den Kopf darüber zerbrechen würde, was bei mir zu Hause wohl los sein mochte.

Alle, die die Behauptung aufstellen, es sei lustig, in Isohaft zu sitzen, würde ich als faselnde Irre abtun. Aber die Zeit verging – und eines Tages, nach zwei dreiviertel Monaten, kam ein lachender Gefängnisangestellter in meine Zelle und teilte mit, ich sei entlassen. Leider wurde ich nur in den anderen Flügel des Gefängnisses entlassen, weil ich meine alte Strafe ja noch absitzen mußte. Es war Samstag, und deshalb durfte ich bis Montagmorgen in der Isohaft vor mich hinschmoren.

Eines Tages, Mitte Dezember, fuhr ich mit einem Rolltisch meinen Kram in den Ostflügel. Ich bekam eine noch vergammeltere Zelle, als die, die ich gerade verlassen hatte. Aber immerhin brauche ich nicht mehr einsam die Wände anzuglotzen. Und es gab noch einen weiteren Vorteil: Pferd saß wegen einer anderen Sache im Ostflügel. Auf dem ersten Hofgang brach die große Wiedersehensfreude aus.

Aber ich schaffte nur drei Hofgänge zusammen mit Pferd – danach wurde ich wieder isoliert. Ich hatte in meiner Zellentür gestanden und mich mit einen Wärter unterhalten, als Panik von den *Chosen Few* die Treppe heruntergekommen war. Er saß zwei Stock über mir. Wir lagen nicht mit ihnen im Krieg, aber mehrere Mitglieder von ihnen stammten von den *Filthy Few*. Eben auch Panik. Aus irgendeinem Grund wollte er hier den großen Max machen. Er tat das aber in sicherer Entfernung und mit einem Wärter, der zwischen uns stand. Er zeigte mir den Fuckyou-Finger. Ich ließ mir nichts anmerken, dachte mir aber meinen Teil. Auch der Wärter hatte es gesehen und sagte: »Wie billig.«

Auf meinem dritten Hofgang sah ich ihn. Es war am späten Nachmittag, unmittelbar vor Einsetzen der Dämmerung. Pferd und ich liefen sofort zu Panik und seiner Bande hinüber. Ich packte ihn und fragte, ob ich auch zu Zeichensprache übergehen sollte. Danach hatte er keine Sehnsucht, und nachdem er sich entschuldigt hatte, ließ ich ihn in Ruhe. Er war alles andere als großkotzig, wenn ich auf Reichweite herankam.

Ein anderer war nicht so zahm. Ein kleiner fetter Penner hatte diese Szene beobachtet, und als wir eine Runde auf dem Hof gedreht hatten und wieder an dieser Bande vorbeikam, starrte er mich hochnäsig an. Mir kam er unbekannt vor. Er trug über seiner Weste einen weiten Parka, deshalb konnte ich nicht sehen, daß ich einen Kuhfladen vor mir hatte, einen *Bullshit*. Pferd erzählte mir dann, daß es sich um Elfie handelte, den Präsidenten der Kuhfladen.

Wir kamen ein weiteres Mal an ihnen vorbei. Er schaute mich noch immer an, als rassele da ein Mülleimer auf vier Rädern an ihm vorüber. »Hast du was an den Augen?« fragte ich ihn. Mit entschlossener Miene ließ er seinen Parka fallen und brüllte durch den ganzen Hof: »Komm her, wenn du was willst!«

Schon näherten sich vier Wärter. Ich hätte ihm höchstens eine reinsemmeln können, ehe sie eingegriffen hätten, und deshalb machte ich auf dem Absatz kehrt und ging weiter. Er hatte da zu einer cleveren Taktik gegriffen. Er wußte, daß ihm nichts passieren konnte, wenn er nur laut genug brüllte. Aber er hatte sich verrechnet. Mich hatte noch niemand ungestraft zu Ohrfeigen herausgefordert.

Nach zwanzig Minuten Spaziererei war es schon ziemlich dunkel geworden, und die Wärter paßten nicht mehr so genau auf. Ich ließ mir nichts anmerken, bis der Hofgang fast zu Ende war. Die Bande aus der hinteren Ecke kam auf uns zu – und zugleich kamen noch andere Häftlinge über den Hof. Elfie entdeckte mich und konnte sehen, daß jetzt Schläge in der Luft lagen. Er ließ seinen Parka fallen, aber jetzt konnte er nicht mehr lospöbeln, ohne schwachsinnig zu wirken. Ich ging auf ihn los. Er wehrte sich wütend, aber das half ihm nichts, denn ich hatte ihn schon in festem Griff. Ich packte seine Haare und knallte seinen Kopf gegen mein Knie. Und das machte Eindruck, das spürte ich deutlich, nur konnte ich es nur zweimal wiederholen, dann griff der erste Wärter zu. Ziemlich vorsichtig. Er hatte keine Lust, aus Versehen an meine Faust zu geraten. Es kamen noch andere dazu, und ich ließ den Kuhfladen los.

Ich ging in meine Zelle, zog meine Weste aus, stieg in saubere Jeans und kämmte meine wildzerzausten Fransen. Ich trat vor meiner Zelle auf den Gang und sah zu, wie die anderen Insassen hereinkamen. Komischerweise hatten mich die Wärter in der Dunkelheit und in der allgemeinen Verwirrung nicht erkannt, und deshalb wurde ich ganz normal eingeschlossen.

Aber leider erzählte Elfie einem Wärter, daß ich ihm die Schläge verpaßt hatte, und plötzlich saß ich wieder in der Isokiste.

Auch Elfie und Panik wurden verlegt.

Ich saß noch immer in Isolation, als Jane zum ersten Mal zu Besuch kam, ein herrliches Wiedersehen. Es war nur noch eine Woche bis Weihnachten, und ich gab mir alle Mühe, um Weihnachtsurlaub zu bekommen. Es wäre doch eine Schande gewesen... Mir wurden fünf Tage gewährt.

Kurz vor Weihnachten wurden die letzen, die an der Sache mit Sören beteiligt gewesen waren, aus der Isolation geholt. Jens und Jappe wurden in meine und Pferds Abteilung verlegt, Blondie und Dirty landeten im Nordflügel. Die anderen saßen in Blegdammen.

Ich startete in einen romantischen Weihnachtsurlaub, wie Pferd das nannte. In den letzten zwei bis drei Tagen machte er mich wirklich fertig. Wann immer ich etwas sagte, lächelte er breit und zwirbelte sich lächelnd den Schnurrbart: »Du bist wirklich romantisch, Jönke.«

Nach einem gemütlichen Abend im Club fuhr ich mit Jane nach Schweden, um bei ihrer Mutter »romantische Weihnachten« zu feiern. Und romantisch wurden sie wirklich. Aber das will ich meinen Lesern lieber ersparen...

Es fiel mir ungeheuer schwer, ins Moderloch zurückzukehren, vor allem nach fünf Tagen dieser Art und so kurz vor Neujahr. Ich glaube nicht, daß viele von den Insassen im Ostflügel damit gerechnet hatten, mich wiederzusehen. Nur meine Brüder wußten ganz sicher, daß ich zurückkommen würde. Mir blieben nur noch drei Monate, und die mußte ich hinter mich bringen.

Am 10. Januar kam Jane zu Besuch. Plötzlich wurde an die Tür des Besuchsraums geklopft: »Du wirst um vierzehn Uhr nach Horseröd überführt, ihr müßt jetzt also aufhören.«

Wir fuhren hoch. Und zusammen mit zwei anderen Häftlingen verließ ich die Schimmelburg.

Nach meiner Rückkehr nach Horseröd wurde ich gefragt, ob ich weiter die Handelsschule besuchen wollte, aber das lehnte ich ab. Nach mehr als drei Monaten Unterbrechung war dieser Film gerissen.

Statt dessen wurde ich zum Flurältesten meiner Abteilung ernannt. Ich saß jetzt in »19 Nord« statt in »19 Süd«, aber das spielte nun wirklich keine Rolle.

Den Posten des Flurältesten hatte ich einen Monate inne, dann wurde ich von einem senilen Wärter verlegt. Ich machte meine Arbeit wirklich gut, aber statt um sieben aufzustehen und bis neun zu schuften, schlief ich bis neun und schuftete bis elf. Das Ergebnis war dasselbe, und den anderen Wärtern war es egal, aber der Alte hatte das meiste zu sagen.

Ich wurde wieder in die Gärtnerei geschickt. Es war Winter, es gab kaum etwas anderes zu tun, als Eiszapfen zu pflücken, deshalb wurden wir zum Schneeschaufeln abkommandiert. Das war ein ganz angenehmer Abschluß für eine Karriere im Gefängniswesen.

Meinen letzten Urlaub wollte ich unter anderem mit Henning aus Horseröd verbringen. Ich hatte ihm einen Ausflug in die Stadt versprochen. Eines Mittags brachen wir bei Jane in Helsingör auf, und wenn ich mich auch lieber der Liebe hingegeben hätte, konnte Henning mich doch in die Stadt locken. Ich hatte ihm eine Kneipentour versprochen, und dieses Versprechen mußte ich halten.

Nachdem wir fünf oder sechs Discos und Kneipen besucht hatten, landeten wir in einer Disco in der Fußgängerzone, in der Henning mit einigen Ausländern aneinandergeriet. Plötzlich waren wir mit sieben oder acht von ihnen in eine Schlägerei verwickelt. Nach einer Anzahl Pfeifen und allerlei Schnaps war mein Reaktionsvermögen ein wenig gehemmt, und ich schaffte es, mir den Rüssel brechen zu lassen, was mir aber erst später auffiel.

Nach der Regel, daß der den Ärger bekommt, der am Ende noch aufrecht stehen kann, endeten Henning und ich auf der Wache. Ein Beamter fragte, was mit meinem Horn geschehen sei. »Das sind die verdammten Schwingtüren«, lautete meine Antwort. Ich schaute in einen Spiegel. Es war ganz klar, daß meine Nase gebrochen war. Sie war keß nach rechts abgeknickt, und das ist sie noch heute, aber auch das hat seinen Charme.

Wir gaben beide falsche Namen und Adressen an. Das mußten wir, sonst hätte unser Urlaub im schwarzen Loch geendet. Der Beamte meinte, die »Betroffenen« hätten ebensogroße Schuld, und deshalb ließ er uns laufen.

Den Rest meines Urlaubs verbrachte ich zusammen mit Jane in Kopenhagen im Clubhaus. Ich wollte meinen Urlaub wirklich nicht aufs Spiel setzen – so kurz vor der Entlassung.

Die Verhandlung im Fall Sören war für den Februar angesetzt. Alle Angeklagten erklärten sich für unschuldig. Vor Gericht wurde auch die Mordanklage fallengelassen. Die, die getreten hatten, gaben zu, getreten zu haben, aber nur, um ihm einen Denkzettel zu verpassen.

Der Fall wurde vor einem Geschworenengericht verhandelt. Neun wurden verurteilt, die Urteile beliefen sich auf alles zwischen acht Monaten und viereinhalb Jahren. Wir fanden das ein wenig übertrieben – er hatte es ja schließlich nicht anders gewollt.

Ich war als Zeuge vorgeladen, wurde aber vom Richter vor die Tür gesetzt, als ich beim Rest der Vorstellung zuschauen wollte. Ich mußte brav mit dem Beamten, der mich hergebracht hatte, nach Horseröd zurückkehren, und der Typ war ebenso erstaunt wie ich.

Bei der Verhandlung stellte sich heraus, daß die Polizei versucht hatte, einen Anruf beim Notalarm zu löschen. Bei dem Anruf war offen gesagt worden, daß sie in Vesterbro den falschen Hinterhof untersucht hatten.

Nach dreißig Monaten im Knast konnte ich endlich den Käfig verlassen.

Der ganze Club samt Waranen erschien zum Frühstück bei Jane.

Hatte mich diese Zeit nun zu einem neuen und besseren Menschen gemacht? Aber nicht doch. Ich war um einige Erfahrungen reicher geworden und würde mich von kommenden Übergriffen weniger leicht umwerfen lassen.

Der einzige psychische Schaden, den ich bei meinem Aufenthalt im Hotel Gitterglanz davongetragen hatte, war eine Bitterkeit – die tief in mir wurzelte. Bisweilen kam sie an die Oberfläche, doch zum Glück für mich – und gewisse andere – habe ich sie die meiste Zeit verdrängen können.

Ich war frei. Die Welt wartete auf mich, und sie mußte nicht lange warten.
Die ersten drei Wochen waren gefüllt mit Festen und Besuchen bei Freunden. Jane hatte es inzwischen über, daß ich so viele Leute besuchen wollten, und ich fand es stressig. Aber es machte auch Spaß. Ich hatte es so eilig, daß meine kurzen Besuche zum Witz wurden. Es hieß: »Jönke kommt zu Besuch, sehr schön, aber wie sieht er eigentlich aus?«
Ich wollte eine Arbeit. Ich hatte immer gern gearbeitet – wenn ich Zeit dafür gehabt hatte. Ich hatte insgesamt fünf Jahre in Läden gejobbt, und deshalb wollte ich jetzt etwas Neues probieren. Schon eine Woche nach meiner Entlassung bewarb ich mich um eine Stelle als Krankenträger, aber ich bewarb mich auch noch anderswo, sicherheitshalber. Und so landete ich in einem Supermarkt in der Söborg Hovedgade.
Schon als ich den Laden sah, hatte ich Lust, dort zu arbeiten. Die Frage war nur noch, ob der Laden auch Lust auf mich hatte. Er hatte, genauer gesagt, der Chef hatte. Ich hatte ein sehr schönes Zeugnis von meinem alten Lehrherrn. Ein anderer Supermarktleiter behauptete, ich könnte alles. Und damit wurde ich eingestellt.
Am nächsten Tag kam ein Brief, der mitteilte, ich könne als Krankenträger im Krankenhaus von Hvidovre anfangen. Ich rief zurück, sagte, ich hätte schon eine Stelle, und sie machten keine weiteren Probleme.
Ich nahm also meine neue Arbeit auf und gehörte bald dazu. An den ersten zwei Tagen behielten die anderen mich genau im Auge. Sie konnten sich sozusagen nicht entscheiden, was ich für einer war und woher ich kam. Erst später erzählte ich, daß ich gesessen hatte. Nicht, weil ich mich dessen geschämt hätte, sondern weil ich es besser fand, wenn die Leute mich erst kennenlernten, ehe sie von meinen Meriten erfuhren. Sie sollten nicht zu viele Vorurteile entwickeln oder nervös werden, weil sie mit einem dermaßen »rohen und abgestumpften Menschen« zusammenarbeiten mußten.
Ich entwickelte eine gute Beziehung zu meinen Kollegen und auch zu den Kunden. Überhaupt war es der richtige Job für mich, und ich war der Richtige für den Job.

Ich wohnte in dieser Zeit zu Hause, aber meine Vorfahren fanden das gar nicht so gut, deshalb suchten wir allesamt nach einer anderen Lösung. Meine Eltern fanden für mich eine kleine Wohnung in Dalströget in Vangede. Zwei Monate nach meiner Entlassung zog ich dort ein. Die Wohnung war nicht sehr groß, aber ich hatte es von dort nicht weit zur Arbeit. Für mich war sie einfach ein Schlafplatz – ich hielt mich meistens in meinem Club auf.

Ich besuchte jetzt alle vierzehn Tage Pferd in Nyborg. Das hatte ich ihm versprochen, als wir zusammen in Vestre gesessen hatten. Er faselte noch immer von meinem romantischen Weihnachtsurlaub. Er verarschte andere eben schrecklich gern. Wenn andere das bei ihm versuchten, war er nicht so großartig. Er konnte ungeheuer wütend werden.

Pferd hatte die Angewohnheit, sich an den Schleckereien der anderen zu vergreifen. Wenn man auf dem Küchentisch eine Tüte vergessen hatte, machte er sich sofort darüber her. Hielt man eine in der Hand, griff er zu, ohne zu fragen.

Eines Tages wurde eine Falle für ihn gestellt. Auf dem Tresen lag eine Tüte Bonbons, und Pferd griff sofort zu, sowie er sie gesehen hatte. Er stopfte sich eine geladene Handvoll in den Mund. Die Bonbons schmeckten hervorragend, waren aber mit blauer Farbe gefüllt. Die Farbe war geschmacklos, aber nicht unsichtbar: Pferds Mund und Lippen waren blau, als habe er einen Füllfederhalter verschluckt. Wenn Pferd mit jemandem sprach oder ihn auch nur ansah, prustete der andere sofort los. Am Ende sah er in einen Spiegel – und stürzte in die Küche, um sich den Mund auszuspülen. Aber das Wasser verstärkte die Wirkung noch – und sein halbes Gesicht wurde blau. Er ging pissen, und mußte feststellen, daß er auch blau pißte. Und da riß der Film. Außer sich vor Wut stürzte er aus dem Club.

Am nächsten Tag tauchte er mit sauberem Mund wieder auf. Er verriet nie, wie lange er für die Säuberung gebraucht hatte. Alle fingen nun an – um ihm noch Salz in die Wunde zu streuen –, ihm Süßigkeiten anzubieten. Seit diesem Tag ließ er die Finger von andrer Leutes »Babyjunk«.

Bei meinen ersten beiden Besuchen nahm ich den Zug, wechselte aber bald aufs Bike über. Manchmal nahm ich Jane mit, manchmal einen Bruder. Ich fand es traurig, Pferd verlassen zu müssen, wenn die Besuchszeit zu Ende war. Ich sagte mir dann immer: Eines Tages sitzt du selber in diesem miesen Loch.

Eines Tages, als ich es mir in Helsingör bei Jane gemütlich gemacht hatte, lief ein beunruhigender Anruf ein. Allan und Helmut waren in der Spunk Bar in Vesterbro zusammengeschlagen worden. Wir lagen wieder im Krieg – nach einer langen Periode mit einigermaßen Ruhe und Frieden.

Ich ließ die sprachlose Jane sitzen und eilte nach Kopenhagen, um die ganze Geschichte zu hören. Allan war noch immer im Krankenhaus, Helmut aber fand ich im Club vor. Er hatte nur ein paar Schrammen davongetragen, und darüber staunte ich, hatte aber keine Zeit zum Nachdenken.

Allan und Helmut waren auf der Piste gewesen und hatten sich ins Spunk gesetzt, um ein Bier zu trinken. Zu diesem Zeitpunkt hatte seit einem Jahr Friede geherrscht, es war also kein Wunder, daß sie nichts Böses dachten. Aber ungefähr gleichzeitig tranken sich zwei Straßen weiter fünfzehn bis zwanzig Heinis doll und dusselig. Sie erfuhren, daß Allan und Helmut im Spunk waren. Der Schnaps hatte ihre Gehirne gelähmt, und deshalb stürzten sie los. Zwanzig gegen zwei, das konnten sie wohl gerade noch schaffen.

Bewaffnet mit Eisenrohren, Baseballschlägern und Messern enterten sie das Spunk, Makrele an der Spitze. Einige Kuhfladen waren dabei, andere waren Lakaien beim Rotz. Makrele und Terroristen-Johnny wußten genau, daß das hier kein kluger Zug war, aber sie mußten mitmachen, wenn sie nicht die Achtung der anderen Ärsche einbüßen wollten. Und vielleicht hatte Rotztier ihnen ja auch den Befehl erteilt. Er hatte die Demütigung noch nicht überwunden, daß wir nichts mehr mit ihm zu tun haben wollten. Alle machten sich über Allan und Helmut her. Allan wurde wirklich fertiggemacht – mit Rohren, Gläsern, Tischbeinen, Flaschen. Er war fast bewußtlos, als sie ihn liegenließen. Helmut kam ein wenig glimpflicher davon – körperlich gesehen. Er spielte die Schildkröte und nahm den Tisch als Panzer. Und deshalb konnte der Pöbel ihn nicht richtig treffen.

Clubmäßig hatte er weniger Glück. Er wurde vor die Tür gesetzt. In unseren Augen war es inakzeptabel, daß er zugesehen hatte, wie Allan zusammengefaltet wurde, ohne selber einzugreifen und zuzuschlagen.

Die Pisser hatten die Westen von Allan und Helmut mitgenommen, als sie verschwunden waren. Die Polizei kam mit Sirene und Blaulicht – aber wie immer eine Runde zu spät. Sie versuchten, aus Allan und Helmut herauszuholen, wer sie so übel zugerichtet hatte, aber die brachten unsere Standardantwort: »Das waren wir selber.«

Jetzt herrschte wieder Krieg. Unsere Feinde waren wie immer kaum greifbar. Sie bedrohten uns mit Begeisterung per Telefon, aber ansonsten waren sie wie vom Erdboden verschluckt.

Dazu kam auch noch, daß wir noch andere Sorgen hatten. Zu diesem Zeitpunkt saßen nämlich ziemlich viele Brüder im Knast, die Besuche und Unterstützung brauchten. In Brasen (Vridslöselille) saßen Jens und Jappe. In Horsens war Blondie als Maurer festgesetzt worden. Gaukler saß in Ringe. Mike, Dirty, Quälgeist, Carlo und Pferd residierten im Hotel Nyborg. Wir fanden es natürlich gar nicht gut, daß so viele eingefahren waren, aber damit mußten wir leben. Ab und zu ging ich sozusagen auf Tournee und besuchte drei Gefängnisse hintereinander.

Ich trat meine erste Auslandsfahrt – als Prospect – zusammen mit Carlo und Curt an. Mit dem Bike in die Schweiz. Auf unseren Triumphs – nicht gerade Langlaufräder, aber wir hatten keine anderen, und sie hatten zumindest einen Klasse Stil. Curts Kotflügel waren gechoppt, wie das restliche Bike, und gechoppt bedeutet, daß von ihnen kaum noch etwas vorhanden war. Auf der Autobahn setzte ein leichter Regen ein. Wir anderen waren ein wenig naß, er aber sah aus wie eine ertrunkene Maus. Das Wasser stob an Vorder- und Hinterreifen auf. Er war ein Bild für die Götter.

Es wurde immer wärmer, je weiter wir nach Süden kamen, und wir konnten uns immer weiter ausziehen. Bei der Abfahrt zu Hause waren wir dick eingepackt, wie in Rüstungen. Ich konnte mich gerade noch über den Sattel setzen – wenn ich umfiel, würde ich aus eigener Kraft nicht wieder auf die Beine kommen. Aber jetzt wurde Schluß gemacht. Zuerst mit den langen Unterhosen, dann mit den Lederhosen. Als wir in Zürich eintrafen, reichten T-Shirt und Weste.

Wir wollten am diesjährigen »Swiss Run« teilnehmen, dem Schweizer Treffen. H. A. s aus allerlei Ländern strömten zusammen. Wir dröhnten durch die Stadt, von Kneipe zu Kneipe, und sprachen mit H. A. s, die wir von ihren Besuchen in Dänemark kannten, und mit anderen, die wir erst noch kennenlernen mußten.

Am nächsten Morgen gab es eine Parade durch die Stadt. Mehr als hundert Bikes. Durch Zürichs Straßen ging das leicht und elegant. Wir hatten es mit Motorradenthusiasten zu tun, die ihre Bikes voll im Griff hatten. Vor jeder Ampel hielten zwei Schweizer Engel auf den Seiten des Feldes an, so daß wir alle in einem Rutsch weiterkamen. Wir waren schließlich nicht nach Zürich gekommen, um uns bunte Lampen anzusehen.

Wir fuhren aus der Stadt hinaus und erlebten die Natur. Erst jetzt begriff ich, warum Carlo mich unbedingt auf diesen Run hatte mitnehmen wollen. Er war im Vorjahr dort gewesen, und seine Berichte über die Schweizer Natur waren nicht übertrieben. Es war so schön und großartig, ich hätte mich dauernd verfahren können, weil ich mich immer wieder umdrehte, um einen riesigen spiegelglatten See vor Gebirgshintergrund oder einen Wasserfall zu sehen, der sich den Hang hinunterstürzte, um dann zu einem schäumenden Fluß zu werden.

Durch die Alpen per Bike – das war wirklich phantastisch.

Wir erreichten den Treff am späten Nachmittag – einen Berghang, umgeben von Bäumen, an die dreißig Kilometer von Lugano entfernt. Die Schweizer Prospects hatten das Lager vorbereitet – es gab reich gedeckte Tische und ein riesiges Zelt für alle, die keine eigenen Zelte mithatten. Und es gab eine Bühne, wo gerade eine Band ihre Instrumente aufstellte.

Wir aßen und tranken, aber da wir selber ja auch Prospects waren, war von Entspannung keine Rede. Auf dem folgenden Fest mußten wir trotz unseres benebelten Zustandes allerlei Aufgaben übernehmen: die Tische abräumen, im Feuer Holz nachlegen und die Generatoren auftanken.

Die Band legte los, und die Musik hallte in den Bergen wider. Es swingte wirklich, und sogar die Gemsen fanden es toll. Ich setzte mich hin und schaute ins Feuer, um darin die Zukunft zu entdecken.

Wir hatten im Club eine Tätowierstube eingerichtet, und überhaupt hatten wir alles so aufgemotzt, daß die Räumlichkeiten nun gar nicht mehr wie ein ausgebombter Negerkraal aussahen.

Ein Freund des Clubs tätowierte, wenn wir Besuch aus dem Ausland hatten. Ich ließ mir mein »böses Gesicht« machen, wie die Polizei das nennt. Lars war ein guter Tätowierer, und er wurde besser und besser. Jetzt hat er seinen eigenen Tattoo-Shop.

Lars hatte alles mögliche ausprobiert und war – nach uns natürlich – der eingefleischteste Feind der Kuhfladen. 1977 hat Lars in Daddy's Dancehall Johnny Knickbein erschossen. Johnny Knickbein war Filthy, zusammen mit Makrele. Lars wurde zweimal in den Rücken geschossen, vom Türsteher, als er vom Tatort fliehen wollte. Er konnte ein Taxi erreichen, das ihn ins Krankenhaus brachte.

Lars bekam zwei Jahre für den Mord, das Gericht hielt seine Verletzungen für einen Unfall. Der Türsteher landete für vierzig Tage im Knast.

Danach jagten die Filthys Lars natürlich, aber es kam irgendwie nie wirklich etwas dabei heraus – die *Filthy Few* hatten vor ihm ebenso große Angst wie er vor ihnen. Als die *Filthy Few* in den Kuhfladen aufgingen, nahmen sie ihren Haß dorthin mit.

Nicht, daß die Kuhfladen besonders eifrig Jagd auf ihn gemacht hätten, aber Lars war in dieser Hinsicht paranoid.

Er war fast immer bewaffnet. Nur bei uns konnte er sich so richtig entspannen.

1980 wurde er abermals angeschossen. Er saß mit zwei Freunden in einer Kneipe, als Makrele und andere Kuhfladen auftauchten. Als Lars zur Tür hinausstürzen wollte, mit seiner Pistole in der Hand, lief er der Bullerei voll in die Arme. Als er die Bullen erkannte, ließ er natürlich sofort seine Knarre fallen. Sie packten ihn und verpaßten ihm Handschellen – was unter diesen Umständen das ganz normale Vorgehen war.

Aber als er zwei Minuten mit Handschellen dagestanden hatte, stießen zwei Beamten ihn plötzlich in einen Torweg.

»Wenn du schießen kannst, dann können wir das auch«, hörte er den einen zischen, während zugleich etwas Hartes in seinen Rücken gebohrt wurde. Der Bulle schoß ihn eiskalt nieder. Danach wurde er von Pia, Makreles Frau, getreten und ins Gesicht gespuckt. Sie rief: »Hoffentlich kratzt du ab.«

Die Ärzte sagten, wenn die Kugel ein wenig weiter seitlich eingeschlagen wäre, dann hätte sie das Rückgrat getroffen, und Lars wäre bis an sein Lebensende gelähmt gewesen.

Später hörte ich von einem ehemaligen Kuhfladen, daß die Kuhfladen nach Amager zurückgefahren waren, in ihre Tränke »Oasen«. Sie waren total erschüttert gewesen: »Die Polizei hat ihn einfach abgeknallt«, hatten sie gesagt.

Es wurde auch eine Untersuchung eingeleitet, der Ordnung halber. Und dabei kam man zu dem Schluß, daß sich durch einen Zufall aus der Pistole des Polizisten ein Schuß gelöst habe.

Meine Arbeit im Supermarkt ließ sich gut an, und ich war einfach in Spitzenlaune. Sogar die ältesten Kassiererinnen hatten sich daran gewöhnt, daß ich jeden Morgen mit dem Bike vorfuhr. Und warum hätten sie das auch nicht tun sollen? Ich machte ja schließlich keinen Ärger.

Das einzige, was mir ein wenig Probleme machte, war die Sonne. Ich hätte – bei diesem wunderbaren Wetter – lieber am Strand gelegen. Zu meinem Glück arbeitete ich aber meistens im Kühlraum, und deshalb war die Hitze erträglich.

Im Club hatten wir uns auf eine neue Linie geeinigt: Wir wollten auf jeden Fall vermeiden, daß Unschuldige in unsere Konflikte einbezogen wurden. Das verlängerte den Krieg zwar, hielt uns aber auch den Rücken frei, gewissensmäßig, meine ich.

Eines Tages bekamen wir auf einer Ausfahrt Rotz zu fassen. Er kam aus der Comet Bar herausstolziert. Wir wußten damals nicht, wie sehr er mit unseren Feinden unter einer Decke steckte, und deshalb kam er mit zwei Ohrfeigen davon, als er weinend, Hansi gegenüber, versicherte, er sei doch gar nicht gegen uns. Das war ein Fehler, lag aber an der neuen Linie.

Ich kann mich nur an zwei Episoden des Jahres 1980 erinnern, bei denen ich Ohrfeigen ausgeteilt hatte. Und beim ersten Mal handelte es sich wirklich nur um einen Klaps auf die Wange.

Ein Mann von etwa vierzig hatte mich und einen von unseren Prospects durch seinen Fahrstil in Lebensgefahr gebracht. Ich konnte ihn zum Anhalten bringen und ihm durch das Wagenfenster eine scheuern. Er hatte eine Sterbensangst und bat dermaßen um Vergebung, daß ich die Nettigkeiten sofort einstellte.

Die zweite Episode spielte sich später in diesem Jahr ab. Ich und Klondyke – ein Probemitglied – waren in einer Kneipe gewesen und hatten zwei Bier getrunken und eine Pfeife guten Tabak geraucht. Dann wollten wir nach Hause. Es war ein kalter Novemberabend. Wir fuhren jetzt nicht mehr mit den Bikes. Aber das galt nicht für alle. Während wir noch vor der Kneipe standen und ein wenig quasselten, hörten wir, wie jemand auf einer japanischen Mühle hemmungslos Gas gab. Die Mühle kam näher. Dann wurde noch mehr Gas gegeben. Plötzlich tauchte sie auf der Straße gegenüber dem Wirtshaus auf. Ein kleiner Gnom in Lederjacke auf einer Honda 350. Er drückte den Handgriff voll durch. Klondyke und ich wollten uns ausschütten vor Lachen. Es sah einfach witzig aus.

Auf der Straße war kein Mensch zu sehen – außer uns. Der Wicht auf dem Reiskocher gab Gas und Gas und Gas. Sein Atem wurde aus dem Integralhelm gepumpt, als ob sein ganzer Kopf kochte. Hier in der kalten Nacht hatte er vor allem Ähnlichkeit mit einem kleinen prustenden Rappen. Dann gab er noch einmal Gas, kam auf uns zu, fuhr auf den Bürgersteig – und blieb zwischen uns stehen, so daß wir ein wenig Platz machen mußten. Wir lachten ihn freundlich an, und ich fragte: »Heute abend ist ja ganz schön was los im Globus, was?«

Der Helm gab keine Antwort. Klondyke und ich feixten einander an. Was für ein Supertrottel, dachte ich. »Na, machen wir, daß wir nach Hause kommen«, sagte ich und ging an dem Wicht vorbei. Zu meiner Überraschung packte seine Handschuhhand mich am Oberarm und hielt mich fest – fast so, wie ein mißtrauischer Zöllner das tut.

Für eine Sekunde verschlug es mir die Sprache. Während Klondyke noch immer lachte, drückte ich mit der rechten Hand sein Visier nach oben. Meine linke stieß ich volle Kanne durch die Öffnung – auf sein Horn. Er fiel von der Mühle und kippte nach links. Die Mühle kippte nach rechts.

Er rappelte sich auf, murmelte irgendwas in seinen Helm und zeigte mir den Fuck-Finger. Ich riß ihn um und verpaßte ihm ein paar Schläge. Ich wollte ihn nicht wirklich verletzen – er war einfach komisch, ich hätte die ganze Zeit losgackern können.

Ein Taxi tauchte auf, als ich ihn noch bearbeitete. Der Fahrer und ein männlicher Fahrgast sprangen heraus. Ich ließ den Gnom los. Jetzt war die Sache gleich weniger komisch. Ich finde es absolut übel, wenn andere sich einmischen. Ich ging zum Taxi hinüber und fragte, ob sie am Spaß teilhaben wollten. Sie sprangen wieder in die Karre und fuhren ein Stück weiter.

Ich ließ den Clown liegen. Er hatte sicher genug. Klondyke und ich mußten am nächsten Morgen zur Arbeit, deshalb konnten wir nicht auf einer blöden Wache herumsitzen, bloß weil ein Trottel einen über den Durst getrunken hatte.

Der Gnom kam auf die Beine und startete seine Mühle. Er gab wild Gras und schlingerte über ein Stück Kiesweg.

Obwohl er fast umgekippt wäre, zeigte er mir noch einmal den Fuck-Finger.

Er fuhr, das Taxi fuhr, unser Bus war gefahren, und wir mußten noch zwanzig Minuten warten. Wir gingen wieder in die Kneipe. Es war zu kalt, um draußen zu warten. Wir zogen unsere Jacken aus. Wir hatten doch keine Ahnung, ob das Taxi die Bullerei alarmiert hatte.

Kaum hatten wir die Jacken ausgezogen und die Ärmel hochgekrempelt, als wir durch das Fenster sahen, wie der Gnom mit seiner kleinen albernen Mühle zurückkehrte. Er stellte sie ab und rannte auf die Kneipentür zu. Ich schüttelte den Kopf und murmelte: »Jetzt reicht's aber.«

Ehe ich die Tür erreicht hatte, hatte der Gnom von draußen mit seinen Militärstiefeln dagegengetreten. Die Tür hielt jedoch stand. Ich riß sie auf und ging auf ihn los. Er trug noch immer den Helm. Der rettete ihn vor dem Schlimmsten, aber immerhin nahm ich sein Kinn als Handgriff und bekam ihn damit zu fassen. Ich hielt ihn mit der einen Hand fest und prügelte ihn mit der anderen durch. Am Ende trat ich auf ihn ein. Er versuchte die ganze Zeit, mich ebenfalls zu treffen, was ihm jedoch kein einziges Mal gelang.

»Nicht treten«, hörte ich Klondyke sagen. »Hinter dir hält ein ganzer Mannschaftswagen voller Bullerei.«

Ich ließ den Gnom los und lief in das Lokal, ohne mich umzuschauen. Durch das Fenster sahen wir, wie der Gnom seine Mühle aufsammelte und losfuhr. Das letzte, was wir sahen, war ein Fuck-Finger.

Obwohl die Lage ernst war, prusteten wir los. Frech bis zum letzten!

Die Bullen fuhren wieder. Sie hielten mich vermutlich für einen Kellner, der einen frechen Rocker zusammengefaltet hatte. Ich war ja in Hemdsärmeln ans Werk gegangen.

Den nächsten Bus erwischten wir. Das Gesicht des Typen haben wir nie gesehen, aber das spielte keine Rolle, alles war schließlich so, wie es sein sollte.

Juli 1980. Euro-Run in den Niederlanden. Der ganze Club zog los, natürlich abgesehen von denen, die in der Vergewaltigungssache verurteilt worden waren. Sie durften in den kommenden fünfzehn Jahren nicht in die Niederlande einreisen. Carlo und ich fuhren zwei Tage früher – um die Brüder in Horsens und Nyborg zu besuchen.

Das Camp lag auf einer riesigen, von Kanälen umgebenen Wiese. Schiffe fuhren vorbei, als führen sie über die Straße. Mitten auf der Wiese war ein großes Zirkuszelt aufgebaut worden. Das war das Festzelt, mit Bar, Tischen und Bühne. Es gab auch ein großes Schlafzelt, für die Leute, die kein eigenes Zelt mitgebracht hatten, oder für Suffköppe, die ihr Zelt oder ihren Wohnwagen nicht finden konnten.

Als Prospect hatte ich in der ersten Nacht Dienst. In den ersten vier Stunden mußte ich Wache halten – in einem Kastenwagen, am Eingang zum Lager, ausgerüstet mit einem Walkie und einer Taschenlampe. Waffen brauchten wir nicht, denn die Niederländer hatten keine Feinde. Ab und zu traf ein Bus mit einer Bank ein, oder ein Wagen mit Speis und Trank, aber das war wirklich alles.

Später in der Nacht wurde ich abgelöst, mußte dann aber meinen Dienst in der Bar antreten. Da war die Hölle los. Obwohl wir zu siebt oder acht dort waren, wurde die ganze Zeit nach uns gebrüllt. Im Zelt hielten sich an die dreihundert Menschen auf – *Hell's Angels* aus ganz Europa, aus Kanada und den USA, Prospects und Old Ladies.

Gegen vier Uhr wollten Carlo und ich uns ins Bett stehlen, aber auf halber Strecke wurden wir shanghait und mußten in den Generatoren Benzin nachfüllen. Das beschäftigte uns eine weitere Stunde.

Ein Prospect hatte es eben schwer, aber etwas anderes war uns schließlich nie verheißen worden.

Am nächsten Tag – und in der Nacht – waren wir dann an der Reihe. Ich fraß mich voll, schnappte mir ein paar Bierdosen, rauchte einen Joint. Um sieben Uhr abends aber hatte ich wieder Tresendienst, zusammen mit Prospects aus Frankreich und England. Obwohl wir ebensoviel tranken wie eine ausgedörrte Steppe, hielten wir bis sieben Uhr morgens durch. Die ganze Nacht war der Bär los. Eine Band nach der anderen jagte fette Musik in den Äther hinaus. Ein riesiger Haschkuchen wurde hereingetragen. Das *Hell's Angels*-Abzeichen war in die Glasur eingezeichnet. Ein Biß, und – schon wieder – war man unterwegs durch die Alpen.

G egen zwei Uhr nachts wurde mitten im Zelt Platz gemacht, weil ein Tauziehen stattfinden sollte. Jedes Chapter sollte sechs Mann stellen. Es wurde manche Pflugfurche gezogen, bis der Sieger feststand. Und zwar eine gemischte Gruppe aus New York und Kalifornien. Was uns nicht überraschte – sie waren im Schnitt zwei Meter groß. Wir schafften den vierten Platz. Ein gutes Ergebnis, wenn man bedenkt, daß unsere größten Leute alle im Knast saßen.

Das Fest ging weiter. Alle waren froh. Das hier war das wahre Leben.

E ine Woche nach diesem Treffen traf ich mich wieder mit Jane. Wir hatten eine Pause eingelegt. Sie hatte mir gefehlt, doch andererseits hatte ich keine Sehnsucht nach den Problemen, die auch ein Teil einer Beziehung sind.

Meine Mutter – die sich immer zu helfen wußte –, ergriff die Initiative. Ich aß einmal pro Woche zu Hause. Eines Abends lud sie – ohne mir vorher Bescheid zu sagen –, auch Jane und ihre Tochter dazu ein. Ich versuchte zuerst, eine Runde zu schmollen, aber das gelang mir nicht gerade gut, und die Sache endete dann auch mit einer wilden Umarmung. Die Liebe kann eine gute Freundin sein, aber auch eine harte Gegnerin.

G aukler wurde aus Ringe entlassen. Großes Fest im Club. Es gab keinen besseren Grund zum Feiern als die Freilassung eines Bruders. Er hatte zwar nur sieben Monate gesessen, aber auch das waren sieben Monate zuviel.

D er Krieg mit den Kuhfladen war ein wenig wirr oder verwirrend.

Auf der einen Seite hatten wir die Kuhfladen mit ihren kleinen Mitläuferbanden, den *Fallos* aus Rødovre und dem

Frederiksberg MC. Sie nannten sich MC-Club, obwohl sie nicht ein einziges Bike aufweisen konnten. Sie waren Straßenbanden ohne den geringsten Stil. Auch zwei Bauernclubs unterstützten sie, aber die taugten nicht viel – sie trauten sich kaum nach Kopenhagen hinein. Die miesesten unter ihren Unterstützern aber war eine Bande von verwirrten Pipibengeln, die sich *Black Panthers* nannten – eine lausige Versammlung, mit Rotz als Gallionsfigur.

Filthy und *Dirty Lions*, die auch dazu gehört hatten, hatten sich aufgelöst und waren von der Erdoberfläche verschwunden.

Auf der anderen Seite waren wir, und wir hießen jetzt *MC Denmark*, *Prospect Club* in den *Hell's Angels*. Wir wurden von *666* aus Stenlöse unterstützt.

Zwischen den Fronten hatten sich drei weitere Clubs zusammengerottet: die *Black Sheep* aus Bröndby, die *Chosen Few* aus Albertslund und die *Renegades* aus Greve. Sie hatten engen Kontakt zu den Kuhfladen gehabt, zogen sich jetzt aber von ihnen zurück.

Wir kamen überein, daß wir Ordnung in dem ganzen Dreck schaffen mußten, wenn wir unsere Ruhe haben wollten. Den Anfang sollte ein Besuch bei den *Black Sheep* machen, der uns zeigen sollte, wo sie standen. Sie erklärten sich für neutral, was sie auch waren. Sie hatten einfach die Situation nicht durchschaut. Sie hatten Gerüchte gehört, nach denen wir es auf sie abgesehen hatten, und ihnen waren grausige Horrorgeschichten über uns zugetragen worden.

Eine Woche darauf konnten wir die Position der *Chosen Few* klären. Und auch das geschah mit friedlichen Methoden. An einem sonnigen Sonntagvormittag fuhren Reno und ich und zwei Hang-arounds auf ihrem Hof vor. Ihr Club lag in einem alten Mietshaus, das die Gemeinde ihnen zur Verfügung gestellt hatte.

Mitten auf dem Hof stand Panik und reparierte sein Bike. Er machte Augen so groß wie Teetassen, als er die Gäste erkannte. Er machte daraufhin seinem Namen alle Ehre. Ehe er sich entschieden hatte, wie er sich verhalten wollte, waren wir aus der Karre gestiegen und gingen auf ihn zu.

In der Hitze brach ihm der Schweiß aus. Er wählte das klügste, was er überhaupt tun konnte – er rief seine Alte, die unser unerwarteter Besuch ebenso fertiggemacht hatte, und forderte: »Einen Kasten Bier!«
Der Kasten kam auf den Tisch, und die Stimmung hob sich ein wenig. Wir waren bereit gewesen, alles einzumachen, was sich bewegte, aber nachdem unsere Hang-arounds die Umgebung durchsucht hatten, folgten eine Runde Quatschen und eine Friedenspfeife.
Es kamen noch andere Mitglieder dazu und luden zum Steak. Wir wurden in der brennenden Sonne richtiggehend flambiert.
Die *Renegades MC* brauchten wir nicht zu besuchen. Das galt auch für die *Black Sheep* und die *Chosen Few*. Wir konnten uns auf unsere wahren Feinde konzentrieren.

Eines Abends wurden Tennis, Allan und ich in den Söborg Hovedgade von einem Streifenwagen angehalten. Die Bullen wollten in unserer Karre unbedingt Waffen finden, was ihnen aber nicht glückte.
Dahinter steckte, daß bei Pia – Makreles Frau – die Haustür eingeschossen worden war.
Wie der eine Bulle sagte: »Ihr könnt euch vorstellen, daß einer so richtig froh war, in dem Moment bei uns zu sitzen.«
Später erfuhr ich, daß Makrele durchaus nicht auf der Wache von Gladsaxe gesessen hatte, sondern im offenen Vollzug in Jütland. Ich erfuhr außerdem, daß Pia fertig gewesen wäre, wenn sie auch nur einen Schritt näher an die Tür herangetreten wäre.
Aber so war das Leben. Wenn man gefährlich leben wollte, mußte man solche Szenen hinnehmen. Ich persönlich fand es gar nicht gut, daß eine »Angehörige« in Mitleidenschaft gezogen worden war. Andererseits beteiligte sich die Frau des Fischmauls ebenso energisch an Gewaltanwendung und Terror der Kuhfladen wie er selbst. Und vielleicht war es deshalb gerecht.

Es passierte viel Dreck, aber es gab auch schöne. Dinge. Ende August mieteten wir in der Nähe von Kolle-Kolle ein Ferienhaus. Wir kauften ein wie besessen – alle möglichen Varianten von Speis und Trank.

Es wurde ein wunderbares Wochenende, an dem fünfzehn bis zwanzig *Hell's Angels* aus England, den Niederlanden und Deutschland zu Besuch kamen.

Es war unsere erste Party für die H.A. in Dänemark, aber sicher nicht die letzte.

Anfang Oktober bekamen wir einen Kuhfladen richtig zu fassen. Ein Bruder fuhr mit einem Lieferwagen durch Nörrebro, als er einen Kuhfladen erspähte, der über die Straße spazierte. Jetzt hatten sie sich so lange versteckt, und nun besaß einer von den Affen die Unverschämtheit, bei hellichtem Tage durch die Gegend zu laufen. In Nörrebro. Noch dazu mit seinem Kuhfladen auf dem Rücken.

Er wurde mit einem Eisenrohr im Nacken bearbeitet und mußte aus seiner Kutte springen.

Drei Tage darauf erwischten wir ein anderes Mitglied von ihnen. Flemming Glæsner. Er stieg nichtsahnend aus seinem Auto, vor seinem Haus. Ein Mann kam hinter dem Zaun des Reihenhauses zum Vorschein. »Ja, zum Teufel, ist das nicht Flemming?« – »Öääh«, sagte der Kuhfladen zögernd. Er taumelte rückwärts, als er mitten im Gesicht von einem Eisenrohr getroffen wurde. Wie durch einen Nebel sah er dann noch einen weiteren Mann auftauchen. Der erste glitt auf dem vereisten Boden aus. Nach dem ersten Schlag dröhnte Flemming Glæsners Kopf noch immer, doch er wußte, daß er sich verpissen mußte, solange der Gegner aus dem Gleichgewicht geraten war, wenn er mit heiler Haut aus dieser Geschichte herauskommen wollte.

Er machte kehrt und lief zurück zum Parkplatz. Er spürte, daß ihm ein Blutfaden die Nase hinunterlief. Er schaute sich um. Die beiden dunklen Gestalten folgten ihm, rannten aber nicht. Vielleicht wegen des Eises, dachte er. Klatsch. Ein dröhnender Schmerz verbreitete sich über seine Wange, wo er von einer Eisenröhre getroffen worden war. Jetzt hagelte es von allen Seiten Schläge. Er schrie. Seine Frau tauchte in der Haustür auf und schrie ebenfalls los. Die drei Männer ließen von ihm ab. Er kroch auf dem Boden herum. Sein Blut färbte den Schnee rot. Nur aufgrund des Schocks war er noch bei Bewußtsein. Er taumelte zum Auto, in das die drei Männer gerade einstiegen. Vor seinen Augen drehte sich alles. »Könnt ihr mich ins Krankenhaus fahren?« Er kassierte einen letzten Schlag ein und sank wieder in den Schnee.

Allan und Hamster wollten das Fünfjahresfest eines österreichischen Clubs besuchen. Hamster mußte im letzten Moment absagen. Er rief mich bei der Arbeit an und fragte, ob ich mitfahren wollte. Von den anderen hatte keiner die Zeit oder das Geld.

Ich suchte den Chef. »Ich könnte heute abend nach Österreich fahren. Was sagst du dazu?« Er kratzte sich am Kopf. Wenn er so weitermachte, würde er früh eine Glatze haben. Ich wußte, daß ich auf ihn zählen konnte. So wie er auf mich. Ich hatte mehrere Male drei Abteilungen auf einmal geschmissen, als zu wenig Leute dagewesen waren. Wenn besonders viele Waren nachgefüllt werden mußten, kam ich morgens auch zwei Stunden früher.

Wir konnten keine Schlafsäcke mehr einpacken. Es fehlte einfach die Zeit. Ich schaffte es gerade noch, vom Hauptbahnhof aus meine Freundin anzurufen.

In Hamburg übernachteten wir im lokalen Angels Place. Am nächsten Morgen wollten wir zusammen mit drei Hamburger Engeln weiterfahren.

Im Zug fragten sie, ob wir keine Schlafsäcke hätten. Wir antworteten, Wikinger brauchten das nicht. Sie lachten herzlich darüber und fragten, ob wir nicht wüßten, daß es auf eine »Bridge Party« ging – was uns natürlich gar nichts sagte. Bis wir dann ankamen: Das Fest wurde ein Stück das Gebirge hoch unter einer Brücke abgehalten. Eine Brückenparty im November, ohne Zelt und Schlafsack. Wir würden sicher frieren.

Der Festplatz lag zwischen zwei großen Betonpfeilern. Tische und ein großer Tresen waren aufgestellt worden. Gar-

tenlampen und ein großes Feuer sorgten für die Beleuchtung.
Die Brücke über uns wurde nur selten befahren, in den beiden Tagen, die wir dort verbrachten, ließ sich darauf kein einziges Auto sehen. Unter der Brücke floß ein stiller Fluß – nur vier oder fünf Meter vom Festplatz entfernt. Das Ufer war vereist, und hier und da lag Schnee auf dem Boden. Wärmemäßig gab es nur eine Rettung: die Bar. Allan lief zähneklappernd an mir vorbei. »Das ist doch verdammt nochmal die Bridge over troubled water.« – »Trink noch was, das hilft«, rief ich und schlug mir die Arme um den Leib.
Es trafen Schweizer ein, weitere Deutsche, Niederländer. Das Fest wurde immer lebhafter, aber die Nacht war trotzdem entsetzlich. Wir konnten in einem Auto schlafen, aber das hatte keine Heizung. Die Wikinger hatten gar keine Lust mehr zu Heldengesängen und Berserkertum. »Wenn wir doch zu Hause in der Titan 2 auf Diwan 1 lägen«, konnte ich zwischen meinen klappernden Zähnen herausbringen.
Als wir am nächsten Morgen aufwachten, schien die Sonne. Eis und Schnee waren verschwunden. Erst jetzt sahen wir, wie wunderschön die Umgebung war. Grüne Berge mit verschneiten Gipfeln. Wir machten am Fluß einen Spaziergang. Fast hätte ich Lust gehabt, in eine Lederhose zu steigen. Für einen Maler wäre die Gegend ideal gewesen.
Das Fest ging weiter, und später in der Nacht wurden Allan und ich gefragt, ob wir am nächsten Tag mit in die Schweiz kommen wollten, um bei einem Queen-Konzert in Zürich als Security-Leute zu fungieren.
Wir gingen vor der Konzerthalle in Position. Wir waren fünfundzwanzig, und vor uns standen fünf- oder sechstausend Menschen, die unbedingt hineinwollten. Sie waren zu allem bereit, wenn sie als erste drinnen bei Freddy Mercury & Co sein könnten. Als wir anfingen, immer Gruppen von hundert einzulassen, kam die Sache erst richtig ins Dampfen. Die hinteren drängelten, die vorderen wurden gegen ein Eisengeländer gepreßt. Immer wieder mußten wir uns in die

Menge werfen und rufen und schreien und nach rechts und links um uns schlagen, um zum Beispiel eine Frau zu retten, die fast erdrückt worden wäre. Es war hart, aber wir schafften es. Alle kamen hinein, und niemand trug größere Schäden davon. Queen lieferten ein richtig scharfes Konzert.

Am nächsten Tag trat ich wieder zur Arbeit an.

Mitte November erwischten wir drei Fallos. Wir hatten gehört, daß sie sich im Hövdingegård in Skælsör treffen wollten. Wir schickten einen Wagen hin, um die Lage zu peilen. Die Schnüffelbande sollte feststellen, was da ablief, und danach eventuell aus dem Hauptquartier Verstärkung herbeirufen.

Die Schnüffelbande entdeckte drei Mitglieder der Fallos, die in einer Kneipe saßen. Sie warteten im Wagen auf sie. Nach einer Viertelstunde kamen die drei kleinen Pisser zum Vorschein. Sie entdeckten die Karre der Schnüffelbande und kamen nichtsahnend darauf zu. Der Fahrer kurbelte das Fenster herunter. »Wollt ihr mit aufs Fest?« riefen die Jungen. Lennard Lausig, der vorn saß, warf seine Kanone ins Handschuhfach. »Wir holen sie uns mit Gummiknüppeln«. Am Vortag hatten wir dreißig davon angeschafft.

Die Schnüffelbande sprang aus der Karre und ging auf die drei Wichser zu. Sie hielten die Knüppel im Ärmel. »Wollt ihr aufs Fest?«, fragte einer der Fallos. »Ja«, erwiderte Lennart und gab ihm eins auf die Mütze. Zu seiner großen Überraschung machte das den Knüppel fertig. Er zerbrach. Ricos zerbrach auch, und der dritte platzte in der Mitte auseinander.

Die drei Wichser wurden deshalb mit den Pfoten bearbeitet, aber aufgrund der allgemeinen Verwirrung konnte die Schnüffelbande nur zwei Westen erbeuten. Sie fuhren zum Angels' Place zurück und berichteten, daß es an diesem Abend wohl keinen Spaß mehr geben würde.

Die Knüppel wurden verbannt.

B ei einem Einsatz im Kongelunden machte ein Wagen mit drei Kuhfladen plötzlich kehrt und fuhr in die Gegenrichtung – auf uns zu. Wir fuhren in einen Seitenweg. Es war mitten im Wald, und es war stockfinster. Ich sagte: »Fahr zum Ende des Weges und dreh da unten.« Der Fahrer löschte alle Scheinwerfer, ich sprang aus dem Wagen.

Das Auto, das wir verfolgt hatten, kam näher. Ich sprang zur Seite, um mich zu verstecken, für den Fall, daß jemand in meine Richtung schaute.

Eins stand fest: Sie sahen mich nicht! Ich landete in einem Graben, in dem das Wasser mindestens einen halben Meter hoch stand.

Es war im Januar, und wir mußten sofort nach Hause fahren, wenn ich mir keine Lungenentzündung holen wollte.

Ich sah aus wie ein Meermann. »Hast du was gefangen, Jönke?« war die erste Bemerkung, die mir an den Kopf geknallt wurde, als wir zu Hause ankamen.

E inen Tag nach dem Ausflug nach Skælsör rief Makrele an. »Wir nehmen Eure Westen zum Arschwischen!« schrie er ins Telefon.

An diesem Abend fuhren gegen dreiundzwanzig Uhr sieben Wagen vom Club los. Es war ein einfacher Abendausflug, eine Art Streife, und es machte gar nichts, wenn einem unterwegs zufällig ein Kuhfladen über den Weg lief.

Zwei Wagen fuhren in Richtung Frederiksberg. Die anderen peilten Vesterbro an. Ich saß mit drei Brüdern und einem Fahrer in der ersten Karre. Wir beschlossen, nach einem Blick in die Istedgade wieder nach Hause zu fahren. Wir starteten am Enghave Plads und hielten mit fünfzig Sachen auf den Hauptbahnhof zu.

Beim Spunk entdeckte ich plötzlich Fischmaul, der in der Tür der Kneipe herumlungerte. Fünf Wagen fuhren an die Seite. In weniger als einer Sekunde war ich aus dem Auto gesprungen und rannte auf die Kneipe zu. Erst, als einer von Rotzis Lakaien mich entdeckte und rief: »Aufpassen!«, bemerkte er mich. Ich war einen Meter von der Kneipentreppe entfernt. Als ich mich umschaute, kam in wildem

Tempo ein Glas auf mich zu. Es traf mich im Gesicht. Ich wurde seitwärts von der Treppe geschleudert.

Makrele stürzte ins Lokal. »Da sind sie! Da sind sie!« In der Kneipe saßen noch vier andere Kuhfladen. Sie hatten einen Vorsprung von zehn Sekunden. Die, die nach mir kamen, glaubten, ich sei angeschossen worden.

Ich wälzte mich auf dem Boden. Ich blutete heftig aus einer Wunde im Gesicht. Ich hatte Cola-Rum-Geschmack im Mund, aber das war ja immerhin etwas. Ich dachte, er hätte mich mit dem Glas ins Auge getroffen, aber das einzige, was meinen Blick trübte, war der Schnaps.

Ich zog mir eine Glasscherbe aus dem Rüssel und folgte den anderen in die Kneipe. Piep redete beruhigend auf einige Gäste ein. »Setzt euch einfach und zieht die Köpfe ein, dann passiert euch nichts.«

Pia, Makreles Frau, saß starr vor Schreck auf einem Barhocker, während die Jungs die Kuhfladen suchten. Das Telefon wurde aus der Wand gerissen und ein Kellner in eine Ecke gedrängt, damit er niemanden anrufen konnte. Ob er vorher noch auf den Alarmknopf hatte drücken können, weiß ich nicht.

Jemand rief: »Hier sind sie nicht«, aber Piep hörte hinter der Küchentür einen Hund kratzen. Glaubte er. Es waren die Kuhfladen, die die Tür mit Bierkästen verbarrikadierten. Ich rannte zur Tür und wollte sie eintreten. Die anderen kamen hinzu und zusammen machten wir uns über die arme Tür her. Das Loch in der Tür war schließlich groß genug, um hindurchzukriechen – aber das war zu gefährlich, denn wir hätten alles zwischen einer Axt und einer Mistgabel an den Kopf kriegen können.

Messer, Gabel und Teller kamen durch das Loch geflogen. In die andere Richtung wurde eine Pistole abgefeuert, und die Bombardierung wurde eingestellt, als Perlen durch die Luft brausten. Statt dessen brachen die Kuhfladen in wildes Geschrei aus. Auch Makreles Frau schrie. Lars – der Tätowierungsexperte – haute ihr eine vor den Latz. Er – und sie – wußten noch, daß sie ihn angespuckt hatte, als er schwer verletzt mit einer Kugel im Rücken auf dem Boden gelegen hatte.

In der Ferne mischte sich das Gekreisch von Sirenen in den Lärm. Es war an der Zeit, die Arena zu verlassen. Wir stürzten zu den Wagen. Nur einer der Wagen kam nicht mehr los. Carlo, Kim, Hamster, René und Lars wurden, nach einer kurzen Verfolgungsjagd, am Bahnhof Vesterport festgenommen. Sie wurden zur Wache gebracht. Sie hatten keine Waffen im Wagen.
    Ich wurde im Amtskrankenhaus Gentofte zusammengeflickt. Drei Stiche an der Nase und zwei auf der Wange. Ich sah unmöglich aus. Und das alles passierte ohne Betäubung, aber das ist eben so. Natürlich wollte der Arzt wissen, was passiert war. Ich sei in Nyhavn einer Flasche im Weg gewesen.
    Zwei Tage danach fuhr ich zu Jane nach Helsingör, um mich zu erholen. Ich mußte eine Zeitlang einen Bogen um den Club machen, bis meine Wunde verheilt war.
    Ich rief meinen Chef an und ließ mir freigeben.
    Die Westen, die bei einem früheren Zusammenstoß verlorengegangen waren, wurden zwei Tage später zurückgebracht. Niemand hatte sich damit den Hintern gewischt.
    Ich pflegte in Helsingör eine Woche lang meinen Schnabel, dann kehrte ich nach Kopenhagen zurück. Jane und ich trafen uns danach nicht mehr. Wir haben uns nie mehr wiedergesehen.

Die Gruppe, die nach der Sache im Spunk festgenommen worden war, wurde für drei Wochen eingebuchtet. Ich ging wieder zur Arbeit. Die Abteilung A arbeitete an dem Fall. Ich bereitete den Chef schon einmal darauf vor, daß sie mich wohl irgendwann holen würden.
    Ich war der letzte von zwanzig, die verhaftet und ins Gefängnis gesteckt wurden. Nicht alle waren am fraglichen Abend im Spunk gewesen, aber die Bullerei nahm das nicht so genau. Ihnen ging es nur darum, irgendwen einzubuchten.
    An einem Dienstagmorgen zu Anfang Dezember kam eine meiner nettesten Arbeitskolleginnen in den Milchraum gerannt, wo ich gerade Eier auffüllte. Sie war außer sich: »Ich habe eben zwei Typen gesehen, die wie Bullen aussehen, sie

sind mit dem Chef in den Frühstücksraum gegangen.« – »Wir sehen uns hoffentlich bald wieder«, sagte ich und überließ die Eier ihrem Schicksal. Ich ging durch den Laden und zog meinen hellroten Kittel aus. Diese Farbe ging mir maßlos auf die Nerven – wer zum Teufel kann einen rosenroten Mann denn ernst nehmen?

Auf halber Strecke kam mir die Bullerei entgegen. »Na, hier hast du dich also verkrochen?« – »Verkrochen? Ich arbeite hier.«

Wir fuhren zur Wache. Ich wurde in eines der scheußlichen Zimmer zum Verhör gebracht. Sie versuchten es mit allen möglichen Cowboytricks. Ich sagte nichts. Wenn man mit dieser Abteilung – mit ihren vielen Tricks – zu tun hatte, empfahl es sich, so weit wie möglich die Klappe zu halten. Nach einer Viertelstunde wurde ich in eine Zelle von Plumpsklogröße gebracht. Eine halbe Stunde darauf stand ich vor dem Untersuchungsrichter: vierzehn Tage in Isolation.

Das Gefängnis Blegdammen – im Blegdamsvej – ist mindestens so alt und häßlich wie Vestre, aber es ist behaglicher. Die Zellen sehen aus wie die in Vestre, nur hat jede hier auch ein Klo. Das bedeutet, daß man seine Zelle noch seltener verläßt als in Vestre, aber mir war das nur recht. Ich war in bester Laune und kicherte den ganzen Tag vor mich hin.

Zweimal sollte ich zum Verhör geholt werden, weigerte mich aber. Ab und zu sah ich durch das Fenster Gaukler oder einen der anderen auf Hofgang. Sie schienen sich ebenso wohlzufühlen wie ich. Lilly, die Anwältin, kam zu Besuch, um den Fall mit mir zu besprechen. Wir würden sicher bis nach Neujahr sitzen. Sie hatte mit meinem Chef gesprochen – noch war ich nicht gefeuert.

Nach vierzehn Tagen kam ich wieder vor Gericht. Die Untersuchungshaft sollte verlängert werden. Als ich aus dem Badezimmer kam und mich dem üblichen Zirkus stellen wollte, wurde mir statt dessen folgendes vor den Latz geknallt: »Du kommst raus.«

Mir nur recht. Ich fuhr mit einem Taxi zum Club. Mit einem Fernseher in der einen und einer Tüte voll Klamotten in der anderen Hand trat ich die Tür auf. Allan ließ mich herein und fiel mir um den Hals.

Fünf Minuten darauf trudelten die anderen ein. Ich hatte in vierzehn Tagen alles in allem eine Viertelstunde gesprochen, und deshalb stand mein Maulwerk nicht still. Nach zwei Stunden war ich so heiser, daß ich die Klappe halten mußte.

Am nächsten Tag wurde die Sache wieder ernst. Ich wollte mich erkundigen, ob ich meinen Job noch hatte. Das hatte ich. Der Chef und die anderen waren überrascht über mein Auftauchen. Sie hatten erst nach Neujahr mit mir gerechnet. Es fehlte natürlich nicht an Gefängniswitzen. Aber ich fand es wunderbar, daß alle so gut gelaunt waren.

Ehe ich wieder anfangen konnte, mußte ich aber beim Personalchef im Korsdalsvej vorbeischauen. Er wollte das dreiköpfige Monster sehen – sicher konnte er sich nicht vorstellen, was ich für einer war. Wir plauderten munter über Gott und die Welt und kamen überein, daß ich am nächsten Morgen meinen Dienst wieder antreten sollte. Ich galt weiterhin als festangestellt, mußte jedoch versprechen zu kündigen, wenn ich zu einer Haftstrafe verurteilt würde. Und das war schließlich ein faires Angebot.

Ich fing wieder an zu arbeiten, und zu tun gab es wahrlich genug. Weihnachten stand bevor, was dasselbe bedeutete wie Chaos. Die Zeit im Knast wurde mir nicht abgezogen, sondern vor allem als Überstunden-Abstottern gebucht. Ich hatte jede Menge Zeit gut. Und der Rest wurde durch die Weihnachtshektik wettgemacht.

Bis Weihnachten kam ich jeden Morgen gegen fünf Uhr zur Arbeit, zusammen mit einem Kollegen namens Palle. Die Regale mußten aufgefüllt werden, ehe die Kundschaft den Laden füllte.

Ich hatte die Ladenschlüssel und hätte die Bude also leicht leeren können, aber der Chef wußte, daß der Schlüssel in meiner Tasche ebenso sicher war wie in Fort Knox. Es kam vor, daß ein Freund oder Bruder sagte: »Na, Jönke? Wollen wir uns nicht einen kleinen Mund voll holen?« Sie sagten es noch dazu gern, wenn wir nachts aus irgendeiner

Tränke kamen. Aber sie wußten genau, daß in dieser Hinsicht bei mir nichts zu holen war.

Palle war ein witziger Typ. Er und seine Familie fuhren total auf Elvis Presley ab, und um das unter Beweis zu stellen, hatte Palle sich amtlich in Elvis Palle Presley umbenennen lassen. Eines Morgens brachte ihm das von Bullenseite mehrere Backpfeifen ein.

Palle fuhr Motorrad, so wie ich. Nicht in einem Club, sondern für sich allein. An einem frühen Morgen gegen fünf sprach ihn auf dem Parkplatz hinter dem Supermarkt ein Bulle an. Ich war noch nicht gekommen, und auf der Straße war kein Mensch zu sehen. Der Bulle fragte, ob er den Motorradführerschein habe. Palle hatte zwar einen Führerschein, aber nur für Autos, deshalb antwortete er zögernd: »Nein...« – »Und wie heißt du?« fiel der Bulle ihm ins Wort, diesmal in einem neuen, schroffen Tonfall. »Elvis...«, antwortete Palle. »Spar dir die Witze, Kamerad«, fauchte der Bulle. »Wie heißt du also?« – »Elvis Palle Presley«, antwortete Palle. Klatsch, machte es, als der Bulle ihm eine scheuerte. »Bist du jetzt fertig mit den Unverschämtheiten? Hast du irgendeinen Ausweis bei dir?« – »Ja, meinen Führerschein.«

Endlich konnte Palle seinen Führerschein hervorfischen und dem Bullen unter die Nase halten. Der Bulle las: Elvis Palle Presley. Ihm fiel das Kinn bis auf die Brust hinunter. Wenn der Führerschein in Tennessee ausgestellt gewesen wäre, hätte er garantiert seine 7.65 gezogen und sich erschossen.

D rei Tage vor Neujahr fuhren Allan, Tennis, Zulu, FM und ich in die Schweiz. Wir wollten zum Zehnjahresfest der *Hell's Angels* Zürich, zugleich aber sollten allerlei Angelegenheiten besprochen werden.

Am Nachmittag des 29. Dezember wurden alle Teilnehmer an diesem Treffen in Bussen und Autos aus Zürich weggebracht – das Fest sollte ein Stück außerhalb der Stadt steigen. Wir fuhren durch die schöne Schweizer Landschaft. Jeder Weihnachtskartenfabrikant würde alles dafür geben, das hier sehen zu dürfen. Die mächtigen Alpen, weiß mit schwarzen Schatten, deren Hänge so steil waren, daß der

Schnee nicht haftete. Kleinere, bewaldete Berge. Weiße Kappen mit grünen Tupfen hier und dort, die wie pulverisierte Smaragde über einem Eisbärfell verteilt zu sein schienen. Die Täler, dich sich zwischen den Bergen dahinschlängelten, fast aus Protest über deren Größe. Größere und kleinere Dörfer. Und alle hatten ihre Kirche – von der altmodischen Sorte, wie sich das für Kirchen gehört.

»Welcome 81« stand in großen roten Buchstaben auf den riesigen weißen Transparenten, die am Laubengang des Gebirgshotels, in dem wir drei Tage lang wohnen und feiern wollten, befestigt waren. Wir waren die einzigen Gäste. Die Schweizer Brüder hatten das ganze Hotel – ohne Personal – für eine Woche gemietet. Im Erdgeschoß des Hauptgebäudes lagen zwei große Schankstuben mit Fenstertüren, die aufs Tal hinabblickten. Es gab eine große Bar und eine Küche, die vor Lebensmitteln geradezu überlief. Auch im ersten Stock gab es eine Bar. Und eine Schankstube samt Galerie, die sich um das ganze Haus herumzog. In den übrigen Stockwerken lagen die Zimmer. Ganz oben in diesem Sahnekuchen befand sich ein großer Dachboden, der als Schlafsaal für die Prospects eingerichtet war. Für solche wie uns – und die Clubs aus Stuttgart und Paris, die ebenfalls zur Probe dabei waren. Außerdem gab es noch allerlei englische, österreichische, niederländische und Schweizer Prospects. Allan und ich bereuten wieder, daß wir keine Schlafsäcke mitgenommen hatten, denn hier oben unter den Dachbalken war es ziemlich kalt – und sehr kalt, wenn der Wind so richtig loslegte.

Nach einer Stunde im Hotel sah es aus, als logierten wir dort schon seit Tagen. Das Fest kam sehr rasch in Gang. Wir waren an die hundert Engel, dreißig bis fünfunddreißig Prospects und etliche Old Ladies.

Das Fest am ersten Abend war noch nicht wirklich wild. Alle sparten ihre Kräfte für Silvester auf. Zum Ausgleich ebbte es erst gegen sieben oder acht Uhr morgens ab.

Am nächsten Tag standen wir – nach einer ziemlich kalten Nacht – bei strahlendem Sonnenschein auf. Draußen konnte man ohne Sonnenbrille fast nichts sehen. Wir wanderten durch die Umgebung. Wir waren reichlich gespannt, denn wir wußten, daß auf dem Treffen später am Tag von Dänemark die Rede sein sollte.

Die Besprechung fing an, und die Hälfte der Engel verzog sich nach oben.

Ich setzte mich zu einem Bruder aus Stuttgart. Wir drehten uns einen Joint, rauchten ihn und schauten hinaus auf die Berge.

Es kamen noch englische und niederländische Engel dazu. Ihre Augen verrieten nichts. Wir drehten noch einen Joint und rauchten ihn. Die Berge schienen zu wachsen und ihre Form zu ändern. Es war einfach schön hier. An so einem Ort sollte man wohnen. Aber dennoch – auf die Dauer kann man doch nur in der Großstadt überleben.

Nach zwei Stunden wurden wir nach oben gerufen. In der Schankstube im ersten Stock wurden wir von vielen lachenden Engeln empfangen. Wir schauten uns ein wenig unsicher um, in der Hoffnung auf irgendein Signal, aber es gab keins. Keiner ließ sich etwas anmerken.

Plötzlich fielen sie uns um den Hals. »Welcome in the family, brothers!« Jetzt waren wir *Hell's Angels Denmark*!

Das Lokal war ein einzige große Umarmung. Klatschen auf Lederrücken hallte wieder. In diesem großen, großen Augenblick standen wir im Mittelpunkt. Wie die Königin auf einem großen, schönen Ball wurden wir durch den Saal geführt – von Bruder zu Bruder.

Dann stürzten alle nach unten und machten sich mit frischer Kraft über die Bar her. Die Umarmungen nahmen noch lange kein Ende. Hier gab es wirklich etwas zu feiern. Wir tranken und rauchten uns reichlich schief. Ich sprach alle Sprachen. Wenn ein Russe oder Chinese dazugekommen wäre, hätte ich Russisch oder Chinesisch gesprochen. Allan und ich riefen zu Hause an, um die großartige Nachricht weiterzugeben, und danach wurden sicher auch in der Titangade einige Sektflaschen geköpft.

Alles war ein Inferno aus Menschen, Sektkorken, Alk, Raketen und Knallern, Musik, Umarmungen. Der Himmel explodierte in allen Farben, und das tat auch mein Gehirn.

Uns wurde eine Tüte mit Feuerwerkskörpern in die Hände gedrückt, und wir stürzten uns in einen Kampf, der schon längst in Gang gekommen war. Eine Gruppe auf der Galerie bombardierte eine unten mit allerlei Knallern und Böllern. Es galt, rasch zu sein und die Augen offenzuhalten. Und ab und zu geschlossen, wenn ein Böller zu dicht herankam. Der Kampf dauerte eine halbe Stunde. Gefährlich vielleicht, aber zum Brüllen komisch.

Gegen fünf ging ich ins Bett. Glühendheiß war mir, aber ich war in strahlender Laune. Wir waren einen Stock tiefer gezogen. Wir waren keine Prospects mehr und hatten deshalb richtige Zimmer und Betten. Ich erwischte ein wunderbar großes Bett mit einer Daunendecke, die mindestens zwanzig Kilo wog.

Mitte März fuhren Gaukler, Carlo, Hamster, ein Prospect und ich zu einer Achtjahresfeier in Hamburg. Noch eine wilde, wahnwitzige Freß- und Trinksause. Zwei Tage lang feierten wir, ohne zu Bett zu gehen. Ich war in ungeheuer guter Stimmung und tanzte lange Zeit allein umher, so wie ein frisch entlassener Irrer. Bei den H.A. machten alle, was sie wollten, und nicht, was andere für richtig hielten. Und die H.A. feierten niemals Feste, die weniger als zwei Tage dauerten. Ein Abend war einfach nicht genug. Und damit wirklich die Rede von einer Party sein konnte, sollte die Sache am liebsten drei Abende dauern.

Als wir zu unserem eigenen Angel Place zurückkehrten, wurde uns sofort eine witzige Geschichte vor den Latz geknallt. Elfie, der Präsident der Kuhfladen, hatte um gut Wetter gebeten. Sie hatten ihm freies Geleit gewährt, niemand hatte ihm auch nur ein Haar gekrümmt. Aber das wäre ja auch zu billig gewesen.

Ihm wurde gesagt, wir müßten sein Friedensangebot erst besprechen, dann werde er Bescheid bekommen. Aber dann hatte er gefragt, ob die Kuhfladen nicht zur Probe in die *Hell's Angels* eintreten könnten. Und das wurde abgelehnt – sofort. Wir brauchten das wirklich nicht weiter zu diskutieren. Das war einfach unmöglich. In unseren Augen fehlte es ihnen nun mal an Klasse und Stil.

Es war schon komisch, daß wir Krieg gegen sie führten.

Sie bewunderten uns und versuchten, so zu werden wie wir. Sie ahmten unsere Kleidung nach – und jetzt wollten sie bei uns aufgenommen werden.

Als Elfie festgestellt hatte, daß wir uns an unseren Ehrenkodex hielten und ihn bei diesem Treffen nicht zusammenschlagen würden, zog er eine Handgranate aus der Tasche und sagte: »Ich hatte ein bißchen Schiß davor, allein herzukommen, und deshalb habe ich das hier mitgebracht – sicherheitshalber.«

Sie wollten Frieden, aber das nur, weil sie begriffen hatten, was sonst passieren würde. Ihre Mitläuferbanden – die *Fallos* aus Rödovre und der *Frederiksberg MC* – hatten sich aufgelöst. Einzelne Mitglieder – unter anderem Häuptling und Jade von den *Fallos* – waren jetzt Kuhfladen. Auch Rotztier bekam langsam kalte Füße – und hatte ohnehin seine eigenen Probleme. Unter anderem Neger Ray, der ihn kurz danach zu Boden schoß. Die Kuhfladen mußten einfach um Frieden bitten.

Um ihre freundlichen und friedlichen Absichten zu betonen, versuchten Elfie und seine Bande noch am Abend seines Besuches, unser Clubhaus abzufackeln.

Im Grunde wünschten wir uns zu diesem Zeitpunkt Frieden. Nicht, weil uns nichts anderes übrig blieb, sondern, weil wir jetzt seit vier Jahren Krieg führten und die Sache wirklich satt hatten. Wir wünschten uns Ausflüge und Feste und wollten unsere Zeit anders verbringen, als mit diesen vielen Mißverständnissen. Außerdem kostete Krieg eine Menge Geld, und wir wollten unser Geld lieber für Auslandsreisen ausgeben als für Pulver und Blei.

Wir hatten nichts gegen die Kuhfladen – wenn sie uns nur vom Leib blieben. Ihr Patch – ein von Ruhr gequälter Stier, der kackend auf einem Klo sitzt –, war für uns kein Kriegsgrund. Sie benutzten nicht unsere rotweißen Farben, und das Abzeichen hatte keinerlei Ähnlichkeit mit unserem, und deshalb gab es in dieser Hinsicht keine Probleme.

Friede wäre wirklich keine schlechte Idee. Wir hatten schon halbwegs Waffenstillstand erreicht, während wir uns die Sache überlegten.

Die Routine sah so aus: Tagsüber arbeiten, nachts volle Sause. Der Chef fragte, wie ich das durchhielt. Er begriff nicht, daß ich nach einer Saufrunde sofort zur Arbeit kommen konnte – unterbrochen nur durch ein rasches Bad in meiner Wohnung. Aber für mich war das kein Problem. Ich hatte das Gefühl, mir die Müdigkeit aus dem Leib zu schuften. Auch, wenn ich mit einem heftigen Kater antrat – was an den meisten Samstagen passierte –, dann dauerte es nie länger als eine halbe Stunde, bis ich wieder einigermaßen ich selber war.

Ich war natürlich nicht der einzige, der mit Dröhnschädel anrückte. Die meisten jungen Angestellten wirkten manchmal wie Zombies, wenn sie zu mir in meinen Milchraum kamen, um eine ein wenig zu trockene Zunge anzufeuchten oder die Stirn gegen die kühle Fliesenwand zu drücken. Die älteren Angestellten schüttelten den Kopf, wenn sie uns in diesem Zustand sahen. Die meisten aber waren ja auch einmal jung gewesen.

Frau Nielsen – »Niller« genannt – war eine energische, aber liebe kleine Dame. Sie konnte außer sich geraten, wenn jemand ihr auf die Zehen trat. Ab und zu sah sie mich an, als glaube sie, ich brauchte einen Hintern voll, aber ich glaube, sie konnte mich verstehen.

Frau Andersen war immer eitel Sonnenschein, und sie hatte mich vom ersten Tag an, an dem ich diesen Job angetreten hatte, mit einem Lächeln bedacht. Sie hat mich auch weiter angelächelt, als ich dort aufgehört hatte, und ich hoffe, sie würde mich wieder anlächeln, wenn ich ihr begegnete.

Frau Petersen fragte immer, ob ich nicht bald zum Friseur gehen wollte. Sie fand, ich sehe aus wie einer dieser Wikinger im dänischen Wappen. Manche behaupteten, sie rede zuviel und arbeite zu wenig. Ich sah das aber nicht so. Sie redete mit der Kundschaft – und die fand das wunderbar, und auch das ist schließlich eine Art Arbeit.

Die Filialleiterin war eine der jüngeren Angestellten. Sie war munter und sympathisch, und ich war oft bei ihr und ihrem Mann zu Besuch.

Britta betrachtete ich als eine meiner besten Freundinnen. Sie war unverschämt wie ein Fleischerhund, und ich glaube, daß wir einander anfangs nicht leiden mochten, aber nach einiger Zeit waren wir beim Job unzertrennlich. Einen Streich, den sie mir gespielt hat, werde ich nie vergessen. Ich ging ins Lager. Sie kam mit einem großen, schweren Kasten auf mich zu. Sie war ganz rot im Gesicht. »Jönke«, stöhnte sie, »kannst du mir mal eben helfen?« – »Ja, sicher.« Ich ging auf sie zu und streckte dabei die Arme aus wie ein Gabelstapler. Ich spannte meine Muskeln an und machte mich dazu bereit, einen schweren Kasten von einer schwachen Frau zu übernehmen. Aber dieses gerissene Stück spielte mir etwas vor – der Kasten war leer, und ich warf ihn hoch, und er landete vier oder fünf Meter hinter mir. Wir schrien vor Lachen. Britta war einfach total verrückt.

Immer mehr von den Jungs legten sich Harleys zu. Carlo hatte Glück und bekam eine fast neue für fünfundsechzigtausend Kronen. Solche Angebote wachsen nicht auf Bäumen, und deshalb mußte er einfach sofort zuschlagen.

So wie beim Job Friede herrschte, war eine Zeitlang auch im Club alles friedlich. Wir wurden in den Kneipen nur selten provoziert. Die Leute hatten inzwischen ihre Meinung über uns geändert.

Wir hörten, daß die Kuhfladen, statt uns zu nerven, jetzt einen neuen Club nervten, die *Morticians* in Vesterbro. Sie schienen also unbedingt Ärger haben zu wollen. Das war nicht unser Problem, aber natürlich wußten wir immer, was in der Stadt gerade Sache war.

In den USA liefen Dinge ab, die später für die *Hell's Angels* in Europa wichtig werden sollten. Das FBI hatte, zusammen mit anderen Sondergruppen innerhalb der Polizei, schon länger zur Hatz gegen die H. A. geblasen. Sie hatten ein Büro namens BET eingerichtet, »Bikers Enforcement Team« – offiziell mit der Aufgabe, die Motorradbanden im Auge zu behalten, doch inoffiziell sollte es Bandenkriege und Zusammenstöße mit der Polizei provozieren. Mehrere H. A.-Abteilungen sollten infiltriert werden. Viele wurden abgehorcht. Schließlich flog die Oakland-Abteilung auf. Ein aufgrund von Lügen in die Wege geleiteter Prozeß wurde gegen den ganzen Club geführt. Am Ende wurden alle freigesprochen und auf freien Fuß gesetzt. Die ganze Kiste hatte die Bevölkerung der USA zehn Millionen Dollar gekostet.

Europäische Engel konnten sich über diese Entwicklungen nur wundern, aber wir gingen davon aus, daß es irgendwann auch bei uns dazu kommen würde. Wir waren anders, und das ist nicht erlaubt.

Jede Gesellschaft hat das Bedürfnis nach Sündenböcken. Wir sind die Indianer unserer Zeit, und daran wird sich auch nichts ändern. Wenn sie uns in den Knast stecken, dann sitzen wir eben dort – und eines Tages kommen wir wieder heraus. Aber loswerden können sie uns nicht.

Ich putzte gerade den Boden im Milchraum, als Wollmaus mich holen kam. Es verschlug ihm manchmal richtig den Atem, wenn er mich malochen sah. Ich rief den Chef, damit er sich meinen strahlendsauberen Milchraum ansah. Er kam lachend herein und fragte dabei Wollmaus, ob der eins auf die Birne wollte.

»Was sagst du also, Genosse Ketchup?« fragte ich. »Sehr gut, Kerls«, erwiderte er. »Und das hast du alles mir zu verdanken.« – »Gut so, und dann bis morgen.«

»Hinten auf dem Hof stehen ein paar Typen und wedeln mit einem Joint«, sagte Wollmaus, als wir zum Umkleideraum rannten. Ich legte meinen hellroten Kittel ab und streifte meine Weste über. Dann noch die Knarre in die Hose, und die Schranktür zugeknallt.

Im Hof gegenüber des Ladens stand eine Bande von früheren *Værebro*-Heinis und *Free Wheelers* – unter anderem Johnny Pigalle. Ich setzte mich auf den Kühler von Johnnys Volvo und zog energisch an der Wasserpfeife, die herumgereicht wurde. Wir beschlossen, ins Kino zu gehen und uns einen Zombiefilm reinzuziehen, der eben erst angelaufen war.

»Aber das geht erst um neun, vorher muß ich noch ein kleines Problem klären«, sagte Johnny Pigalle. »Was ist denn los?« fragte ich.

Am Samstag zuvor hatte Johnny die Disco Flintstone in Söborg besucht. In der Schlange vor dem Eingang war es zu einer Schlägerei gekommen. Er hatte sein Messer gezogen, hatte es aber noch rechtzeitig wegstecken können, als der Arm des Gesetzes angerückt war. Er wurde aufgrund einer kurzen Bemerkung auf die Wache in Gladsaxe gebracht. Während er noch da saß, stellte er fest, daß er eine Goldkette verloren hatte. Diese Kette hatte ihm eine Frau geschenkt, die ihm sehr wichtig war. Als er eine Stunde später auf freien Fuß gesetzt wurde, fuhr er zum Flintstone, um die Kette zu suchen. Dort erfuhr er, daß der Besitzer – oder vielleicht der Rausschmeißer – vor der Disco auf der Straße eine goldene Kette gefunden hatte. Johnny beschloß, zwei Tage zu warten und sich dann danach zu erkundigen.

Ich bot an, ihn zu begleiten. Die übrigen Typen blieben auf dem Hof sitzen.

Wir hielten auf der gegenüberliegenden Straßenseite, stiegen aus, gingen hinüber und rüttelten an der Tür. Sie war abgeschlossen, was nicht überraschte, da es ja erst sechs Uhr abends war. Nicht gerade Discozeit. Aber wo es eine Vordertür gibt, gibt es normalerweise auch einen Hintereingang. Wir klopften an und traten ein. Es war halbdunkel im Lokal. Wir kamen in einen Billardraum. Dort fanden wir zwei Typen: Einen untersetzten kleinen Wicht mit einer Figur wie eine Biertonne, und einen Brocken von an die eins fünfundneunzig. »Bist du der Besitzer?« fragte Johnny. »Das bin ich«, brummte eine übellaunige Stimme vom Tanzboden her. »Worum handelt es sich?« Er war dunkelhaarig und hatte eine hohe Stirn. An die vierzig, eins neunzig groß. Ich kannte die Sorte – einen ehemaligen Penner von Vesterbro, mit jeder Menge Maulwerk und allerlei Spinat in den Armen.

»Es geht um eine goldene Kette, die ich hier verloren habe...«

»Ach, du bist der vom Samstag«, fiel der Wichser ihm ins Wort. »Von einer goldenen Kette weiß ich nichts.«

»Ich habe gehört, daß einer von euch die gefunden hat. Ihr müßt von mir geredet haben, wo du dich doch sofort an mich erinnern kannst«, sagte Johnny.

»Hört mal her, Jungs«, sagte der Wichser. »Wenn es Probleme gibt, dann gehen wir doch lieber vor die Tür.«

Ich hatte genug von diesem arroganten Trottel. Noch ehe sein lächerlicher Knopflochmund sich nach der letzten

Bemerkung geschlossen hatte, traf meine linke Hand ihn in der Fresse. Sogar Johnny war überrascht über diese Einmischung – er wich ein Stück zurück, während der Besitzer und ich aufeinander einhämmerten. Vor Gericht behauptete er dann, wir hätten uns beide über ihn hergemacht.

Während ich mit ihm kämpfte, landeten hundert Kilo auf meinem Rücken und zwei Koteletts semmelten gegen meine Ohren. Der Brocken war mir wie ein paarungsgeiler Kater auf den Rücken gesprungen. Ich beugte mich sofort nach vorn und schleuderte ihn über mich hinweg in Richtung Tür.

Inzwischen war Johnny mit dem Besitzer aneinandergeraten, was aber nicht gerade gut lief. Der dritte Anwesende, die Biertonne, wackelte zwischen uns herum. Ich weiß nicht so recht, was er da gemacht hat, habe mir später aber erzählen lassen, er habe mich mit einem Billardqueue in den Nacken geschlagen.

Voller Wut zog ich die Kanone. Das war überhaupt nicht nötig, ich brauchte mich doch nur auf zwei Feinde zu konzentrieren, und beide waren einwandfrei schon ziemlich fertig. Das Problem ist, daß man, wenn man eine Kanone im Hosenbund oder unter den Armen sitzen hat, auch dazu neigt, sie zu ziehen, wenn die Temperatur steigt und zuviel Adrenalin ins Blut gepumpt wird. Man kann zum Beispiel beobachten, wie eifrig die Polizei zu ihren Knarren greift, sobald auch nur das geringste vorgefallen ist.

Mit einer wütenden Bewegung lud ich meine Knarre durch und fauchte: »Und jetzt an die Wand, sonst fetz ich euch die Rübe weg.« Diese Mitteilung und das Klicken machten sie endgültig fertig. Die Biertonne torkelte mit entsetztem Blick zur Seite. Der Besitzer ließ von Johnny ab – sie hatten dicht an dicht dagelegen. Fast wie in Trance taumelte er zur Wand. Alle hatten die Hände erhoben. Sie hatten in der Glotze zu viele Cowboy- und Gangsterfilme gesehen, denn ich hatte nichts von »Hände hoch« gesagt.

Johnny und ich verließen das Schlachtfeld im Trab. Ich hatte die Knarre in der Westentasche. Es war ja nicht nötig, daß die ganze Stadt sie sah. Ich hatte sie nicht zurück in meinen Gürtel gesteckt, da ich sie ja durchgeladen hatte und kein Interesse daran hatte, meine Eier zu verlieren.

Wir fuhren zurück zum Hof gegenüber dem Supermarkt. Die anderen waren noch immer mit einem Joint befaßt. Wir gingen in eine Wohnung, um ein wenig Atem zu schöpfen. Da war ich in einen ziemlichen Scheiß hineingeraten. Andererseits – wenn ich meinen Freunden nicht half, dann war ich nicht mehr der Jönke, der ich doch sein wollte.

Mein linkes Ohr blutete ein wenig. Entweder wegen des Billardqueues, oder weil der Brocken auf meinem Rücken gelandet war.

Johnny Pigalle wollte nach Værebro und dort einen Kumpel zum Kino abholen. Wollmaus und Klaus fuhren mit ihm. Ich wollte mich nicht wieder in die Karre setzen. Die war bestimmt gerade die in Dänemark meistgesuchte. In Værebro wurden sie von sieben oder acht Bullenwagen umringt. Die Polizei war wirklich total durchgeknallt. Mit vorgehaltenen Kanonen und zitternden Fingern zwangen sie Klaus, Wollmaus und Johnny in den Dreck und legten ihnen Handschellen an.

Inzwischen war ich – so krankhaft sich das auch anhören mag – schon wieder in eine neue Schlägerei verwickelt. Ich ging ins Nevada – eine Kneipe, die dem Supermarkt genau gegenüber lag. Ich wollte telefonieren und brauchte eine Cola-Rum. Ich kam mit einem Biermann ins Gespräch, den ich kannte. Ein Bierrülpser mischte sich in die Diskussion ein. Er war blöd und blau, deshalb achteten wir nicht auf ihn. Aber er ließ nicht locker. Ich habe ihn sicher an die sechzehnmal gewarnt. »Hör auf mit dem Scheiß. Jönke tut doch keinem was, also halt jetzt die Fresse, Finn«, sagte der Barmann, der den Suffrülpser kannte. Aber er machte weiter. Ich wanderte zu ihm hinüber und sagte: »Deine letzte Chance. Jetzt hältst du die Fresse und kümmerst dich um deinen eigenen Dreck.« – »Leck mich am Arsch«, rülpste er. Klatsch, machte es. Und Knack. Einen Kuß auf den Mund und einen Tritt für den Hund.

Ich trank einen Schluck Bier und ging zum Telefon hinüber. »Angels Place«, sagte jemand. »Hallo, hier ist Jönke. Schaut doch gegen zweiundzwanzig Uhr mal im Nevada vorbei. Hier ist so allerlei Kacke am Dampfen. Gert und Helge suchen mich.«

Gert und Helge waren die beiden Bullen, die normalerweise in ihrem Wagen saßen und uns im Auge behielten. Für uns hießen danach alle Bullen Gert und Helge. Und wenn es sich um Bullinnen handelte, dann waren sie Georgina und Helmina.

Ich schaute auf die Uhr. Ich konnte noch rasch ein Rendezvous in meiner Wohnung hinter mich bringen, die tausend Meter von der Tränke entfernt lag, ehe ich die Brüder traf.

Nach einer Stunde Liebe und einem aus Stryhns Leberpastete bestehenden Festmahl zog ich mich eilig an und verließ meine Wohnung. Ich traf zehn Minuten vor den Brüdern in der Kneipe ein. Ich hatte mich gerade erst gesetzt, als die Tür aufging und zwei Männer von etwa fünfunddreißig hereinkamen. Es stank schon aus der Ferne nach Handschellen und Knüppeln. Sie wandten sich rasch ab, als sie meinen wütenden Blick auffingen – fast als hätte ich sie mit der Hand in der Plätzchendose erwischt.

Sie setzten sich in eine Nische ganz hinten im Lokal. Ich schlenderte zum Klo, um sie mir genauer anzusehen. Nein, es gab keinen Zweifel. Das waren Gert und Helge.

Als ich aus der Kammer mit dem Herzchen wieder zum Vorschein kam, waren sie verschwunden.

Inzwischen waren drei Brüder eingetroffen. Ich erzählte von dem Ärger und den zwei Bullen, die eben hereingeschaut hatten. Ein Stammgast kam zur Tür herein. »Draußen wimmelt es nur so von Bullerei.«

Die Tür öffnete sich, und die beiden Bullen erschienen zusammen mit einem Kollegen. Sie hatten meine Brüder nicht kommen sehen. Ihnen klappte das Kinn bis auf den Magen hinunter, als ihnen aufging, daß wir plötzlich zu viert waren. Sie machten auf dem Absatz kehrt und verschwanden so rasch, wie sie gekommen waren.

Ich sprang auf und lief zum Barmann: »Die Schlüssel für die Hintertür, los!« Er warf mir das Schlüsselbund zu. Ich rannte in die Küche, als ob ich Feuer im Hintern hätte. Er hatte mir die falschen Schlüssel gegeben. Ich stürzte zum Tresen zurück: »Das sind die verkehrten!« – »Himmel«, sagte der Barmann und warf mir ein weiteres Schlüsselbund zu. Diesmal war es das richtige.

Während ich durch die Hintertür floh, schlenderten Allan, Hamster und Gaukler durch den Vordereingang. Sofort wurden sie von einer Bullenbande umringt. »Wart ihr da drinnen nicht zu viert? – »Nicht doch«, erwiderte Gaukler höflich. Eine Abteilung stürzte in die Kneipe und schaute unter den Tischen nach.

Die Bullen glaubten, Hansi sei mit im Flintstone gewesen. Zumindest, bis ich von Johnny verpfiffen wurde.

Ich übernachtete bei einem Freund und ging am nächsten Tag ganz normal zur Arbeit. Dann kam ein Freund von Johnny zu Besuch und konnte berichten, daß Johnny für eine Woche in Haft genommen worden war.

An diesem Abend schauten Zahnfleisch und zwei Kollegen im Club vorbei, um nach mir zu fragen. Ich war bei einer Freundin in Lyngby, die ein Haus und einen großen Garten hatte. Das war ein gutes Versteck für einen heißen Namen. Um halb sieben am nächsten Morgen stürmte die Polizei unser Clubhaus. Es waren keine Bullen aus Bellahöj. Sie kamen aus Gladsaxe, Gentofte und von der Bereitschaftsabteilung. Statt zu klingeln und zu warten, bis ihnen aufgemacht wurde, brachen sie die Eingangstür und alle anderen verschlossenen Türen im Club auf, obwohl mehrere Brüder bereit waren, aufzuschließen oder die Schlüssel rauszurükken. Die Reparatur der Türen kostete fünfzehnhundert Kronen, und die mußte die Polizei – oder die Steuerzahler – einige Monate später blechen.

Im Club hielten sich nur vier oder fünf Mann auf. Ihnen wurden Handschellen angelegt, dann wurden sie nach draußen gebracht.

Trotz dieser Scharmützel, über die ich bald informiert wurde, ging ich wieder zur Arbeit. Später an diesem Tag stellte ich fest – während ich die Tiefkühltruhe auffüllte –, daß mich der Inhaber des Flintstone beobachtete, zusammen mit einem gleichaltrigen Mann, der nervös zu mir herüberschielte. Als sie entdeckten, daß ich sie gesehen hatte, stellten sie ihre Körbe weg und liefen zu den Kassen. Ich stürzte zum Hintereingang hinaus, sprang auf die Warenrampe und lief über den Parkplatz hinter dem Laden auf sie zu. Sie quetschten sich in einen Wagen. Ich machte sie fertig

– mit Worten. Ich wäre fast über sie hergefallen, aber ich war es meinem Chef schuldig, am Arbeitsplatz nicht zuviel Zoff zu veranstalten. Dazu kam, daß ich meinen hellroten Kittel, Clogs und Schutzhandschuhe trug – ein schöner Anblick, aber nicht die wahre Kleidung für einen Boxkampf.
»Du mußt jetzt wohl weg, Jönke«, sagte einer meiner Arbeitskollegen. Ich rannte durch den Laden. Ich lief zu unserem neuen Filialleiter. »Ich bin das, der jetzt gleich geht«, sagte ich. »Warum?« – »Weil ich krank bin.« – »Ja, aber...« – »Kannst du nicht sehen, daß ich scheißkrank bin?« – »Du wirst gefeuert.« – »Dann feuer los«, sagte ich. Der Film war ohnehin schon gerissen.
Ich zog den Kittel aus und stieg in meine eigenen Klamotten. Die Knarre hatte ich auf Eis gelegt. Sie machte zuviele Probleme, und auf keinen Fall war es ratsam, damit durch die Gegend zu rennen. Eine halbe Stunde später rückte die Polizei ein.
Meine neue Wohnung wurde von nun an beobachtet. Das störte die Nachbarn. Meine Eltern gingen zu ihnen und erzählten alle möglichen Räuberpistolen. Eine Zeitlang schlüpfte ich bei einem Freund unter, der genau dem Supermarkt gegenüber wohnte. Auch diese Wohnung wurde überwacht – vom Frühstücksraum des Ladens aus. So manche Pfeife wurde Gert und Helge zu Ehren durchgezogen, denn die sahen sich den ganzen Spaß durch das Fernglas an. Eines Tages wurde die Wohnung gestürmt. Sie fanden aber nur ein wenig Pot und ein Springmesser, das zu müde zum Hopsen war.
Nach zwei Wochen Gemütlichkeit in Lyngby ließ ich mich schnappen. Ich wollte mich nicht stellen – das hätte keinen guten Eindruck gemacht, fand ich.
Zusammen mit fünfundzwanzig bis dreißig Brüdern zog ich zum Bakken. Ich gab ihnen den ganzen Arm – ich wußte ja, daß wir observiert wurden. Das hier war vielleicht meine letzte Sauftour für lange Zeit, und deshalb wurde an nichts gespart.
Die Polizei beschloß, mich in Ruhe zu lassen, bis der Bakken dichtmachte. Auf dem Parkplatz wurde ich von zehn oder zwölf Mann umringt. »Wir wollen nur kurz mit

dir plaudern, Jönke.« – »Ich heiße nicht Jönke. Jönke, das ist mein kleiner Bruder.« Zehn oder fünfzehn Brüder waren dazugekommen. Die Bullerei fühlte sich nicht ganz wohl in ihrer Haut. Der Parkplatz war nur spärlich beleuchtet. Einer der geistreicheren Bullen sagte. »Ich glaub ja auch nicht, daß du das bist, aber kannst du uns nicht kurz fünf Minuten geben, damit wir das überprüfen können?«

»Tüdelü«, rief ich meinen Brüdern zu. Sie fuhren nach Hause. Es gab keinen Grund zu warten. Sie wußten, daß ich nicht in fünf Minuten nachkommen würde.

Ich wurde zur kleinen Wache von Bakken gefahren. Ich wurde höflich behandelt, hörte durch die Tür aber, wie zwei andere durch die Mangel gedreht wurden. Sie schrien wie abgestochene Schweine. Ich konnte hören, wie die Schläge auf sie hereinprasselten.

Nach allerlei Spiegelfechtereien, was meinen Namen anging, bei denen ich und zwei Bullen uns vor Lachen fast bepißten, wurde ich durch meine Tätowierungen überführt.

Ich bekam eine Woche U-Haft und wurde ins Gefängnis Blegdammen gesteckt.

Und das hier sollte etwas länger dauern. Ich blieb dort hängen, bis mein Urteil gefällt wurde: Acht Monate, zusätzlich zu den zehn, die ich noch guthatte. Johnny bekam fünf.

Carlo und Pferd wurden vier oder fünf Tage nach meiner Festnahme freigelassen. Das glich die Sache ein wenig aus: einer rein, zwei raus.

Während ich in Blegdammen saß, fand in Nyhavn eine Friedenskonferenz statt. Vier von uns und vier Kuhfladen trafen sich in einer Kneipe in Nyhavn. Sie schlossen Frieden unter der Bedingung, daß die Kuhfladen aus unserem Revier blieben und unsere Mitglieder nicht anschissen. Wir hatten natürlich weiterhin überall freie Bahn, auch in Christiania und Amager. Wir waren *Hell's Angels Denmark*, und Denmark war ganz Dänemark. Die anderen hatten um Frieden gebeten, und deshalb stellten wir die Bedingungen.

Als die Besprechung zu Ende ging, wurde das Lokal von der Polizei gestürmt. Sie beschlagnahmten bei den Kuhfladen drei Pistolen. Von uns war niemand bewaffnet.

Am nächsten Tag konnten man in einigen Zeiten lesen: »Polizei stoppt Bandenkrieg!« In Kopenhagen herrschten jetzt Ruhe und Frieden, aber das sollte nicht lange so bleiben. Die Kuhfladen schikanierten weiterhin die *Morticians* in Vesterbro. Die *Morticians* reagierten nicht auf diese Angriffe, worauf die Kuhfladen ihre Aufmerksamkeit auf die *Black Sheep* und die *Chosen Few* richtete und auf diese Weise den Krieg bekam, nach dem sie sich so sehnten.

Nach zwei Monaten in Blegdammen wurde ich nach Maribo überführt. Während Brydensholt das dänische Gefängniswesen geleitet hatte, war Maribo geschlossen worden. Jetzt war es wieder in Betrieb. Es war renoviert worden und deshalb farblich und einrichtungsmäßig bei weitem nicht so öde wie die anderen Knäste.

Ich gehörte zum ersten Pulk nach der Neueröffnung – wir wurden fast empfangen wie auf einem Hauseinweihungsfest. Ich wurde zum Flurältesten, ein Friseur wurde Küchenchef. Wir beide mußten für Sauberkeit sorgen und dreimal täglich Essen ausgeben.

Das Personal war nicht an Knackis aus Kopenhagen gewöhnt. Schon einen Tag nach unserem Eintreffen verzogen sich die ersten beiden. Sie hatten Hofgang in einem Hof gehabt, der oben nicht durch Maschendraht gesichert war.

Der nächste Hofgang fand in einem Hof mit einem schweren Gitter statt. Es war ein reichlich trister Aufenthaltsort, aber ein Ausbruch ist eben wichtiger als alles andere – und sorgt auch bei den Zurückgebliebenen für Ärger.

Trotz der schweren Gitter konnten einige Monate darauf zwei weitere Häftlinge davonschwirren. Am Ende holte Maribo den Ausbruchsrekord, aber das waren sicher nur Anfangsschwierigkeiten.

Es ist besser, wenn Gefängnisse nicht total ausbruchssicher sind. Denn das führt nur zu gefährlicheren und damit auch verzweifelteren Situationen. Fluchtaktionen aus den allersichersten Gefängnissen der Welt zeigen ja auch, daß totale Sicherung nicht durchführbar ist. Auf jeden Fall dann nicht, wenn man Todesfälle unter Insassen und Personal verhindern will.

Ich blieb zwei Monate in Maribo. Dann erfuhr ich, daß ich nach Söby Sögård verlegt werden sollte, einen offenen Vollzug auf Fünen. Ich hatte mich selber darum beworben. Am liebsten hätte ich in Horseröd gesessen, aber Inspektor Schlappohr wollte mich nicht dort haben. Horseröd und Söby Sögård waren die einzigen Anstalten, wo ich die Handelsschule doch noch beenden konnte.

Söby Sögård – ein vierzehn Kilometer von Odense entfernt gelegener Herrensitz. Schloßflügel und Ställe, ein herrschaftlicher Park, ein See. Horseröd konnte nicht mithalten, was die Umgebung betraf. Die Leiterin wurde Schneekönigin genannt, sie war die einzige Gefängnisinspektorin in Dänemark.

Mir wurde eine der kleinsten Zellen zugewiesen, in der ich jemals gewohnt habe. Ich kannte keinen einzigen Gefangenen in der ganzen Kiste, aber das machte die Sache nur interessanter.

Am zweiten Tag wurde ich ins Schloß gerufen, das Hauptgebäude, um mit dem Schulleiter zu sprechen. Am Tag darauf sollte ich in der Handelsschule von Odense anfangen. Zum Abschluß des Gesprächs wurde mir eine Schultasche überreicht.

Insgesamt drei Insassen von Söby Sögård wollten die Handelsschule besuchen. Ich fing zum vierten Mal wieder von vorn an. Ich war gespannt, ob es mir diesmal gelingen würde, diese verdammte Ausbildung zu beenden. Wenn ich das Examen schaffte, dann würde ich nur noch ein Jahr Lehre brauchen, um Kaufmann werden zu können.

Die Klasse fiel aus allen Wolken, als ich mit einem blöden Lächeln in der Visage zur Tür hereinkam. Mit meinem Bart sah ich aus wie sechs- oder siebenundzwanzig. Die meisten anderen hier waren siebzehn oder achtzehn. Als sie mein *Hell's Angels*-Patch sahen, rissen sie die Augen nur noch weiter auf. Aber schon nach zwei Tagen hatten sich alle an mich gewöhnt. Alle in der Klasse waren total sympathisch, und ich glitt rasch in die Schulroutine hinein.

Manchmal rauchten wir in der Schule einen einzelnen Joint zusammen, aber meistens warteten wir damit bis nach dem Unterricht. Wir gingen dann in den Park, setzten uns auf eine Bank und genossen die Natur.

Man mußte da unten beim Rauchen auf der Hut sein. Einer der Beamten schlich gern durch die Gegend, um Leute mit einem Joint zu erwischen. Einmal hat er sogar jemanden mitten auf dem See überrascht. Er hatte mit seinem Fernglas im Gebüsch auf der Lauer gelegen. Deshalb ruderten wir ins Schilf, wenn wir auf dem Wasser rauchen wollten.

Zum Glück waren nur die wenigsten Beamten auf diesem Trip. Die meisten fanden es in Ordnung, wenn die Insassen sich Joints reinzogen. Einmal, bei einer Sportveranstaltung – im Gefängnis – fielen einem Freund von mir vor den Augen von zwei Beamten fünfundzwanzig Gramm Hasch aus der Tasche. Der eine zeigte mit der Schuhspitze auf den Bobbel und sagte: »Da hat einer seinen Rauchkram verloren«, dann machten er und der Kollege auf dem Absatz kehrt. Nach zehn Sekunden war das Hasch natürlich verschwunden wie Tau in der Sonne.

Als ich eines Tages mit Michael, einem von meinen Handelsschulkollegen, in der Turnhalle Federball spielte, traf ich Dennis, der mit Kaj in der Küche arbeitete. Kaj kannte ich schon aus Söby Sögård. Er saß fünf Jahre wegen Drogenhandels ab. Sein Vater hatte eine Pfeifenfabrik, und auch Kaj war ein sehr fähiger Pfeifenschnitzer. Er schnitzte eine für mich, die einem H.A.-Patch nachempfunden war. Sie war nicht gerade elegant, wegen der Flügel, die auf beiden Seiten des Totenkopfs aufragten, aber sie zu rauchen, war ein Traum.

Dennis kam aus Svendborg und saß wegen kleiner Diebstähle – er war ein untersetzter Typ mit schwarzen Haaren, schwarzem Schnurrbart und dunklen Augen.

Wir spielten ein paar Runden. Die Schule gegen die Küche, so nannten wir das.

Während wir danach im Park eine rauchten, redeten wir über Urlaub. Ich sollte am nächsten Wochenende meinen ersten in dieser Zeit antreten. Dennis erzählte, er sei urlaubsberechtigt, habe aber keine Kohle. Ich bot ihm achtzig Kronen an, die er am ersten Donnerstag nach dem Urlaub zurückzahlen sollte.

Der Donnerstag kam, und ich ging zu Dennis' Abteilung hinüber. Er kam mir entgegen. »Du, Jönke, ich bin total abgebrannt. Hat das mit der Kohle nicht noch Zeit bis Montag?« Ich hatte Geld genug, und deshalb sagte ich okay.

Aber auch am Montag ließ Dennis sich mit dem Geld nicht sehen. Dagegen erfuhr ich, daß er bis über beide Ohren verschuldet war. Seine Taktik war klar: Er lieh sich von neuen Insassen Geld, und da er wußte, daß niemand von Söby Sögård weggeschickt werden wollte, ging er davon aus, daß niemand ihn deshalb zusammenschlagen würde.

Ein Typ aus seiner Abteilung erzählte: »Das Schlimmste ist, daß er das genau plant. Wenn abends das Personal abzieht, dann läßt er sich einschließen. Er schuldet der ganzen Abteilung Geld. Wir haben ausgerechnet, daß es an die dreitausend Kronen sind.«

Kaj, der ihn mir vorgestellt hatte, war schrecklich verlegen. »Du mußt schon entschuldigen, Jönke, ich werde bezahlen, was er dir schuldet.« – »Verdammt, für so einen Pisser bezahlst du gar nichts«, sagte ich wütend. »Wenn er nicht blecht, dann wird er's bereuen.«

Donnerstag war Zahltag. Am nächsten Donnerstag wartete ich im Gefängnisladen auf ihn. Er kam als einer der letzten. Er hatte einen Wärter mitgebracht.

»Hast du das Geld, das du mir schuldest?« fragte ich mit zuckersüßer Stimme. »Nein«, sagte er. »Ich bin noch immer ziemlich abgebrannt. Kannst du nicht noch eine Woche warten?«

»Du kannst mir am nächsten Donnerstag vierzig geben, und die anderen vierzig dann eine Woche darauf.«

»Danke«, sagte er und lief die Treppe zum Laden hinunter. Ich wartete noch ein wenig und sprach über ihn mit zwei Insassen, denen er ebenfalls Geld schuldete. »Er setzt keinen

Fuß aus der Abteilung, wenn er nicht mit einem Wärter zusammen ist«, sagte der eine. Kaj hatte erzählt, daß Dennis nicht mehr in der Küche arbeitete. Er hatte sich krankschreiben lassen – wegen Sehnenscheidenentzündung. Dem werd ich was, von wegen Krankschreibung, dachte ich.

Dennis kam aus dem Laden zum Vorschein, als ich gerade in meine Abteilung zurückkehren wollte. Alle machten große Augen. Unter dem Arm hatte er eine Stange Zigaretten, und in jeder Hand eine mit Waren vollgestopfte Tüte. Der Wärter sah uns geradezu peinlich berührt an – er wußte genau, wo der Schuh drückte.

Ich muß zugeben, daß die anderen Insassen sich wie eine Bande von Schlappschwänzen aufführten. Er schuldete ihnen das Geld schon doppelt so lang wie mir – aber sie rührten keinen Finger.

Wieder kam der Donnerstag. »Hast du Geld für mich?« fragte ich Dennis auf der Treppe zu seiner Abteilung. »Nein...«, setzte er an. Ich wandte ihm den Rücken zu und ging. Ich hatte genug gehört. Jetzt war Schluß mit dem Gerede. Aber ich wollte ihn jetzt nicht zusammenfalten. Ich wollte warten, bis ich den Urlaub hinter mir hatte – den wollte ich schließlich nicht aufs Spiel setzen.

Es war Mitte September, und ich tobte los. Als ich im Angels' Place ankam, landete ich in einem wahren Ameisenhaufen. Meine Brüder bereiteten sich auf eine Support-Party vor – ein Fest für Familie, Freunde, Nachbarn und natürlich alle Motorradclubs aus Großkopenhagen – mit Ausnahme der Kuhfladen, die weiterhin als eine Art Drecksbande galten.

Es gab eine Bar unter freiem Himmel, viele Lampions, Bänke, Mülleimer, Fackeln. Auf Pailletten war eine kleine Bühne errichtet worden. Im Haus schmierten die Clubfrauen Butterbrote. Ein Bierwagen lud gerade ab. Alle brüllten und schrien, um alles richtig in die Wege zu leiten.

Und Gott, wie es dann abging!
Das Fest dauerte zwei Tage.

Am Sonntagmorgen fuhr ich zu meinen Eltern, um mich vor der Rückkehr in den Knast ein wenig zu erholen. Ich aß bei ihnen und legte mich dann für zwei Stunden aufs Ohr.
Meine Mutter fuhr mich zurück zum Club. Auf der Fahrt verpaßte sie mir eine echte Überraschung: Sie wollte sich scheiden lassen. Ich sagte ihr, das sei ihre Sache und die meines Vaters. Ich wollte nicht, daß sie sich in mein Leben einmischten, und deshalb würde ich mich auch nicht in ihres einmischen.
Aber so wurde ich dann auch noch zum Scheidungskind.

Am Montag machte ich mich bereit zum Verlassen der Farm. Ich ärgerte mich vor allem, daß ich von einer Frau Abschied nehmen mußte. Ich hatte für den kommenden Freitag, an dem ein Schulfest stattfinden sollte, eine größere Charmeoffensive geplant. Aber die Prinzipien waren wichtiger.
Am Montagnachmittag herrschte in Söby Sögård so große Unruhe, daß ich Dennis nicht bestrafen konnte, und deshalb ging ich am Dienstagmorgen wieder zur Schule. Ich schaute die Frau an und spielte mit dem Gedanken, die Strafaktion bis nach dem Fest aufzuschieben – aber nein, das ging einfach nicht.
Ib war in derselben Abteilung wie Dennis. Er sollte mir Bescheid sagen, wenn Dennis allein war. Am Dienstagnachmittag kam er mich holen. »Die Wärter sind gerade weg. Dennis sitzt mit dem Flurältesten allein im Eßzimmer.«
Ich zog meine Turnschuhe an, und wir gingen gemeinsam in die andere Abteilung. Ib verschwand in seiner Zelle. Ich ging weiter zum Eßzimmer.
Dennis kehrte mir die Seite zu und hob gerade die Kaffeetasse an den Mund. Der Flurälteste entdeckte mich als erster. Dennis stellte die Tasse weg und erhob sich mit einem verlegenen Lächeln. »Hallo, Jönke, möchtest du einen Kaffee?«
Ich stand anderthalb Meter von ihm entfernt, als ich mich mit einer Bewegung auf dem linken Fuß umdrehte, während zugleich mein rechter Fuß zu seinem Kopf hochschoß. Er traf ihn genau an der Seite der Birne. Ich trat nicht richtig fest zu, und manchmal frage ich mich, was dann passiert wäre. Er

glitt wieder auf seinen Stuhl zurück. Doch ehe er dort angekommen war, hatte ich seine Haare gepackt und hob seinen Kopf hoch. Meine Faust näherte sich seiner Lippe im Affenzahn. Aber ich konnte mich noch einholen, ehe ich ihn traf. Gott soll mich schützen, aber er besaß wirklich die Unverschämtheit, in Ohnmacht zu fallen. Ich ließ ihn los. Bewußtlose zusammenzuschlagen war noch nie meine Art.

»Du hast seinen Kopf getreten«, hörte ich eine schrille, hysterische Stimme sagen. Der Flurälteste war aufgesprungen – seine Augen waren so groß wie Teetassen. Ich drehte mich um und ging zur Tür. Der Flurälteste war eine Laus. Er war einer von denen, die sich am lautesten über Dennis beklagt hatten. Dennis schuldete ihm mehrere hundert Kronen. Ich hatte ihn einige Male sagen hörten, daß »der Typ eine Runde mit der Kralle« brauche. Aber als es dann passierte, winselte er wie eine ängstliche Ratte.

Ehe ich die Tür erreichte hatte, tauchten zwei Beamte auf. »Er hat ihm gegen den Kopf getreten«, hörte ich den Flurältesten hinter mir quäken. Die Beamten kamen auf mich zu, hielten aber inne, als sie meinen Blick sahen. Sie wußten, ich hätte Hackfleisch aus ihnen gemacht, wenn sie mich angerührt hätten.

»Geh in deine Abteilung«, sagte einer. »Ich komm gleich nach.«

Ich ging in meine Zelle, zog die Turnschuhe aus und stieg in meine Stiefel. Dann ging ich in den Aufenthaltsraum, wo vier oder fünf aus meiner Abteilung Karten spielten. Ich setzte mich hin und kam langsam zur Ruhe. Ich merkte, daß das Adrenalin mein Blut verließ.

Das Telefon schellte. Hinten beim Eingang war ein ziemliches Gewühl. Ein Insasse kam herein: »Bei Abteilung C sind eben ein Krankenwagen und ein Bullenwagen vorgefahren.«

»Hast du das Schwein fertiggemacht?« fragte einer. »Nala-nalatürnich«, erwiderte ich. Alle riefen: »Gut gemacht!«

Sinan, ein Gastarbeiter, der in unserer Abteilung saß, kam herein. »Sie haben eben einen aus der C getragen. Angeblich ist das Dennis.«

»Wie sah er aus?« fragte ich leicht beunruhigt. »Das konnte ich nicht sehen. Sie hatten ihm ein Laken übers Gesicht gelegt«, sagte Sinan. Danke, Schicksal, dachte ich – ich hab ihn doch verdammt noch mal nicht umgebracht? Das wäre keine achtzig Kronen und ein Prinzip wert. Gewalt mit Todesfolge. Was könnte das einbringen? Vier bis fünf Jahre, vielleicht. Aber wenn das Pech einen erstmal anspringt...

»Na, aber ich muß jetzt los«, sagte ich und stand auf. Ich ging durch eine Glastür und weiter zu meiner Zelle. In diesem Moment kamen acht Polizeibeamte zur Tür herein. Zwei von ihnen hatten die Knüppel gezückt. Hinter ihnen drängten sich acht bis zehn verängstigte Gefängniswärter zusammen. Sie kamen unsicher auf mich zu. »Ich zieh nur eben eine Jacke an und schließ die Türen ab, dann bin ich so weit«, sagte ich. Sie rückten weiter auf mich vor, schielten aber zueinander hinüber, wie um zu entscheiden, welcher von ihnen anfangen sollte.

Endlich ergriff einer das Wort. »Es ist fünf vor halb fünf. Du bist verhaftet.« Er zog Handschellen aus der Tasche. »Krieg ich Armbänder?« Ich fand das absurd – ich hatte zwanzig Minuten Zeit gehabt, um abzuhauen. »Nur zu deiner eigenen Sicherheit«, sagte der Bulle und legte mir die Manschetten an.

Ich lächelte. Ich habe mich immer über diesen Spruch gewundert. Ungeheuer viele sind mit Handschellen gestolpert und haben sich verletzt. Das mit der Sicherheit muß eine Floskel sein, die sie auf der Polizeischule lernen. Vielleicht wollten sie auf dem Weg nach Odense auf einem Feldweg halten – und dann könnte ich stürzen und mir den Kopf einschlagen. Es ist schwer, mit Handschellen das Gleichgewicht zu halten.

In den ersten fünf Minuten fuhren wir schweigend dahin. Ich merkte, daß die Bullen mich anstarrten. Sie begriffen nicht, warum ich so ruhig war. »Warum hast du das gemacht«, platzte es einem jungen Beamten heraus. »Du kommst nie wieder in den offenen Vollzug.« Ich glaubte zuerst, in seiner Stimme Schadenfreude zu hören. Aber ich konnte ihm ansehen, daß ich ihm leid tat, weil ich jetzt in einem Loch sitzen müßte. Das überraschte mich ein wenig, aber es war klar, daß er mich nicht verstand. Für ihn war ich einer, der einfach so einem anderen einen Tritt ins Gesicht verpaßt hatte – und der das danach nicht einmal bereute. Wahrscheinlich war es für ihn unbegreiflich, daß mir das mit dem offenen Vollzug egal war. Es gab zu viele Schleimis im offenen Vollzug – Schulterklopfen, flotte Sprüche, keine Taten. Und deshalb war mir der geschlossene lieber. Hier gab es doch immerhin Menschen mit Stil.

Ich nehme an, daß sämtliche Beamte der Wache von Odense zusammengeströmt waren, um mich in Augenschein zu nehmen. Ich sah ihnen an, daß sie zum ersten Mal Besuch von einem *Hell's Angel* hatten. Ich wurde in eine Wartezelle gesperrt. Nach zehn Minuten wurde ich zum Arzt gebracht. Mir sollte Blut abgenommen werden. Mir ging auf, daß sie glaubten, ich hätte getrunken. Nur damit konnten sie sich mein Verhalten erklären.

In Odense wurde ich als jemand registriert, der eine Strafe abzusitzen hat. In den ersten zwei Stunden war ich noch in U-Haft gewesen, aber aufgrund des eher bagatellmäßigen Charakters meiner Tat – Dennis war im Krankenhaus zu Bewußtsein gekommen und nach Söby Sögård zurückgefahren worden –, war ich wieder im richtigen Knast gelandet. Eins stand fest: Söby Sögård würde ich nicht wieder sehen.

Ich bekam ein niedliches Brieflein von der Schneekönigin, das mitteilte, mir seien zur Strafe vierzehn Tage »Verbringung in Einzelzelle« aufgebrummt worden. Als kleines Zusatzgeschenk hatten sie außerdem bis auf weiteres meine Urlaubsansprüche kassiert.

Auch zwei Insassen von Söby schrieben mir. Sie konnten erzählen, daß Dennis – nach seiner Rückkehr aus dem Krankenhaus – in die Krankenstation von Söby gebracht worden war. Er hatte entsetzlich ausgesehen. Die eine Seite – vom Auge bis unter der Brust – war von meinem Tritt blaulila gefärbt. Zwei Zähne hatten sich durch die Lippe gebohrt, und er hatte den Kiefer gebrochen. Gut also, daß ich nicht fester zugetreten hatte.

Erst im November konnte ich Odense verlassen. Ich sollte nach Vestre überführt werden, denn nun kam die Sache im Spunk zur Verhandlung. Es war ein Jahr her. Aber jetzt stand das Nachspiel vor der Tür.

Es kamen drei gute Wochen nach drei öden Wochen in Odense. Ich kannte in Vestre jede Menge Leute. Hier war mehr los. Ich traf Dirty, der eigentlich in Nyborg saß, der aber aufgrund irgendwelcher Unstimmigkeiten während seines Urlaubs für zwei Tage nach Vestre gesteckt worden war.

Ich war der einzige der zwanzig in diesem Fall Angeklagten, der im Knast saß, und deshalb wurde ich von allen heftig verwöhnt – ich wurde jeden Tag mit Schokolade und Äpfeln vollgestopft.

Einer nach dem anderen sollte nun seine Aussage machen. Alle behaupteten natürlich, wirklich nichts gesehen oder mitbekommen zu haben. Ich erzählte kurz und bündig, daß ich Fischmaul in der Tür gesehen hatte und hingelaufen war, um mit ihm zu reden. Nachdem der Staatsanwalt mir zugesagt hatte, daß Makrele nicht wegen Gewaltanwendung angeklagt werden sollte, erzählte ich, daß er mich bis zu den Augen mit Rumcola vollgegossen hatte. Danach sei ich abgestürzt und erst im Wagen wieder wachgeworden. Das paßte gut zu der Geschichte der Polizei, die auf dem Boden eine Blutlache gesehen hatte. Den Schußwechsel hatte ich auch nicht gehört.

In einer Pause – während meine Brüder hinausgegangen waren, um sich auf dem Gang zu beraten – konnte ich mich lange mit meiner Verteidigerin Lilli und zwei anderen Anwälten unterhalten, unter anderem Erik Ninn-Hansen, der es später zum Justizminister brachte. Wir sprachen über Isolationshaft, die ich damals – und noch immer – für psychische Folter hielt. Ich schlug vor, daß man, um beiden Seiten entgegenzukommen, begrenzte Isolationshaft einführen könnte. Das bedeutete eine obere Grenze für die Zeit, die jemand in der Iso verbringen kann. Zum Beispiel zwei Monate in normalen Fällen und vier in besonders komplizierten. Isolation für anderthalb oder zweieinhalb Jahre dient nur dem Ziel, den Betroffenen zu brechen, und führt deshalb bisweilen auch zu den bizarrsten Geständnissen.

Der psychische Druck verringert sich, wenn der Häftling weiß, daß er zum Beispiel nach zwei Monaten in die Gemeinschaft zurückkehren kann. Die Polizei wird in den meisten Fällen jedoch Zeit genug zur Aufklärung haben.

Ich konnte sehen, daß die Juristen es interessant fanden, was ich über die verschiedenen Aspekte der Isohaft zu sagen hatte. Das galt nicht zuletzt für Ninn-Hansen, der damals im Parlament den Rechtsausschuß leitete. Als der Vorschlag dann im Parlament angenommen wurde, galt er für Fälle mit einem Strafmaß von bis zu sechs Jahren Haft. Dieses Gesetz wird mir wohl niemals zugute kommen, aber bestimmt gibt es genug andere, die sich darüber freuen können.

Makrele hatte einige Zeit vor der Verhandlung im Club angerufen und gefragt, wie seine Seite sich verhalten sollte. Bleibt einfach weg – das wäre das einfachste, war die Antwort gewesen. Aber sie versteckten sich nicht gut genug. Sie wurden ausfindig gemacht und vor Gericht geholt – als Zeugen. Auch Makrele ging ins Netz. Aber sie hielten sich an die Abmachungen. Auch die Kuhfladen hatten am fraglichen Abend nichts gesehen.

Wir bekamen im Schnitt allesamt vier Monate, obwohl ja eigentlich nichts passiert war. Auch ich kriegte vier zusätzliche Monate aufs Konto gepackt. Es war eine Art Kollektivstrafe, eine gefährliche Praxis, wenn sie erst einmal einreißt. Zwei Typen waren an dem Abend gar nicht dabeigewesen, verurteilt wurden sie aber trotzdem.

Das Urteil war gefällt. Ich kämpfte mich von einer Umarmung über die nächste bis zu einem Menschen, der zu meiner Überraschung am letzten Verhandlungstag aufgetaucht war. Es war mein Vater. Plötzlich hatte ich ihn mitten im Zuschauerraum entdeckt. Es war nach der Frühstückspause – ich war sicher, daß ich ihn vorher nicht gesehen hatte.

Er sah schlecht aus. Krank und eingefallen, sein Gesicht war grau. Er musterte mich mit müdem Blick. Die Scheidung hatte ihm arg zu schaffen gemacht.

Zum ersten Mal in meinem Leben tat er mir leid, und ich hätte gern mit ihm gesprochen, aber ich mußte bis nach der Urteilsverkündung warten.

Jetzt hatte ich ihn erreicht, und wir schüttelten einander die Hände. Sein Händedruck war fest – ganz anders als sein übriges Erscheinungsbild.
»Wie geht es dir?« fragte er mich. »Gut. Ich schaff das doch mit links.« Seine Augen waren traurig. »Herrgott, noch vier Monate zu allem dazu, die steh ich doch auf Zehenspitzen durch«, sagte ich, um ihn ein wenig aufzumuntern. Ich wollte ihm nicht zu sehr leid tun. Er hatte mit seinen eigenen Problemen genug zu tun.
Gaukler packte mich am Arm, um etwas zu sagen, begriff aber, was Sache war, und wandte sich rasch wieder ab.
»Wie kommst du zurecht?« fragte ich. »Naja, es geht. Ich mußte eben ein paar Unterlagen wegen der Scheidung unterzeichnen«, sagte er.
Dann geriet das Gespräch ins Stocken. Wir wußten beide nicht, was wir sagen sollten. Und das war ja kein Wunder. Wir hatten noch nie richtig miteinander gesprochen. Abgesehen von ›guten Tag‹ und ›auf Wiedersehen‹; wir hatten uns nur gefetzt. Ich hätte ihm sogar fast einmal eine reingehauen. Ich war froh darüber, daß ich es nicht getan hatte.
Ich beschloß, ihn bei meinem nächsten Urlaub zu besuchen.
Ein Polizist rief herüber: »Wir müssen los, Jönke.« – »Moment noch«, sagte ich. »Mach's gut, Vater.« – »Mach's gut, und hier ist eine kleine Aufmunterung«, sagte er und gab mir zweihundert Kronen. Ich drückte ihm die Hand und verließ das Lokal.
Er schaute mir hinterher. Zum Glück war mein älterer Bruder auch da. Es war traurig, daß so viel Mist nötig gewesen war, um mir einen Vater zu geben, mit dem ich reden konnte, aber jetzt hatte ich einen und wollte versuchen, das Versäumte wiedergutzumachen.

Ich war wieder in Odense. Zum Kotzen, dachte ich. In Odense gab es nichts anderes zu tun als Bücher zu lesen. Der Knast von Odense war im Grunde dasselbe wie Isolation – der einzige Trost war das Personal, das so ungefähr das netteste war. Aber – trotzdem, man saß im Knast und war eben nicht Herr über die eigenen Reisepläne.

Nach einigen Tagen wurde ich nach Nyborg gebracht – durch das Doppeltor, das ich von meinen vielen Besuchen bei Pferd so gut kannte. Ich bekam ein Paket Butterbrote und einen Saft in die Hände gedrückt und wurde in eine Zelle in der Ankunftsabteilung eingeschlossen. Davor hatte ich vor zwei Angestellten mit dem Hintern wedeln müssen. Das passierte im Keller unter der Ankunft. Man ging in eine Art ehemaliges Badezimmer, stellte seinen Kram ab und mußte sich splitternackt ausziehen. Danach mußte man in seiner ganzen jugendlichen Schönheit durch einen Gang und in einen anderen Raum wandeln, wo man von einer Garnitur Knastklamotten und anderen Notwendigkeiten erwartet wurde. Zwei Angestellte folgten mir mit züchtig gesenktem Blick, als ich im Adamskostüm durch den Gang schwänzelte. Sie fanden diesen Auftritt offenbar ebensowenig prikkelnd wie ich.

Danach habe ich eine halbe Stunde Maulaffen feilgehalten, als die Tür geöffnet wurde und ein Wärter »Gemeinschaft« ankündigte. Das bedeutete einen kleinen Fernsehraum mit einem alten Schwarzweißfernseher, der eigentlich reif für den Schrott war. Diese »Gemeinschaft« bestand aus zwei in der Ankunft untergebrachten Häftlingen. Der eine war ein schmuddeliger Fettsack, der mit saurer Miene auf seinem Stuhl saß. Er erzählte mir, daß er acht Jahre wegen Mordes abbüßen müsse. Später erfuhr ich, daß es sich um Gewaltanwendung mit Todesfolge handelte – er hatte seine Alte totgeschlagen. Seit diesem Tag sprach ich kein Wort mehr mit ihm. Ich kann gut verstehen, daß er mit seiner Tat nicht gerade protzte.

Ich latschte zurück in meine Zelle, aber unterwegs rief plötzlich jemand: »Ja, Scheiße! Huhu, Jönke!« Ich schaute zum Laufgang über mir hoch. Dort stand Brian, einer, mit dem ich in Maribo zusammen gesessen hatte. Er besorgte mir einige Zeitungen und Bücher. Nachdem er mir auch noch einen Kuchen heruntergeworfen hatte, ging ich in meine Zelle und legte mich ins Bett. Ich las ein wenig. Dann löschte ich das Licht, legte mich bequemer hin und versuchte, meine Lage zu durchdenken.

Am Tag danach, die Tür zu meiner Zelle stand offen, ging tatsächlich Pferd draußen vorbei. Wir fielen einander um den Hals und konnten kurz miteinander reden, ehe ein Wärter Pferd zurück in dessen Abteilung brachte. Später an diesem Tag traf ich ihn beim Hofgang, und nun konnten wir einander wirklich auf den neuesten Stand bringen.

Ich verbrachte eine weitere Nacht in der Ankunftsabteilung. Am nächsten Tag wurde ich nach »Süd 1« verlegt, wie meine neue Abteilung hieß. Ich hatte noch keine zehn Minuten in meiner neuen Zelle verbracht, als ich schon bei einem Langzeitgefangenen weiter hinten auf dem Gang zu Kaffee und Kuchen eingeladen wurde. Seemann wurde mein bester Freund von allen, die ich im Knast kennengelernt habe.

Seemann stammte aus Århus. Er war durch und durch gesellschaftsfeindlich, doch normale Menschen hatten von ihm nichts zu befürchten. Er haßte das Rechtswesen und die Polizei.

Drei Jahre zuvor war ihm ein Raubmord an einem Kaufmann im Strandvejen in Århus zur Last gelegt worden, obwohl er sich dreihundert Meter vom Tatort entfernt aufgehalten hatte. Einer von seinen – damaligen – Freunden hatte in einem von Spiritus und Steso verursachten Rausch dem Kaufmann die Birne weggeschossen. Danach war er zu Seemanns Wohnung gestürzt. Er hatte Seemann und einem gemeinsamen Bekannten erzählt, er habe den Kaufmann ausgeraubt. In ihrer Panik waren alle drei nach Kopenhagen geflohen.

Erst am nächsten Tag hatten sie die Wahrheit erfahren: »Raubmord im Strandvejen.« Jens Skov, der Täter, stellte sich der Polizei und behauptete, sich am Überfall beteiligt zu haben, den Kaufmann aber habe Seemann erschossen. Seemann und der dritte Mann wurden festgenommen.

Seemann wurde vor Gericht gestellt und mit dieser Aussage konfrontiert. Statt zu brüllen und zu schreien: »Der Kerl ist doch selber der Mörder!« sagte er nur: »Das ist doch die pure Dachpappe!«

Als Seemann von Kopenhagen nach Århus verlegt wurde, geschah das in Häftlingskleidung und mit auf den Rücken gefesselten Händen. Außerdem war er barfuß. Er mußte mit bloßen Zehen über den verschneiten Flughafen zum

Flugzeug gehen. Als irgendwer die Polizisten fragte, ob er denn keine Schuhe bekommen könnte, sagten die: »Er ist ein hartes Ei, deshalb ist das nicht nötig.«

Nach sieben Monaten brach Jens Skov zusammen und gab zu, daß er den Kaufmann auf dem Gewissen hatte. Der Fahndungsleiter suchte Seemann persönlich auf, um zu berichten, daß die Anklage wegen Raubmordes aufgehoben sei. »Na, dann kann ich ja wohl nach Hause gehen«, sagte Seemann. »Nein, jetzt wirst du wegen Mitwirkung vor Gericht gestellt.«

Eine Woche darauf kam ein Bulle zu Besuch. Er fragte, ob Seemann etwas dagegen habe, die anderen beiden, die in den Fall verwickelt waren, aus der Isolation zu entlassen. »Nein, hab ich nicht. Warum fragst du mich überhaupt?« – »Weil das nur unter der Bedingung möglich ist, daß du in Isohaft bleibst«, antwortete der Bulle mit schmierigem Lächeln. »Weil andere Leute Schweine sind, brauch ich ja wohl keins zu sein«, erwiderte Seemann.

Und so kam es, daß die beiden anderen aus der Isolation entlassen wurden. Seemann dagegen saß dort anderthalb Jahre.

Als die Sache vor Gericht kam, weigerte er sich, vor einem korrupten Gericht auszusagen. Er kündigte seinem Verteidiger gegenüber an, daß er bei jedem Strafmaß, das acht Tage überschritt, in Revision gehen würde. Seemann wurde in Abwesenheit zu fünf Jahren verurteilt. Sein Kumpel bekam dieselbe Strafe. Jens Skov wurden zwölf aufgebrummt. Seemann und sein Kumpel legten Berufung ein, worauf das Höchste Gericht Seemann und seinem Kumpel sechs und Jens Skov sechzehn Jahre verpaßte.

Und so kam es, daß wir in Nyborg Bekanntschaft schlossen. Beim Kaffeeklatsch. Wir stellten schnell fest, daß wir auf einer Wellenlänge funkten. Wir sahen das Leben absolut unterschiedlich. Er war Sozialist durch und durch. Das war ich nicht. Wir führten viele Diskussionen. Manchmal, wenn wir einer Meinung waren, gaben wir das nicht zu – nur, um eine Diskussion in die Wege leiten zu können. Im Knast findet man nur selten Menschen, mit denen man auf einem gewissen Niveau ein Gespräch führen kann.

Um Pferd häufiger treffen zu können, trieb ich jeden Tag Sport. Pferd stand auf Krafttraining, ich spielte mit Seemann Federball und Tischtennis, aber alles fand am selben Ort statt, deshalb konnten wir ausgiebig miteinander reden.
Außerdem besuchte ich die Schule. Es gab eine Art Vorbereitungsunterricht. Die Handelsschule in Nyborg nahm keine neuen Schüler auf, und deshalb wollte ich das zehnte Schuljahr nachholen. Der Unterricht fing nach Neujahr an. Aber schon nach zwei Wochen gab ich auf. Der Grundschulstoff interessierte mich ganz einfach nicht. Ich bat darum, vom Unterricht dispensiert und statt dessen einer Arbeitsgruppe zugewiesen zu werden.
Pferd ging zur Schule. Er hatte aber auch mehr aufzuholen als ich. Im Vorjahr hatte er die neunte Klasse hinter sich gebracht, jetzt versuchte er sein Glück mit der zehnten.

Arbeitsminister hieß der Wärter, der im Knast die Arbeit verteilte. Wir kamen überein, daß ich in der Schneiderwerkstatt arbeiten sollte, bis bei den Malern ein Platz frei wäre. Witzige Vorstellung, daß aus mir noch mal ein tapferes Schneiderlein werden könnte!
Ich mußte in aller Herrgottsfrühe aufstehen. Die Schule war um neun Uhr losgegangen – das Schneidern begann um sieben. Es war aber trotzdem eine Art Faulenzerposten, denn viel gab es nicht zu tun. Der Oberschneider – ein Mann von Ende sechzig – war neben mir der einzige Werkstattsinsasse. Wenn wir nicht miteinander quatschten, schlief ich oder las ein Buch. Er schaute zumeist aus dem Fenster. Er schwenkte in diesem Knast seit fünfundvierzig Jahren die Schlüssel, und deshalb war er an diese Aussicht gewöhnt.
In der letzten halben Stunde vor Feierabend machte ich sauber, und nur für kurze Zeit leisteten wir wirkliche Schneiderarbeit: Wir nähten zweihundert wasserdichte Schlafsäcke für die Marine.
Der Oberschneider ging in Rente, und kurz darauf wurde ich zu den Malern versetzt. In der ersten Zeit sollten wir Zellen renovieren, später waren auch Einsätze außerhalb des Gefängnisses vorgesehen. Unsere Mannschaft bestand aus drei Anstreichern, einem Zimmermann und zwei Maurern.

Der eine Maurer wurde zu einem sehr guten Freund. Juden-David war Ende vierzig, überaus sympathisch und immer gut gelaunt. Er war verbriefter Maurermeister, war jedoch wegen Drogenhandels verurteilt worden – zu sechs Jahren Haft. Anfangs war ich ein wenig zurückhaltend, was ihn betraf – ich wollte sichergehen, daß er nicht so ein Typ war wie Rotzi, der sich bei uns angeschleimt hatte, um uns dann auszunutzen. Aber er konnte mich eines besseren belehren. Ich hatte ansonsten meine Ansicht über harte Drogen nicht verhehlt.

Der erste Einsatz in freier Wildbahn führte uns – ins Gefängnis von Ringe. Mehrere der Wärter dort staunten über meinen Anblick – sie meinten, ich hätte wohl kaum Zeit gehabt, mich außerhalb des Knasts auch nur umzudrehen. Ich traf allerlei alte Bekannte wieder – unter anderem Birgitte aus Horseröd. Wir hatten ausreichend Gelegenheit, um über alte Zeiten zu sprechen – auch über damals, als wir in der Schule auf frischer Tat ertappt worden waren.

Die Arbeit als Anstreicher war durchaus sinnvoll. Und Ringe war ein angenehmer Aufenthaltsort. Und außerdem war da noch die Hin- und Herfahrt durch die schöne Landschaft Fünens.

Ende Januar hatte ich einen neuen Fall am Hals. Als ich mit einem Stapel Bücher aus der Bibliothek zurückkam, wurde ich plötzlich in den Besucherraum gerufen. Ein Mann erhob sich und begrüßte mich höflich, mit Shake-hands und allem anderen. John Kristensen von der Polizei Nyborg: »Uns liegt eine Anklage gegen dich vor – wegen Gewalttätigkeit.« – »Könnt ihr vor lauter Anklagen überhaupt noch aus den Augen schauen?« fragte ich.

Er lachte leicht verlegen. »Äh, ich weiß nicht, ob du etwas darüber weißt. Es ist nicht ganz leicht zu erklären.« Als er die Anklage verlesen hatte, wußte ich, was er meinte.

»Ich weiß nichts von diesem Fall. Ich bin nur beauftragt worden, dir das alles mitzuteilen. Anfang November bist du angeblich zusammen mit zwei anderen Personen, möglicherweise aus deinem Club, sowie einem Schäferhund im Jagtvej in Kopenhagen eingetroffen. Vierzig Meter von euch entfernt soll der Geschädigte unterwegs gewesen sein. Die Person hat Angst vor Rockern...«

An dieser Stelle mußte ich die Polizei unterbrechen und einen Vortrag über den Unterschied zwischen Rockern und *Hell's Angels* halten.

Er las weiter: »Der Geschädigte fürchtete sich und versuchte, auf die andere Straßenseite zu gelangen. Aufgrund des lebhaften Verkehrs jedoch mußte er warten. Eine Person – du – ist dann angeblich mit dem Hund zu ihm gelaufen und hat gefragt: Hast wohl Schiß vor uns, was? Der Geschädigte hatte Angst, weshalb ihm im Mund der Speichel zusammenlief und er auf die Straße spucken mußte. Der Speichelklumpen landete jedoch gleich neben dem Hund...«

Inzwischen hätten der Polizist und ich uns gleichermaßen totlachen können.

»Dann sollst du gesagt haben: Was, du spuckst meinen Hund an? Danach hast du angeblich ein Eisenrohr aus der Jacke gezogen und ihn damit mehrere Male auf den Kopf geschlagen.«

Ich hatte in meinem ganzen Leben noch keine dermaßen abgefahrene Anklage gehört. Das war doch die pure Satire. »Warum ich?« fragte ich. »Er hat dich in der Photothek identifiziert.« – »Das ist doch die pure Klapsmühle – das ist wirklich nicht unser Stil.« – »Wäre es möglich, daß es ein anderer aus dem Club war?« fragte er. Worauf ich ihm noch einen fünfzehnminütigen Vortrag über den Unterschied zwischen Rocker und Engel hielt.

Kopfschüttelnd kehrte ich dann in meine Abteilung zurück. Ich erzählte Seemann von dieser neuen Anklage. Von diesem Tag an behaupteten Seemann und Pferd immer wieder, ich säße im Knast, weil ich Trotteln und alten Damen eine gescheuert hätte.

Aber ich machte mir doch Sorgen. Er hatte mich identifiziert. Ich hatte im November Urlaub gehabt. Ich war auch im Jagtvej gewesen – der liegt nur zweihundert Meter vom Club entfernt. Und wir hatten einen Schäferhund. Aber es konnte einfach nicht stimmen. Von uns baute keiner solchen Scheiß. Es war Unsinn.

Die Sache hatte mich dermaßen überrascht, daß ich den

genauen Zeitpunkt des angeblichen Überfalls nicht mitbekommen hatte.

Als ich später das Datum erfuhr, konnte ich meine Unschuld beweisen. Zu dem Zeitpunkt, an dem die Sache passiert sein sollte, war ich nämlich in Vestre und mit der Sache im Spunk beschäftigt gewesen. Ich spielte mit dem Gedanken, mit dieser Tatsache erst vor Gericht herauszurücken, es könnte doch witzig sein, das Gesicht des Richters zu sehen. Aber bei meinem Vorstrafenregister wäre ich dann wohl trotzdem verknackt worden.

Aber diese Anklage brachte meinen Urlaub in Gefahr, und deshalb teilte ich mit, daß ich zum fraglichen Datum leider verhindert gewesen sei.

Die Anklage wurde fallengelassen.

Das Leben in Süd ging seinen Gang. Ein Tag war wie der andere. Abends spielten Seemann und ich mit zwei anderen Insassen Billard, mit einem Kuchen als Preis. Es war nicht sonderlich interessant, aber etwas anderes gab es nicht zu tun.

Mitte Februar erfuhren wir, daß wir zusammen nach Nordre verlegt werden sollten – in eine Abteilung, die nach der Renovierung wieder in Gebrauch genommen werden sollte. Pferd konnte mitkommen. Wir bekamen benachbarte Zellen angewiesen, und Seemann wurde Flurältester.

In Odense kam die Sache aus Söby Sögård zur Anklage. Der Staatsanwalt verlangte sechs Monate. Der Richter war nur zu dreien bereit. Ich rechnete die Sache durch: Was hatte es mir eingebracht, daß ich ein wenig Hilfsbereitschaft gezeigt und einem armen Typen achtzig Kronen geliehen hatte? Ich war in den geschlossenen Vollzug gebracht worden, hatte zwei Wochen in Isolation gesessen, hatte meine Ausbildung aufs Spiel gesetzt, zweieinhalb Monate meine Urlaubsberechtigung entzogen bekommen und dann drei Monate Knast geerntet. Was lernen wir daraus? Niemals einem Armen Geld leihen.

Am Tag nach der Verhandlung wurde ich zur Gefängnisleitung gerufen. Meine Urlaubsbewilligung war wieder in Kraft.

»Na, was ist passiert?« fragte Seemann, als ich zurückkam. »Ich hab sie wieder«, lachte ich. »Du hast mal so richtig geschleimt?« Wie in so vielen anderen Dingen waren wir hier nicht einer Meinung. Seemann weigerte sich, mit der Gefängnisleitung zu sprechen. Er war zufrieden damit, daß er einmal im Jahr in Begleitung den Knast verlassen konnte. Mit Handschellen und vier Wärtern – immer dann, wenn er mal wieder ein Gefängnis verschlissen hatte.

»Ich mußte dir den Mord in Finderup Lade anhängen. Sonst hätten sie den Urlaub nie bewilligt«, sagte ich zum Scherz. Manche Häftlinge sicherten sich nämlich auf diese Weise Vorteile.

Die Zeit in dieser Abteilung verging still und friedlich. Wenn wir keinen Sport trieben, trafen wir uns in Seemanns Zelle. Seine war die gemütlichste. Pferd und ich hatten keinen Bock, aus unseren Löchern etwas zu machen.

Wir spielten ziemlich viel Dame und Schach. Dame interessierte mich nicht, das überließ ich Seemann und Pferd. Sie waren ungefähr gleich gut. Vor allem war es witzig, wenn Pferd verlor. Er war ein schlechter Verlierer. Einmal verlor er drei Spiele am Stück und fegte plötzlich alle Steine vom Brett, stieß seinen Stuhl zurück und starrte aus der Zelle, während er wütend mit der Zunge schnalzte. Für die nächste Stunde ließ er sich nicht mehr blicken.

Ich werde nie vergessen, wie ich zum ersten Mal Schach mit ihm spielte. Ich wußte, daß er gut war. Er hatte einen Lehrer geschlagen, der in der Regionalmannschaft spielte. Aber ich war auch ein Analphabet, was dieses Spiel anging.

»Ich schlage dich, Jönke«, teilte Pferd mir mit, als wir die Figuren aufstellten. »Ja, davon gehe ich aus«, sagte ich und machte einen ganz simplen Anfängerzug. Pferd parierte auf dieselbe Weise, um mir auf den Zahn zu fühlen. »So schlecht bin ich auch wieder nicht«, erklärte ich und wehrte den Angriff ab.

Pferd fuhr die schweren Geschütze auf, aber wann immer er zum Eröffnungsangriff ansetzte, blockierte ich. Ich merkte, daß er auf die Königin setzte – seine Königin zu schlagen, wäre also die halbe Miete.

Während seiner immer energischeren Versuche, in Angriffsposition zu gelangen, wurde er unvorsichtig. Ich hatte unbemerkt ein Pferd in Position gebracht, das nicht weiter auffiel. Ich hatte mir überlegt, daß Pferd seine Königin auf ein Feld rücken könnte, wo ich sie dann sieben Züge weiter schlagen könnte. Und ich sollte recht behalten. Und so kam es, daß ich Pferd mit einem Pferd schlug. Als ich seine Königin erst in der Zange hatte, verließ ihn der Mut. Er wollte das Brett abräumen, aber ich hielt ihn zurück. »Komm, wir spielen fertig.«
Wir spielten weiter. Ich griff ihn mit meiner Königin und zwei Pferden an – um ihn zu verwirren. Alle meine anderen Figuren standen in wunderbarer Position, und das lag an meinem anfänglichen Verteidigungsspiel. Jede Figur war von drei bis vier anderen gedeckt.
Pferd sah, was passieren würde, und nachdem er versucht hatte, seine Königin zurückzuerobern, beging er Harakiri: »Ich habe dich unterschätzt«, sagte er. »Wir spielen noch eine Partie.«
Jetzt ging er kühler und ruhiger ans Werk. Ab und zu schaute er mich an und sagte: »Ich habe dich unterschätzt.« Er schlug mich dreimal hintereinander, dann war er zufrieden. In den zwei folgenden Tagen sagte er mindestens einmal pro Stunde: »Ich habe dich unterschätzt, Jönke.«

Seemann hatte Probleme mit einem neuen Wärter, einem Grünschnabel, der erst seit zwei Wochen im Dienst war. Er kam in unsere Abteilung und führte sich auf, als sei er der Lehensherr und wir die leibeigenen Bauern. Da Seemann Flurältester war, bekam vor allem er damit Ärger.
Wir nannten den Typen den Grünschnabel, und bald hieß er im ganzen Gefängnis so. Wann immer er Dienst hatte, gab es Probleme. Er wollte effektiv sein, pünktlicher, bürokratischer als alle anderen Wärter zusammen.
Eines Tages konnten Seemann und ich mit ihm allen bleiben. Er sollte uns zum Sport bringen. Wir mußten die Schule durchqueren, die zu diesem Zeitpunkt wie ausgestorben war. Als er ein Gittertor zu einem Durchgang aufschloß, fingen unsere Blick den Grünschnabel auf eine Weise ein, die ihm klarmachte, daß er auf dünnem Eis lief. Er rannte fast

durch den Durchgang und in einen Bereich, in dem sich andere Wärter aufhielten.

Seemann und ich hatten nichts abgemacht, stellten später aber fest, daß wir denselben Einfall gehabt hatten. Und Grünschnabel ging es nicht anders. Wir hatten ihm einen Höllenschreck eingejagt, und nach diesem Zwischenfall benahm er sich meistens viel appetitlicher. Wir sorgten natürlich dafür, daß ihm im Gegenzug dieser peinliche Spitzname erspart bliebt.

Die Spitznamen waren immer schon ein witziger Teil des Knastmilieus. Sie können aus den seltsamsten Zufällen entstehen. Wir hatten einen Wärter in der Abteilung, der nie anders hieß als Dosenöffner – da er einmal der Abteilung keinen Dosenöffner bewilligt hatte.

Stromwicht war für den gesamten Nordflügel zuständig. Eigentlich hieß er Strömvig, war aber manisch-depressiv. An einem Tag sah er aus wie eine Ratte, die Kacke gefressen hat. Am nächsten Tag schien er vor Begeisterung total unter Strom zu stehen.

Seemann beantragte die Verlegung nach Herstedvester, und an einem der letzten Tage im März wurde er überprüft – es war einer seiner »Ausgänge mit Begleitung«. Pferd wurde in eine Hochschule ausgelagert.

Ich war jetzt häufiger mit David zusammen. Wir hatten bisweilen so viel Spaß miteinander, daß wir fast vergessen konnten, daß wir im Knast saßen. David lehrte mich zum Beispiel, in leicht benebeltem Zustand an der Töpferscheibe zu sitzen. Das führte zu den wildesten Kreationen, die vor allem aussahen wie der schiefe Krug von Pisa.

Im April hörte ich dann, daß im Knast ein Kuhfladen eingeliefert worden war. Es handelte sich um Elfie, der damals noch immer Clubpräsident war. Er war im Zusammenhang mit einer Anklage gegen Rotztier eingefahren. Er grüßte mich, als ich auf dem Hof an ihm vorbeikam. Das ignorierte ich. Obwohl der Krieg zu Ende war, verachtete ich die Kuhfladen immer noch grenzenlos. Ansonsten waren Elfies Tage als oberster Kuhhirte gezählt. Während er in Nyborg saß, erkämpfte sich ein anderer die Macht im Stall. Und zwar Makrele.

In Vridslöse und Horsens wurde seit einiger Zeit für höheren Lohn gestreikt. Ich hielt das nicht für einen Streikgrund, doch als unser Personal zur Entlastung der Kollegen in die anderen Gefängnisse geschickt wurde, sah ich die Sache gleich anders.

Wir sprachen nun auch in Nyborg von Streik. Einige waren dafür, andere dagegen, die meisten wußten nicht, was sie von der Sache halten sollten. Die Entscheidung fiel erst kurz vor Ostern. Ein Insasse war gegen seinen Willen von Brasen (Vridslöselille) nach Nyborg verlegt worden. Das erzählte er uns zumindest. Er erzählte vom Streik und behauptete, dort zum Streiksprecher gewählt worden zu sein. Wir wählten ihn sofort auch zu unserem Sprecher, obwohl wir noch gar nicht wußten, ob wir überhaupt streiken wollten. Wir wollten zuerst einige Forderungen stellen und abwarten, ob die Gefängnisleitung die abweisen würde.

Und mein Gott, was muß die Gefängnisleitung gelacht haben, als unser neuer Sprecher seinen Auftritt hatte. Er war von Brasen verlegt worden, weil er die Isohaft nicht ertragen hatte. Er hatte uns einfach vollgelogen. Am Tag darauf wurde er abermals zwangsverlegt. Glaubten wir. Wir ahnten ja nicht, daß er selber darum gebeten hatte. Aber das Gerücht der Zwangsverlegung reichte aus, um uns – nach einer Abstimmung – zum Streik zu bewegen.

Die Leute, die die Schule besuchten, bildeten die einzige Ausnahme, sie standen schließlich kurz vor dem Examen. Aber sie baten darum, nach der Schule eingeschlossen zu werden.

Die Leitung hatte nie mit Streik gerechnet, und zum ersten Mal konnten wir einen durchführen, an dem alle sich beteiligten. Am ersten Tag zumindest. Schon am zweiten kniffen die ersten Schlappschwänze. Sie konnten es einfach nicht ertragen, so lange in ihrer Zelle zu sitzen. Aber die Dreckhaufen überall im Gefängnis wuchsen und wuchsen, und es wurden überall dort drei Wärter eingesetzt, wo es normalerweise nur zwei gegeben hatte.

Mitten im Streik kam mein Osterurlaub. Ich hatte einige Tage zusammengespart, um zusammen mit den Brüdern an einem Bike-Ausflug nach Bornholm teilnehmen zu können –

die Holmerne hatten uns zu einer Zweitagesparty auf die Teufelsinsel eingeladen. Es war das erste Mal seit der Kristallnacht 1978, daß ich meine Quanten auf die Insel setzte.

Es wurde sehr gut für uns gesorgt. Sie wußten, daß ich wie besessen rauchte, und hatten jede Menge Pot und Hasch besorgt.

Wir besuchten Bornholms Sehenswürdigkeiten. In der Festung Hammershus rissen wir die dänische Flagge herunter und ersetzten sie durch unsere *Hell's Angels*-Flagge. Wir hätten die Burg problemlos einnehmen können. Wir sorgten natürlich dafür, daß der gute alte Dannebrog dabei nicht den Boden berührte – wie sich das gehört.

Es lag noch mehr Dreck herum, als ich nach Norden zurückkam. Viele Insassen warfen ihren Abfall aus dem Fenster, es sah unmöglich aus.

»Seid ihr nicht bald mit dem Streik fertig?« fragte ein Wärter, der normalerweise in Svendborg arbeitete. »Das will ich doch nicht hoffen«, antwortete ich lächelnd. »Es ist eine entsetzliche Schweinerei. Und wir müssen die ganze Zeit hin- und herrennen«, sagte er dann. Gut, dachte ich. Dann hat es ja doch ein wenig geholfen. »Wollt ihr noch lange so weitermachen?« – »Das weiß ich nicht«, antwortete ich wahrheitsgemäß. Im tiefsten Herzen glaubte ich das ja nicht – wir hatten einfach zu viele Schlappschwänze mit dabei.

Am nächsten Tag stellte ich zu meiner Zufriedenheit fest, daß meine ganze Abteilung sich weiterhin im Streik befand. Wir waren jeden Tag zusammen auf Hofgang. Eine Stunde. Wir wurden nicht zusammen mit den anderen Abteilungen hinausgelassen. Es sollte verhindert werden, daß die starken »Psychen« die schwachen unterstützten. So weit ich das von meinem Fenster aus beurteilen konnte, streikten auch in den anderen Abteilungen noch immer die meisten, aber es sprangen doch immer mehr ab.

Ich wurde von einem heftigen Lärm geweckt. Ich rannte zum Fenster. Unten lief ein Häftling mit einem Besen Spießruten zwischen allerlei Abfall und fliegenden Gegenständen. »Streikbrecher«, rief Kenneth vom Fenster in unserem Gang. Er war dabei, den Typen mit Geschirr zu bombardieren. Ein Teller verfehlte den Streikbrecher nur um Haaresbreite, und der rannte in Sicherheit. »Streikdrescher«, sagte ein Algerier in gebrochenem Dänisch.

Der Insasse kehrte mit einem Wärter zurück und machte sich wieder ans Fegen. Noch immer tauchten vereinzelte fliegende Untertassen auf. Am Ende wurde es dem Wärter zu bunt. Er stellte die Arbeit ein.

»Lächel doch mal. Du fehlst mir«, lachte David zu mir hoch. Er machte seinen Hofgang unter meinem Fenster. »Geht's dir gut?« rief ich zurück. »Ich habe mich gefunden«, antwortete er strahlend. »Ich habe achtundvierzig Jahre gesucht.« – »Ihr dürft nicht mit den Isoleuten sprechen«, sagte ein Wärter. »Ich bin selbst ein isolierter Fall«, sagte David lächelnd zu ihm. »Ja, das weiß ich wohl«, erwiderte der Wärter. »Was ist mit Mimik?« fragte David, hüpfte auf dem Rasen herum und fuchtelte aufs Seltsamste mit den Händen. »Wenn es nur keinen Lärm macht«, lachte der Wärter. »Ihr habt doch keine Ahnung von unseren Gefühlen. Da oben sitzt schließlich mein Verlobter.« – »Ich hätte dir einen besseren Geschmack zugetraut, Jönke«, rief der Wärter zu mir hoch. »Man muß nehmen, was man kriegen kann«, rief ich zurück.

Der Streik verebbte. Unsere Abteilung war die einzige, die noch immer geschlossen weitermachte. Insgesamt hielt vielleicht ein Drittel der Insassen des gesamten Gefängnisses die Fahne hoch. Wir stimmten ab und beschlossen, wieder zur Arbeit zu gehen.

Damit war der Streik erledigt. Wir hatten nicht viel erreicht, hatten aber immerhin ein wenig Abwechslung in den Alltag gebracht.

Ich hätte ja gern gewußt, welche Nettigkeiten die Gegenseite nun für mich bereithielt. Sie hielt mich doch für die treibende Kraft hinter dem Streik.

Beim nächsten Urlaub erlebte ich eine freudige Überraschung. Mein Vater hatte sich eine Freundin zugelegt, weshalb sich seine Laune besserte. Er wurde inzwischen sogar wieder ein bißchen frech.

Ich traf mich zum Essen mit ihm, seiner Bekannten und deren siebzehnjähriger Tochter. Beide gefielen mir sehr gut, und als mein Vater mich danach in den Club fuhr, fragte ich, warum sie nicht zusammenzögen. Sie wohnten beide in zu großen Häusern und waren doch fast jeden Tag zusammen. Er wollte sich die Sache überlegen.

Die Malergruppe beendete ihren Einsatz im Gefängnis von Ringe und machte sich dann an Personalwohnungen, die unserem heimatlichen Gefängnis gegenüber lagen.

Eines Morgens fragte unser Vorarbeiter, ob einer von uns mit David auf Nyborgs höchstes Gebäude klettern wollte. Dort mußten einige kleinere Schäden ausgebessert werden. Ich lehnte dankend ab. Ein großer Bergsteiger war ich noch nie gewesen.

Als wir später vor dem Gebäude über einen Rasen wanderten, rief jemand: »Komm doch auf einen Kaffee hoch, Jönke.« Es war David, der hoch oben auf dem Dach herumspazierte wie bei einem Einkaufsbummel im Ströget. »Nur über meine Leiche«, schrie ich zurück.

Ich schaute zu der Leiter hoch, die sich ein wenig im Wind bewegte. Sie sah sehr dünn aus. Mir schauderte. Wenn ich da hochstieg, würde ich mich zu lebenslänglicher Haft verurteilen. Ich würde niemals wagen, wieder herunterzuklettern.

Es war Ende Juli. Es war ein absoluter Supersommer. Es war die Zeit des Roskilde-Festivals. Der Club wollte in diesem Jahr geschlossen hinfahren. Musik war unser größtes gemeinsames Interesse – nach den Motorrädern – und wir waren schon lange nicht mehr gemeinsam unterwegs gewesen.

Ich verließ das Schimmelhaus zu meinem vorletzten Urlaub. Zusammen mit drei anderen Insassen fuhr ich zum Bahnhof von Roskilde. Die meisten mit Urlaubsansprüchen hatten ihren Urlaub auf dieses Wochenende gelegt – alle wollten das sagenumwobene Festival besuchen.

Am Bahnhof wurde ich von einem Prospect erwartet, der mein Bike und meinen Eierhelm brachte. Trotz der vielen Wagen und der endlosen Kolonnen von Freaks aus ganz Europa konnte ich unser Camp problemlos finden. Es lag gleich neben dem Haupteingang. Blondie und Gaukler legten ein Brett über den Graben, und damit konnte ich auf das Gelände fahren. Ich wurde in einer wahren Flut von Umarmungen fast vom Bike geschwemmt.

Ich sah mir das Lager an. In der Mitte stand ein großes Militärzelt mit Bar, Küchen und Tischen. Um dieses Hauptzelt lagen etliche Wohnzelte und kleinere Zelte.

Carlo hatte sich aufs allerbeste eingerichtet – mit einem schönen, geräumigen Zelt mit jeder Menge Matratzen, Dekken und Kissen. Vor dem Zelt standen Liegestühle und Gartenstühle. Er hatte jede Menge Steaks und Würstchen für einen kleinen Grill gekauft, der bereits vor sich hinsummte. Typisch Carlo – er hatte immer seine Schäfchen im Trockenen.

Und typisch Allan, daß er sich und seine Frau in Carlos Zelt eingeschmuggelt hatte.

Gaukler und Hansi hatten ihr Zelt einfach in die Gegend geknallt und zwei Matratzen hineingeworfen. Sie wollten hier einfach im Suff hinfallen können. Eventuell zusammen mit irgendwelchen Frauen.

An der Straße standen unsere Bikes, damit die Vorüberkommenden sie bestaunen konnten.

Hinter dem großen Zelt hatten unsere Prospects ein Klo aufgestellt. Das war natürlich ungeheuer notwendig. Wer zum Teufel will schon sechs- oder siebenhundert Meter zum Kacken laufen?

Die ganze Herrlichkeit war mit einer Kette abgesperrt. Und mit Schildern mit der Aufschrift »*Hell's Angels – Keep Out!*« Die blödesten kamen trotzdem hereingetrottet. Die allerblödesten kriegten eins aufs Dach.

Es war schon munter gezecht worden und das erste Pfeifchen wurde angesteckt. Das zweite folgte, und eine Stunde nach meinem Eintreffen swingte ich zusammen mit meinen Lagergenossen.

Dann wanderte ich mit einigen Brüdern auf den Festplatz. Wir mußten die ganze Zeit mit alten Bekannten Joints durchziehen – mit Leuten, die wir aus dem Knast oder sonstwoher kannten. Immer strömten Leute hinzu, die die absolut richtige Sorte Kaschmir oder den feinsten Kongo hatten.

Einer tauchte mit brasilianischem Pot und einem Chillum auf, das fast einen halben Meter lang war. Als Knastkandidat sollte ich dieses olympische Feuer entfachen. Ich torkelte wie ein Zombie durch die Menschenmassen. Wenn mein Fuß den Erdboden berührte, kam ich mir vor wie auf Schlittschuhen.

Ich erlosch gegen fünf Uhr nachts und erwachte am nächsten Tag mit zwei unterschiedlichen Arten von Musik in den Ohren. Die eine kam von der großen Bühne, die andere von unsere eigenen Anlage. Ich mußte aufstehen und entweder zur einen oder zur anderen gehen.

Ich latschte zum Zelt hinüber und bekam ein herrliches Glas Milch und frische Brötchen. Als die anderen Großraucher im Club die Augen wieder aufbekamen, bauten wir den Morgenjoint. Ellis und ich stellten ein Erdpfeifchen her, und wir legten uns davor auf den Bauch. Aber ein schwer verdreckter Stiefel klatschte mitten hinein, und eine muntere Stimme fragte: »Warum liegt ihr denn hier?« Das war Blondie, der selber nicht rauchte und uns eins auswischen wollte. Ich machte mich über ihn her, und lachend wälzten wir uns im Gras. Nach diesem Ringkampf widmeten wir uns dem inzwischen wiederhergestellten Hügelchen. Auf einen Schlag war ich fast so fertig wie in der Nacht. Damit war das Fest wieder in vollem Gange.

Ich gebe offen zu, daß ich mich an keine einzige Band vom Festival erinnern kann, aber ich genoß trotzdem jede Sekunde. Gegen Abend erwischte ich vor der großen Bühne eine scharfe Frau. Wir landeten auf den Klos. Was ist schließlich romantischer als ein impulsiver Fick mit dem Hintern auf der Brille?

Ein sturzbesoffener Schwede kam lallend an mir vorbei, im Schlepp seine mindestens ebenso sturzbesoffene Schwedin. Die Schweden konnten noch nie trinken und werden es vermutlich auch niemals lernen. Aber nicht sein Suff ging mir auf den Keks – sondern das Abzeichen, das er sich auf seine Wrangler-Jacke genäht hatte. Es war identisch mit dem auf meinem Rücken. Es wäre gescheiter gewesen, er hätte es zu Hause in Ystad gelassen. Ich packte seine Schulter und riß ihn und seine Alte zu mir herum. Ich verpaßte ihm rasch zwei aufs Maul und schüttelte ihn, und zugleich brüllte ich ihn im besten Kommißton an: »Was zum Teufel bildest du dir ein?« Die beiden rafften nicht, was hier ablief. Ich packte ihn am Kragen und fragte ein paar Flipper, die dem Auftritt zugesehen hatten, ob sie ein Messer hätten. Mit wurde ein Klappmesser zugeworfen. Mit einem Schnitt trennte ich den Rücken aus der Wrangler-Jacke, danach schickte ich den Typen mit einer sanften Maulschelle zu Boden. Ich wollte einfach nicht das, was mein ganzes Leben ausmachte, auf dem Rücken eines Suffkopps sehen, der keine Ahnung hatte, was er da mit sich herumtrug. Ich bedankte mich für die Leihgabe, gab den Freaks das Messer zurück und ging.

Als ich am nächsten Morgen erwachte, schaute ich zu Gaukler und Hansi hinüber, die neben mir leise schnarchten. Ihre Gesichter sahen aus wie geballte Fäuste. Ich spielte mit dem Gedanken, sie zu wecken und ihnen mitzuteilen, wie scheußlich sie am frühen Morgen aussahen, dann fand ich das aber doch zu gemein und ließ es sein.

Ich taumelte aus dem Zelt und griff mir an meinen schmerzenden Kopf. Ich stieß mit Piep zusammen, der gerade Kopfschmerztabletten austeilte. Er hatte immer welche zur Hand. Ich lehnte ab. Die Kopfschmerztabletten, die ich in meinem Leben bisher geschluckt hatte, ließen sich an einer Hand abzählen. Ich war an meinem Dröhnschädel selber schuld und hielt den Kater für die beste Medizin. Denn dann kennt man seine Grenzen einfach besser.

Als dann immer mehr von den anderen wieder unter den Lebenden weilten, machten wir uns langsam aufbruchbereit. die meisten von uns waren Zombies, und deshalb dauerte es seine Weile.

Eigentlich hätte ich mit der Bahn von Roskilde nach Nyborg zurückfahren sollen, aber dazu war ich doch einen Tick zu indisponiert und ließ mich deshalb von den anderen nach Kopenhagen mitnehmen. Ich ließ mich im Angels' Place ins Bett fallen – und verschlief. Ich rief in Nyborg an und teilte mit, daß ich erst am folgenden Tag zurückkommen würde.

Auf dem Weg zum Bahnhof erzählten Blondie und Hansi mir die letzten Neuigkeiten – bisher hatten wir dazu noch keine Zeit gehabt. Obwohl seit anderthalb Jahren Friede mit den Kuhfladen herrschte, hatte es doch wieder ein Treffen mit ihnen gegeben. Irgend etwas machte sie offenbar nervös. Eines Tages hatte Makrele angerufen und um eine Besprechung gebeten. Dieses Treffen fand im Fælledpark statt, und von jedem Club nahmen drei Vertreter daran teil. Sie hatten zuerst gefragt, wo wir im Krieg zwischen ihnen und den anderen Clubs stünden, vor allem ging es ihnen um die *Black Sheep*. »Wir stehen da, wo wir seit dem Friedensabkommen gestanden haben«, erwiderte Gaukler. »Wir halten uns an unsere Abmachungen.« Danach fragte Makrele, ob sein Club auf Probe bei uns aufgenommen und später vielleicht zu einem Amager-Chapter werden könnte. Wie beim ersten Versuch war das energisch abgewiesen worden. Danach hatten sie uns die Hälfte von Christianias Haschmarkt angeboten, aber auch das hatte Blondie auf der Stelle abgelehnt.

Der Grund für dieses Treffen war, daß die *Black Sheep* den Kuhfladen kurz zuvor einige schmerzhafte Niederlagen beigebracht hatten. Zuletzt waren sechs oder sieben Kuhfladen in einer Wohnung in Christiania bis zur Unkenntlichkeit zusammengeschlagen waren. Auch die *Morticians* setzten sich jetzt zur Wehr, nachdem die Kuhfladen sie über einen langen Zeitraum hinweg schikaniert hatten.

»Warum hast du die Zeit nicht eingehalten?« fragte ein Wärter mich bei einem kurzen Verhör im Hotel Newcastle. »Ich bin ins Wasser gefallen und dann eingeschlafen.« Größere Erklärungen waren nicht angesagt. Ich mußte fünfundzwanzig Kronen Strafe zahlen und bekam einen Tag extra aufgebrummt.

»Willst du Prügel oder was?« rief jemand auf dem Gang. Ein Fenster wurde eingeschlagen. Es herrschte ein wildes Gewühl. Ich schaute durch den Spalt zwischen Tür und Rahmen. Zwischen zwei Wärtern stand mein Zellennachbar – ein kleiner Wicht von an die eins sechzig. Er sah aus, als sei das Leben heftig mit ihm umgesprungen. Ich war fast sicher, daß es sich um einen Junkie handelte. Die beiden Wärter zogen und zerrten an ihm. »Kommst du freiwillig oder was?« fauchte der eine Wärter und packte Flemmings Schultern. »Sie hatte es fest versprochen«, schniefte der. »Warum lügt sie?« Er war außer sich, stand am Rande eines hysterischen Zusammenbruchs. »Jetzt reicht's«, fauchte der eine Wärter, als Flemming das nächste Fenster einschlug. Sie packten ihn und drehten ihm die Arme um. Und zwar mit aller Gewalt – sie glaubten, allein in der Abteilung zu sein. Alle anderen Insassen waren beim Hofgang. Ich öffnete die Tür, als sie ihn die Treppe hinunterstießen. »Verderb ich euch hier das ganze Vergnügen?« fragte ich mit Wolfslächeln. »Geh in deine Zelle. Mit dir haben wir kein Problem.« Ich ging auf sie zu. »Nein, aber in diesem Rattenloch kann man leicht eins finden.«

Sie hatten Flemming losgelassen und traten unsicher von einem Fuß auf den anderen. »Er hat drei Fenster eingeschlagen, deshalb müssen wir ihn isolieren.«

»Gehört dieser Hintern voll auch dazu?« fragte ich. »Warum hört ihr ihm nicht zu, statt euch über ihn herzumachen?«

Flemming hörte gespannt zu. In seinen Augen standen noch immer Tränen, aber es war auch ein wenig Hoffnung zu sehen. »Wir müssen ihn in die Iso bringen.« – »Na gut«, erwiderte ich, »aber wenn ihr ihn zusammenfaltet, dann werde ich euch höchstpersönlich ebenso zusammenfalten.« – »Soll das eine Drohung sein?« fragte der eine Wärter. »Nein, das ist ein Versprechen«, antwortete ich. »Und ansonsten ist diese Fürsorge-Sau total leer in der Birne, das wißt ihr so gut wie ich.«

Damit meinte ich die Fürsorge-Beamtin der Abteilung, die Flemming Ausgang versprochen hatte, damit er seine schwerkranke Freundin besuchen konnte. Ganz kurz vor seiner Abreise aber hatte sie in der Abteilung angerufen und den Wärtern mitgeteilt, aus der Sache könne nichts werden. Immer wieder schob sie bei solchen Dingen die Wärter vor, und ich konnte nicht begreifen, daß die sich das gefallen ließen.

Die Sache endete damit, daß Flemming sich still und ruhig in die Iso-Abteilung führen ließ. Später an diesem

Abend hörten wir, daß er seine Isozelle zu Klump schlug, aber er bezog keine Prügel, und deshalb hatte mein Wutausbruch doch ein wenig geholfen.

Leute wie diese Fürsorge-Sau gossen die Munition für allen Ärger. Ob sie wohl jemals dabei geholfen hat, einen Häftling vom Seil zu schneiden, der sich erhängt hatte, hat sie jemals eine Zellentür geöffnet und den Bewohner in seinem eigenen Blut schwimmend vorgefunden?
Ein Insasse einer anderen Abteilung hatte sich während des Urlaubs einen Job gesucht. Das bedeutete, daß er zwei Monate vor Ende seiner regulären Haftzeit entlassen werden konnte. Die Fürsorge-Sau hatte seinen angehenden Arbeitgeber angerufen: »Sie wissen doch hoffentlich, daß er wegen des weißen Pulvers sitzt?« Der Typ behielt den Job, aber sein neuer Arbeitgeber hatte gefragt, ob die Dame nicht ein wenig »seltsam« sei. Das war aber nicht die richtige Bezeichnung.

Auch ich geriet einmal mit ihr aneinander. Ich wurde eines Tages zu ihr nach oben gerufen. »Ich gehe davon aus, daß du gern auf Probe entlassen werden möchtest? Hier sind deine Papiere.« – »Und an welchem Tag werde ich auf Probe entlassen?« fragte ich. Eigentlich hätte ich bis zum zwanzigsten August sitzen müssen, aber aufgrund meines Zuschusses vom »Roskilde-Urlaub« war es nun Sonntag, der einundzwanzigste August geworden. Aber – da Gefängnisse normalerweise nicht samstags oder sonntags entlassen, konnte ich auf Freitag, den neunzehnten hoffen.

»Du wirst am Freitag entlassen, und zwar ohne Bedingungen – abgesehen von den üblichen zwei Jahren Probezeit.« – »Ist es ganz sicher, daß es der Freitag ist?« – »Ja, Freitag, der neunzehnte August.« Sie war die Freundlichkeit selber, aber ich wußte, daß auf sie kein Verlaß war. »Ich schreibe meinen Brüdern, daß sie mich hier abholen sollen, aber dann möchte ich gern ganz sicher sein.« – »Keine Sorgen. Das ist alles geregelt«, war die Antwort. Ich zog die Tür hinter mir zu, hatte aber immer noch meine Zweifel.

»Post für dich, Jönke«, rief ein Wärter, als ich mich nach einem harten Arbeitstag die Treppe hochquälte. Ich ging

ins Personalbüro. »Bitte sehr. Ein Brief und zwei Postkarten!«
Die Postkarten stammten von meinen Brüdern aus den USA – Jappe, Gaukler und Blondie machten eine zweimonatige Rundreise. Connecticut und Massachusetts, stand auf den Karten. Der Brief kam von Jens: »Wir holen dich am Freitag, um 9-0-0-tüt – wie abgemacht.« Gut, damit war mein Heimtransport gesichert.
Das Telefon klingelte. »Ja, du kannst selber mit ihm sprechen – er steht gerade vor mir.« Der Wärter reichte mir mit seltsamem Lächeln das Telefon. »Für dich, Jönke.« Ich betrachtete das Rohr voller Mißtrauen – als wolle er mir eine Handgranate überreichen. »Ich bin's.« Es war die Fürsorge-Sau. »Ja, es geht um deine Entlassung. Das geht erst am Sonntag. Tut mir leid...«
Ich knallte den Hörer auf die Gabel. »Verdammte Dreckssau. Ich bring sie um!« Die Wärter versuchten, mich ein wenig zu beruhigen. »Beruhigen, sagt ihr? Die ist doch eine Psychpathin! Wo habt ihr die bloß ausgebuddelt?«
»Du solltest ein Gesuch an den Direktor schreiben«, sagte einer der Wärter. »Gib mir sofort ein Formular. Wenn das nicht wirkt, dann hagelt es Leichen!«
Ich ging in meine Zelle und brüllte und schrie. Aber das Gesuch half. Schon am nächsten Tag wurde ich zum Inspektor gerufen. Ich hatte mich wirklich in Hitze gesteigert und mit Bedrohungen und Flüchen gegen alles und jeden um mich geworfen. Und deshalb betrat ich das Büro des Inspektors mit wirklich saurem Gesicht und Bäh-Mund. Und mein Bäh-Mund klappte mir bis auf den Magen hinunter, als ich sah, wer hier auf mich wartete. »Guten Tag, ich bin Lisa. Ich bin die Vertreterin des Inspektors«, sagte eine hübsche junge Frau. »Ich muß einige von seinen Aufgaben übernehmen, während er im Urlaub ist – unter anderem soll ich mir dir reden«, sagte sie und lächelte zuckersüß.
Die sind verdammt noch mal gerissen, dachte ich. Hier war ich bereit zum richtig großen Krach mit folgendem Boxkampf – und dann schicken sie so ein süßes kleines Ding gegen mich in den Ring. »Es geht um deine Entlassung«, sag-

te sie. Ich wurde gleich wieder wütend. »Du hast recht«, sagte sie. »Du wirst am Freitag entlassen.« Mir fiel mein Bäh-Mund bis auf die Knie. Wenn es noch mehr Überraschungen gegeben hätte, hätte ich ihn beim Hinausgehen über den Boden geschleift.

Ein Wärter half mir, meinen Fernseher und meine übrigen Habseligkeiten zu Jens und Hamster hinauszuschaffen. »Das ist ja ein edles Gefährt«, sagte der Wärter und nickte zu Jens' silberfarbenem Jaguar hinüber. »Das ist wohl nicht übertrieben für einen Mann von meinem Format«, lachte ich. Er hätte wohl einen kackfarbenen Morris Mascot für mich passender gefunden. Ich setzte mich in die Karre, und wir fuhren. Ich drehte mich um, um einen letzten Blick auf das zu werfen, was während der letzten neun Monate mein Zuhause gewesen war. »Lebwohl, Drecksloch«, sagte ich. Morgen würde ich nicht mehr daran denken.

Ich wurde zu Daddy Cool gefahren. Er und seine (und meine) neue Familie erwarteten mich zu einem Gartenfrühstück. Die Sonne schien wie besessen – als wollte auch sie mich willkommen heißen.

Nach dem Essen sprachen wir uns darüber aus, was ich »von nun an mit meinem Leben anfangen wollte«. Mein Vater brachte natürlich das übliche Thema an, das für seine Generation soviel bedeutet. »Was ist mit Arbeit?« – »Ja, ja, ganz ruhig. Laß mich doch erst mal landen. Ich will auf jeden Fall einen Monat Ferien machen, ehe ich das Wort Arbeit auch nur hören mag.«

Abends stieg im Club ein großes Fest. Meine Brüder wollten mich weit übers Gehtnichtmehr hinaus vollschütten. Ich wehrte mich nicht, sorgte aber dafür, daß am Ende auch sie himmelblau waren.

Linda schmiegte sich an mich. »Wieso rufst du mich am selben Tag an, an dem ich entlassen worden bin?« fragte ich sie. »Spionierst du mir nach?« – »Wenn man jemanden, den man mag, fast zwei Jahre nicht gesehen hat, dann informiert man sich doch darüber, wann man ihn treffen kann.«

Ich lächelte. »Ich hab zwischendurch doch Urlaub gehabt.« – »Ja, danke. Vielleicht hast du dich im Urlaub mal gesehen – mir ist das jedenfalls nicht passiert. Du fegst doch durch die Gegend wie ein angebrannter Furz«, sagte sie lachend. »Zuerst dein Club und dann die Liebe, was?« – »So ist es eben, Linda.«

Ich stand auf und ging aufs Klo. Es hatte mich wirklich überrascht, daß sie mich gleich am ersten Tag angerufen hatte. Ich kannte sie seit zwei Jahren. Wir hatten uns zweimal getroffen. Das war alles. Aber sie erzählte mir, daß sie schon lange ein wenig in mich verliebt war. Natürlich hat mein verwirrtes Gehirn das nicht kapiert.

Wir saßen in meiner Wohnung in Vangede. Auf den Tischen brannten Kerzen, in den Gläsern funkelte der Wein. Es war wunderbar.

Ich ging zurück ins Wohnzimmer. »Komm, wir gehen ins Badezimmer.« Mein Klo war zu klein, um es anders als Klo zu nennen, aber zum Glück war Platz genug zum Lieben.

Ich erinnere mich noch an den Blick meiner Mutter, als sie erzählte, daß meine Tante eine Wohnung an der Hand hatte. »Die ist nicht gerade groß, aber gut gelegen«, hatte sie gesagt. »Ist das Badezimmer groß genug zum Ficken?« hatte ich provozierend gefragt. Wie immer bewahrte sie die Fassung. »Das ist für alles mögliche groß genug.« – »Okay, dann nehm ich sie.«

Es war gegen neun, und der Supermarkt hatte gerade erst geöffnet. Ich entdeckte den Chef und schlich mich hinter ihm an. Er legte gerade Brote ins Regal. »Kannst du nicht eben auf die Rampe gehen und die letzten Kästen aus dem Hof holen, Jönke?« fragte er. »Verdammt, du hast mich gesehen!«

Wir gingen auf den Hinterhof und quatschten eine Weile. »Brauchst du also eine Beschäftigung?« fragte er, während ich ihm bei den Brotkästen half. »Nicht sofort. Ich muß erst mal ein bißchen Pause machen.«

Wir redeten noch eine Weile weiter. Ich begrüßte die anderen, die zu meiner Zeit dort gejobbt hatten. Dann lief ich weiter. Ich hatte es eilig – ich wollte mich bei so vielen Freunden sehen lassen.

Ich hätte mir sicher einen neuen Job im Supermarkt erquatschen können, aber dann hätte ich versprechen müssen, daß ich nicht wieder im Knast landen würde. Und das konnte ich bei meiner Einstellung zum Leben nicht garantieren. Ich hatte deshalb nicht gefragt. Es wäre nicht fair gewesen. Ich wußte, daß der Chef mich schätzte, aber er hat meinetwegen wirklich genug Ärger gehabt.

Ich lehnte den Rücken an das kalte Porzellan der Badewanne. Ich sang eine Arie. Ich entspannte mich wunderbar in dem schaumigen Wasser. Als es mein Kinn erreichte, drehte ich den Hahn zu, und es wurde wunderbar still.

Ich war gerade von einem Europa-Run in Frankreich zurückgekehrt. Jede Menge schöne Natur. Wilde Feste, die genauso lange gedauert hatten, wie sich das für Feste gehört. Als wir dann in unseren Club zurückgekehrt waren, hatten wir uns in alle Winde zerstreut – um zu baden.

Mein Vater und seine Freundin waren bei der Arbeit. Meine neue kleine Schwester saß mit einer Freundin im Wohnzimmer, aber ich konnte nichts von ihnen hören. Sogar die Vögel hielten den Schnabel. Mir wurde es zu still. Ich schaltete das Radio auf der Fensterbank ein.

»There is a house in New Orleans...« Hallo, P 3, dachte ich. »Nachrichten. Ministerpräsident Poul Schlüter hat heute...« He, was hat der da gesagt? Poul Schlüter Ministerpräsident? Als wir nach Frankreich gefahren waren, hatte Klein-Anker am Ruder gestanden. Da konnten wir das Land also keine zwei Minuten verlassen, ohne daß gleich die Revolution ausbrach.

Ich war politisch nicht engagiert, aber ich glaubte nicht, daß bei einer bürgerlichen Regierung etwas Gutes herauskommen würde. Sondern eher mehr Polizei, mehr Wasserwerfer, mehr Tränengas.

Ich stieg aus der Badewanne und ging unter die Dusche, um mir die letzten Nachrichten abzuspülen. Mein Vater kam nach Hause, als ich mich gerade abtrocknete. »Bist du's, Jörn?« – »Nein, das ist Schlüter.«

Es war Mitte September. Das Leben ging seinen Gang, und meine Güte, wir hatten Spaß. Im Moment saß nur Dirty, aber auch der würde bald entlassen werden. Er war vom Gefängnis ausgelagert worden und arbeitete als Möbelpacker. Er war von einem tollwütigen Fußball gebissen worden – genau wie ich. An seinen freien Tag gingen wir in den Fællespark, um den Ball herumzujagen.

Eines Nachmittag standen wir auf dem Hof hinter dem Club und wärmten uns auf. Dirty, Middelboe und ich jonglierten mit dem Ball, während wir auf Carlo warteten, der sich gerade umzog.

Hansi kam heraus und wollte mitspielen. Middelboe spielte ihm zu, und Tinny – der Clubhund – warf sich dazwischen und schnappte sich den Ball. Er wurde in den Dog Place eingesperrt, das Hundehaus, damit wir unsere Ruhe hatten. Tinny wurde leicht zu eifrig, wenn er in Schwung kam.

Das galt auch für Hansi. Er lief weiter und weiter mit dem Ball. Was nicht besonders gescheit war. Er wurde schon seit längerer Zeit gesucht. Nur wegen Bagatellen zwar, aber trotzdem.

Wir hielten den Ball in der Luft. Er durfte den Boden nicht berühren. Hansi war total versessen auf diese Übung. Wenn er sich bewegte, dann mit Stil.

Ich stand in der Einfahrt und hatte eben gerufen: »Jetzt her mit der Kugel«, als ich Zahnfleisch und einen Kollegen sah, die in einem blauen Ford auf den Hof fuhren. Ich machte wilde Zeichen und absurde Sprünge, doch Hansi war restlos ins Jonglieren vertieft.

Endlich sagte Dirty einfach: »Zahnfleisch!« Worauf Hansi aufblickte, aber nun hatte Zahnfleisch schon Verstärkung angefordert. Hansi lief in den Club und knallte die Tür ins Schloß. Wir anderen spielten weiter – als ob nichts geschehen sei.

Zahnfleisch stieg aus dem Wagen und hielt Ausschau nach Hansi. Sein Kollege stellte sich vor das Haus, um zu verhindern, daß Hansi sich durch ein Fenster davonmachte. Hansi wäre mit seinem hintersten Körperteil steckengeblieben, wenn er das versucht hätte.

Drei oder vier Wagen kamen, zusammen mit zwei Verkehrsbullen. »Schließ die Tür auf, Jönke«, sagte Zahnfleisch. »Tut mir leid, ich habe keinen Schlüssel bei mir«, erwiderte ich. Ich war nur mit T-Shirt, Shorts und einem dämlichen Lächeln bekleidet. »Ihr könnt die Tür ja aufbrechen – wie damals, als ihr geglaubt habt, ich sei drinnen. Ihr wißt ja, was das kostet.«

»Wir wollen nur Hansi, dann sind wir gleich wieder weg.« – »Der ist nicht da drinnen«, erwiderte ich. Es war eine Lüge, aber wenn sie darauf reinfielen, um so besser.

Zahnfleisch war sich nicht hundertprozentig sicher, deshalb ging er zu seinem Wagen und bestellte einen Schlosser. Dann kam ein Einsatzkommando per Bus. Sie trugen kugelsichere Westen und hatten automatische Gewehre. Sie umstellten den Club. Es sah einfach grotesk aus. Wir jonglierten noch immer mit dem Ball und trugen kurze Hosen.

»Aufpassen«, rief Dirty. Ein Polizist mit einem Karabiner konnte sich gerade noch ducken, sonst hätte er den Ball an den Kopf bekommen. Er trat ihn zurück, und wir machten weiter. Tinny bellte wie verrückt. Er konnte Bullen nicht ausstehen. Zum Glück hatten wir ihn eingeschlossen – normalerweise schaffte er es, einen oder zwei Bullen zu beißen, ehe wir eingreifen konnten.

Der Schlosser kam. Er brauchte fast eine Stunde, um die Tür zu öffnen. Die Bullen drängten sich hinein. Natürlich konnte Hansi sich nicht richtig verstecken, weshalb er innerhalb einer Viertelstunde gefunden und in Eisen gelegt wurde.

Wir verabschiedeten uns von ihm und stopften ihm einige Geldscheine in die Tasche. Hansi starrte Zahnfleisch sauer an, als er an ihm vorbeigeführt wurde.

»Da hast du's, Jönke«, sagte Zahnfleisch. »Diese Mühe hättet ihr uns ersparen können. Wir haben ihn ja doch gefunden.« – »Ja, aber überleg doch nur, was es euch gekostet hat, für diesen Blödsinn dreißig Mann anrücken zu lassen. Und in zwei Monaten ist er wieder hier«, sagte ich und lächelte.

Man trifft jeden Tag neue Menschen. Wir trafen die Punx.

Der Punk hatte seinen Einzug in Kopenhagen gehalten, ohne daß uns das weiter aufgefallen wäre. Die Punx hatten uns nie gestört, und wir hatten keine besondere Einstellung zu diesem neuen Phänomen.

Aber zwei von meinen Brüdern hörten die Musik ganz gern. In einer Disco hatten einige Punx sie zu einem Konzert in Brumleby eingeladen.

Und da standen wir nun mit vierzehn oder fünfzehn Bikes. Die Punx stellten allerlei interessierte Fragen. Sie waren arm – ärmer als wir. Bei uns hatte immerhin jeder ein Bike.

Ich stand in einem kleinen Lokal, wo die Punkband sich bereitmachte, um unsere Trommelfelle zu sprengen. »Hier sind ja wunderbare Frisuren zu bewundern«, sagte ich zu Jappe, als ein Mädchen mit Igelfrisur an uns vorüberstolzierte. Sie lächelte uns an. Sie lächelten alle. Sie freuten sich darüber, daß wir gekommen waren. Vielleicht waren sie ein bißchen nervös. Sie waren daran gewöhnt, wegen ihres Aussehens Dresche zu beziehen.

Sie tranken außerdem Starkbier. Ob das wohl Punk war?

Ein Mädel mit roter, grüngesprenkelter Mähne kam auf mich zu: »Meine Güte, du hast ja vielleicht tolle Haare.« – »Ebenfalls«, gab ich höflich zurück. »Vielleicht sollte ich meine ein bißchen toupieren und dann hellrot färben?« – »Wäre saugeil«, sagte sie lachend.

Dann ging mit ohrenbetäubendem Lärm die Musik los. Ich hörte zum ersten Mal Amateur-Punk, und dabei wurde an Watt nicht gespart. Nach fünf Minuten bebte das ganze Lokal. Die Punx tanzten wild vor der Bühne hin und her. Hin und her und zwischendurch, sie schubsten einander hin und her. Es sah aus wie eine zünftige Wirtshauskeilerei, aber so flippten sie offenbar aus. »Schubstanz« nannten wir das. Sie achteten aber sorgfältig darauf, uns Zuschauer am Rand nicht anzuschubsen.

Wir feierten zwei Stunden mit ihnen, und alle kamen heraus und winkten uns zum Abschied zu, als wir losfuhren. »Auf Wiedersehen«, riefen wir und tobten nach Hause – ein wenig mehr gehörgeschädigt als bei unserem Eintreffen.

Dirty wurde entlassen. Er war zu viereinhalb Jahren verknackt gewesen, was damals den Clubrekord bedeutet hatte. Der Angels Place war geschmückt. Sogar Tinny hatten wir rotweiße Girlanden um das Halsband drapiert. Er wuselte herum und machte sich Dirtys Hund, Stanley, gegenüber wichtig, und Stanley machte sich im Gegenzug wichtig, weil Dirty wieder da war.

Wir grillten und tranken eine Flasche nach der anderen, wie sich das für solche Gelegenheiten gehört. Obwohl es September war, konnte man noch sehr gut draußen sitzen – wenn man genügend Schnaps im Leib hatte.

Während wir noch draußen saßen und plauderten, zogen wir Jens mit seinem unglaublichen Zerstörungsdrang auf. Er konnte alles kaputtschlagen. Nicht, weil er das wollte, sondern einfach so. Eine Woche nach unserer Rückkehr aus Frankreich kam er aus England zurück. Seine Harley war dort an Land gehuckelt und stieß einen letzten Seufzer aus; wir mußten einen Prospect mit Ersatzteilen hinüberschicken.

»Was macht der Schornstein?« fragte Dirty ihn lächelnd. Jens war zwei Monate zuvor in zu hohem Tempo in unsere Einfahrt gebrettert. Er hatte von einem Freund von Mike ein Auto geliehen. Wenn es sich um einen offenen Sportwagen gehandelt hätte, wäre Jens mit einem Hut gekrönt worden, denn der Schornstein war genau auf dem Dach gelandet. Mike, der sonst nie um Worte verlegen war, war einfach sprachlos. Jens sagte: »Huch.« Die Leute kamen aus dem Club gestürzt. Sie dachten, eine Handgranate sei losgegangen.

Jetzt warteten wir auf einen neuen Schornstein, denn der Winter nahte.

Der Club sah zu dieser Zeit aus wie eine Baustelle. Das ganze Haus wurde repariert und angestrichen. Viel kostete das nicht, die meisten von uns hatten irgendeine handwerkliche Ausbildung oder entsprechende Erfahrungen.

Das Fest dauerte bis weit in den nächsten Tag hinein – wir wollten doch ganz sicher gehen, daß Dirty wirklich auf freiem Fuß war.

Ich fing an, Seemann in Herstedvester zu besuchen. Es ging ihm gut, auch wenn er in der Gaga-Fabrik saß. »Ich weiß nicht, wer hier verrückter ist, die Insassen oder das Personal«, sagte er zu mir. Ich hatte ihm Brote und eine Kiste Zigarren mitgebracht. Ich wußte von Nyborg her, daß er verrückt nach Zigarren war.

Wir nahmen unsere politischen Diskussionen wieder auf. Wir waren uns nicht mehr so uneinig – wir hatten uns einander angenähert, während wir voneinander getrennt gewesen waren.

Zwei Tage, nachdem Jappe, Zulu, Gaukler und Blondie von ihrer Märchenfahrt durch die USA zurückgekehrt waren, lief unser Konzert im Saltlageret vom Stapel.

Wir hatten einen netten Zug durch Christiania gemacht, der damit geendet hatte, daß Jens mit einer Punkband verabredete, daß die H. A. Ende September ein großes Konzert im Saltlageret organisieren würden.

In der ganzen Stadt hingen Plakate. Große Anzeigen. Vor allem Jens hatte viel Arbeit investiert. Sieben Bands sollten spielen – fünf davon machten Punk-Musik. Wir hatten den Eintrittspreis auf vierzig Kronen festgesetzt, da wir wußten, daß viele, die gern kommen würden, arm waren.

Piep saß am Kartenschalter. Seine gierigen kleinen Augen funkelten beim Gedanken an das viele Geld, das er bald in den Händen halten würde. Dirty und ich standen in der Tür.

Die ersten trudelten gegen halb sechs ein. Offiziell sollte das Konzert um sieben anfangen, was normalerweise eine Stunde später bedeutete.

Bald darauf tauchten die Motorradclubs aus Kopenhagen auf. Ein großer Teil der Freistaatbevölkerung stellte sich zusammen mit Punx und anderen guten Bürgern ein. Obwohl der Eintritt nur vierzig Kronen kostete, stellte ein Teil der Punx sich quer. Einige mußten in allen Himmelsrichtungen Geld leihen, um den Eintritt bezahlen zu können. Zwei konnten einen Zwanzigkronenschein aus meiner Tasche klauen. Ich amüsierte mich köstlich. Ich wollte alle möglichen Bekannten begrüßen, und so konnte ich mir nur alle zehn Minuten eine Fluppe zwischen die Lippen stecken. Das machte die Arbeit nicht leichter, aber so war das eben. Trotz der wilden Mischung aus Punx, Flippern, ultrakonservativen Discoleuten und Bikern war es ein ziemlich friedlicher Abend. Natürlich kam es zu Zwischenfällen, aber mit denen wurden wir fertig. Plötzlich standen zum Beispiel drei kleine Punkfrauen vor mir: »Da sind ein paar Rocker, die haben unseren Bushammer weggenommen.« – »Was ist los?« Die Musik dröhnte volle Kanne. Ich schnappte mir Hamster, der gerade zum frische Luft schnappen nach draußen wollte. »Kannst du mich mal kurz vertreten? Ich hab ein Problem.« Ich versuchte, mich darauf zu konzentrieren, was die Mädels sagen wollten. »Unser Bushammer.« Ich hatte einfach keine Ahnung, wovon sie da redeten. Sie meinten einen dieser Hammer, die für den Brandfall in Bussen hängen. Ich ging mit ihnen durch das Lokal und sie zeigten mir den Hammerdieb. Ich kannte ihn gut. »Das sollte doch nur ein Witz sein, Jönke.« – »Das wissen wir auch, aber wir wollen doch alle hierbleiben, oder?« Ich gab den Mädels den Hammer zurück. Sie sahen mich glücklich an.

Gegen zehn war das Lokal dermaßen vollgestopft, daß wir – zu Pieps großem Ärger – den Kartenverkauf einstellen mußten. Wir mußten vor dem Eingang eine Kette bilden, um das weiter zuströmende Publikum abzuhalten.

Ich wurde für eine Viertelstunde an der Tür abgelöst. Ich stürzte mich in den Hexenkessel. Vor der Bühne waren zweihundert Punx in einen wilden Schubstanz vertieft. Poul Borums Kaugummi zeigte den Takt an. Er mußte starke Kiefernmuskeln haben, bei dem Tempo, das er vorlegte. Weiter hinten im Saal shaketen die Leute zur Musik. Es wurde wild gesoffen und wild geraucht und wild gefeiert. »Huhu, Jönke, wie wär's mit einem Joint?« wurde gerufen.

Drei oder vier ältere Männer quetschten sich durch die Menge vor der Tür. Ich fing Dirtys Blick ein. »Bullen.« Sie erreichten uns. »Ausweis?« fragte ich. Der eine zeigte mir diskret seinen Ausweis. Wir gingen hinter die Bühne, um zu reden. »Bei uns ist eine anonyme Bombendrohung eingegangen«, sagte der eine. Ich schnappte mir Blondie. Sie wollten den Saal räumen. Blondie wehrte ab: »Das ist der pure Unsinn. Wir haben keine Feinde, die gescheit genug sind, um eine Bombe zu basteln oder die gar anzubringen. Aber wir können ja eine Runde drehen.« Sie gingen los.

Als sie zehn Minuten verschwunden waren, kamen vier uniformierte Beamte. Sie fragten höflich, ob wir Kollegen in Zivil gesehen hätten. Wir beruhigten sie damit, daß die »rekognieren« wollten. Die vier Uniformierten warteten zwei Minuten, dann beschlossen sie, sich auf die Suche nach den anderen zu machen. »Haltet ihr das für klug?« fragte ich lächelnd. Sie trugen Uniform – und fast alle im Saal waren eingefleischte Feinde der Polizei. »Nehmt die Hüte ab«, rief ich hinter ihnen her. Ich holte mir Carlo: »Geht lieber mit ihnen. Es kann gefährlich werden, wenn etwas passiert.«

Carlo und Tennis übernahmen den Polizeischutz. Noch ehe die Tür sich hinter ihnen geschlossen hatte, sah ich, wie dem ersten der Hut vom Kopf gehauen wurde.

Fünf Minuten danach waren die Zivilen wieder da. »Habt ihr die Kollegen nicht gesehen, die euch suchen wollten?« Das hatten sie nicht. Ich ging los, um sie aus der Menge zu fischen. Die Leute hatten sie ein wenig verarscht, aber es war nichts passiert. Sie hatten die Hüte abgenommen.

»Die Treppe muß für den Brandfall geräumt sein«, sagte der eine Zivilbulle. Um ihm eine Freude zu machen – es war doch traurig für sie, daß sie nicht räumen durften –, sagten wir den Leuten auf der Treppe, sie sollten in den Saal oder nach draußen an die frische Luft gehen.

»Die haben genauso wenig an die Bombendrohung geglaubt wie wir – falls es die überhaupt gegeben hat«, sagte Blondie.

Von verschiedenen Musikzeitschriften kamen Fotografen und Journalisten, um über diesen Flip zu schreiben, bei dem sich Leute aus allen Minderheitengruppen trafen, ohne daß es den üblichen Ärger gab.

Ich wurde endlich von meinem Platz an der Tür erlöst. Wärme und Lärm hämmerten mir entgegen, und ich hatte das Gefühl, in Dantes Hölle hinabzusteigen. Zulu stand auf der Bühne und kündigte die nächste Band an. Dazu brauchte er fast zehn Minuten. Er wollte noch zwei kleine Witze reißen und eine Lügengeschichte erzählen, ehe er das Mikro wieder freigab. Je später es wurde und je mehr Zulu sich hinter die Binde kippte, um so dicker trug er beim Erzählen auf. Aber trotz allen Gefasels war er ein guter Ansager.

Um Viertel nach zwei waren alle wieder draußen. Viele von uns fuhren zum Club, um weiterzufeiern. Und auch dort war es durchaus nicht langweilig.

Ich verkaufte meine Triumph und wurde zum glücklichen Besitzer einer Harley Fucking Davidson 1200 »Shovelhead«. Es war wunderbar, auf einer Harley dahinzurollen. Ich hatte das Gefühl, der Triumph längst entwachsen zu sein.

Für die Krankenträgerposten in den Krankenhäusern gab es lange Wartelisten. Ein Mann vom Arbeitsamt in Gentofte bot mir statt dessen eine Stelle in einem Pflegeheim an. Ich hatte keine große Lust darauf – ich wünschte mir mehr Bewegungsfreiheit. Und ich verging auch nicht gerade vor Langeweile. Finanziell kam ich auch über die Runden, ich bezog Arbeitslosengeld und hatte keine großen Bedürfnisse. Eins muß ich jedoch zugeben: Es war schwerer geworden, Arbeit zu finden. Früher hab ich immer die Ansicht vertreten, daß alle, die wirklich arbeiten wollen, auch Arbeit finden.

Wir wurden von einer der Bands, die im Saltlageret gespielt hatten, nach Christiania eingeladen. Sie trauten sich nicht, ohne unsere Anwesenheit aufzutreten. Sie hatten Angst vor den Kuhfladen.

Wir fuhren in geschlossenem Trupp hin und wurden begeistert empfangen.

»Ist die nicht ein wenig massiv?« fragte ein Junge und zeigte auf Jappes Harley. Ich hätte mich totlachen können. Jappe hatte die Harley gerade erst gekauft und hatte kaum etwas daran machen können. Mit ihren großen Schutzblechen, Scheinwerfern und so weiter sah sie wirklich massiv aus. Wir nannten sie den »Panzer«.

Ich sah aus den Augenwinkel, daß etwa fünfzehn Kuhfladen, mit Makrele an der Spitze, zu uns unterwegs waren.

Ebenso viele von uns kamen aus der Konzerthalle, um ihnen in den Weg zu treten. Ich konnte sehen, daß Makrele von der Situation nicht gerade begeistert war. Ich konnte mir vorstellen, daß er sich dazu gezwungen gefühlt hatte, herzukommen und zu fragen, was wir hier zu suchen hätten. Um vor seinen Leuten nicht das Gesicht zu verlieren. Sie hatten sich vermutlich gegenseitig damit aufgegeilt, was sie mit den H. A. anstellen würden, wenn sie frech würden.

»Was bringt euch in diese Gegend?« fragte Makrele vorsichtig. »Wir besuchen ein Konzert«, antwortete Blondie. »Wollt ihr nicht mit zu uns kommen und ein schönes Bierchen zischen?« fragte ein Kuhfladen. Im Konzertlokal gab es nur alkfreies Bier. »Wir wollen hier mit den Punx feiern, nicht mit euch«, erwiderte Mike in scharfem Tonfall. »Wollt ihr die Punx beschützen?« fragte Makrele. »Hätten wir dazu denn einen Grund?« fragte Blondie zurück. Makrele blieb die Antwort schuldig.

»Aber warum seid ihr denn nun hier?« fragte ein glatzköpfiger kleiner Kuhfladen. Ich konnte sehen, daß Hansi jetzt etwas ins Schwanken geriet. Bald wird es Ohrfeigen hageln, dachte ich. »Halt die Fresse, Ole«, riefen Makrele und zwei andere dem kleinen Wicht zu. Danach zogen sie sich in weiser Einsicht zurück – noch eine Minute, und wir hätten Hackfleisch aus ihnen gemacht.

Wir latschten ins Lokal und feierten weiter. Zwei von uns blieben draußen, um unsere Bikes im Auge zu behalten. Und zwar die beiden, die die Musik unmöglich fanden. Ich gewöhnte mich inzwischen daran. Jens war total scharf auf fast allen Punk, aber das paßte eigentlich auch sehr gut zu ihm. Punk hat etwas damit zu tun, daß die Musik zertrümmert wird.

Es ging auf Mitternacht zu. Wir wollten bald nach Hause. Ich ging nach draußen und setzte mich mit einem Joint auf mein Bike. Zwei siebzehnjährige Mädchen wollten mit mir reden. Sie trugen die übliche Punk-Tracht, schwarz, von Kopf bis Fuß.

»Wann fahrt ihr nach Hause?« wollten sie wissen. »Jetzt.« – »Dann trauen wir uns auch nicht, noch länger hierzubleiben«, sagte die eine. »Es passiert sicher nichts.« –

»Doch, sie schlagen uns garantiert zusammen, sowie ihr weg seid«, meinte sie. »Aber die Mädchen doch nicht?« – »Vor ein paar Tagen haben sie eine Freundin von mir zusammengeschlagen und getreten.«
»Warum tun sie das?« fragte ich. Das wußten sie nicht. Ich dagegen wußte es, in dem Moment, in dem ich die Frage gestellt hatte. Die Punx waren anders. Sie waren schwach. Sie wußten nicht, wie man sich prügelt – und es interessierte sie auch nicht.
»Ich habe mir ein Messer gekauft, die sollen es also ja nicht versuchen«, fauchte die eine meiner beiden neuen Freundinnen. »Darf ich mal sehen?« Es war ein Springmesser. Ich ließ es herausschnellen und schaute die Frau an. »Ist dir klar, daß du im Knast landest, wenn du damit einen verletzt?« – »Ist mir egal. Ich lasse mir das nicht mehr gefallen«, sagte sie trotzig. »Es ist nicht besonders lustig im Knast, schon gar nicht für ein kleines Mädchen wie dich.« Reizend. Da ermahnte ich sie väterlich – wo ich mir selber nie etwas bieten ließ und schon allerlei Messerstiche ausgeteilt hatte.
»Was sollen wir denn machen, wenn sie uns überfallen?« fragten die beiden. Ich kratzte mich im Nacken und runzelte die Stirn. Das war eine schwierige Frage. Aber ich konnte ihnen ja ansehen, daß sie eine Antwort verlangten.
»Versucht doch erst, euch aus der Sache rauszureden oder wegzulaufen«, setzte ich an. »Aber die sind doch viel schneller als wir.«
»Na gut, versucht es aber trotzdem. Wenn das nicht klappt, müßt ihr das Messer nehmen. Aber wedelt nicht damit rum. Haltet es immer an eurer Seite versteckt, damit niemand es sieht. Es bringt nichts, damit zu drohen – dann nehmen sie es euch vielleicht weg und schlagen euch erst recht zusammen. Wenn es keine andere Möglichkeit gibt, dann öffnet es am Oberschenkel, rammt es ihm in den Bauch und lauft dann sofort weg. Das ist die Stelle, wo es am schlimmsten wehtut, wo es aber nicht tödlich ist.«
Sie sahen mich an wie einen Lehrer. Es war starker Tobak, aber was hätte ich denn sonst sagen sollen? Die Alternative wäre für sie, jeden Abend zu Hause vor der Glotze zu

sitzen – oder sich ohne Grund zusammenfalten zu lassen, wenn sie sich aus dem Haus wagten.»Aber überlegt euch, wo ihr hingeht – und jetzt macht, daß ihr wegkommt.«
Ich ging zu Carlo und Mike:»Wir müssen noch eine Viertelstunde warten, bis die Punx heil auf dem Heimweg sind.« Wir fuhren, als die letzten Punx den Freistaat fast verlassen hatten. Auf dem Weg zur Brücke überholten wir applaudierende und winkende Punx. Sie waren anders. Wir waren anders. Wir waren weit voneinander entfernt, verstanden uns aber.

Wie heißt sie?« fragte mein Vater.»Linda«, antwortete ich ausweichend und schaute aus dem Fenster.»Stellst du sie mir irgendwann vor?« –»Vielleicht – sie ist nur ein Verhältnis«, antwortete ich, um ihn von weiteren Fragen abzuhalten.

In dieser Hinsicht sind Eltern eine Plage. Man erwähnt eine Verabredung, und schon wittern sie Hochzeit und Enkelkinder.

»Vorige Woche hieß sie Lisa«, sagte er listig und bog in die Straße ab, in der ich wohnte.»Da war es ja auch eine andere«, sagte ich mit einem ebenso listigen Lächeln.»Du bist unmöglich«, sagte er.»Wieso denn? Das sind keine festen Beziehungen. Und ihnen ist das genauso recht wie mir.«

Er hielt vor meinem Eingang.»Jetzt helf ich dir mit der Wäsche.« Er wusch für mich, und ich war eben zu Hause gewesen und hatte zwei schwere Säcke geholt.

Wir gingen ins Haus. Er war wirklich süß, der Alte. Die Säcke hätte ich ja wohl allein hochtragen können, aber er wollte natürlich herumschnüffeln. Linda saß wartend auf der Treppe. Sie lächelte und begrüßte uns, und ich küßte sie auf den Mund.»Das ist mein Vater.« –»Schön, dich zu treffen«, sagte mein Vater eifrig.

Ich schloß die Tür auf.»Na, ich muß los, macht's gut«, sagte mein Vater von der Tür her.

Ich konnte mir vorstellen, was er dachte: Da muß sie draußen auf der Treppe warten. In»alten Tagen« wäre es nie so weit gekommen.

Wir schlossen die Tür und fielen übereinander her.

M eine Mutter hielt vor dem Angels Place und hupte. »Glaubst du, ich hätte den ganzen Tag Zeit?« fragte sie, als ich angelaufen kam.

»Feines Auto«, sagte ich und fuhr mit der Hand liebevoll über das Armaturenbrett. »Sieht gut aus und fährt wie Sahne.« Der Wagen war ein Hochzeitsgeschenk für meine Mutter. Ein nagelneuer BMW.

»Wohin fahren wir?« fragte ich. Wir wollten Geschenke für mich kaufen. »Ich kenne in der Nörrebrogade einen guten Laden, gegenüber vom Friedhof. Die haben Qualität und brauchbare Preise.«

Sie hatten den Arsch voll Kohle, aber trotzdem sparten sie die ganze Zeit. Das hätte mir mal passieren sollen... aber gerade deshalb hatte ich eben nicht den Arsch voll Kohle. Und würde es auch nie haben. Na, egal, ich war auch ohne glücklich.

Zuerst bekam ich einen Wintermantel, danach einen dicken Pullover. »Was ist mit Schal und Handschuhen? Hast du sowas?« fragte meine Mutter. »Auch nicht«, sagte ich. »Das haben wir dort drüben«, sagte ein strahlend lächelnder Verkäufer und führte uns zum anderen Ladenende. »Mit oder ohne Fingern?« – »Mit«, sagte ich – als sei das selbstverständlich. Fausthandschuhe sind etwas für Kinder. Ich bekam ein Paar graue Fingerhandschuhe und einen grauen Schal.

»Du brauchst auch dicke Strümpfe oder Socken«, sagte sie und runzelte die Stirn, als sie auf meine abgelatschten Stiefel hinunterschaute. Ich kam mir vor wie ein zehnjähriger Bengel, der an der Hand herumgezerrt wird. Der ganze Laden lächelte mir zu. Aber wir waren sicher ein toller Anblick. Meine kleine Mutter und ein H. A., der sie um einen ganzen Kopf überragte.

Ein überaus höflicher Verkäufer hielt mir die Tür auf und sagte: »Auf baldiges Wiedersehen.« Sein Lächeln hätte auch zu einem Krokodil gepaßt. »Wir brauchen noch ein Paar Stiefel für dich. Mit denen kannst du doch nicht mehr herumlaufen.« Da hatte sie recht, und deshalb protestierte ich nicht.

»Hallo, Jönke«, rief plötzlich jemand. Ich fuhr herum. Es war Lars, der Meister-Tätowierer. »Das ist meine Mutter«, stellte ich vor. Er reichte ihr die Hand und sagte höflich guten Tag. Meine Mutter grüßte ebenso höflich und bedachte ihn mit einem besonders strengen Blick, den sie für alle meine Freunde reserviert hatte. Die Begegnung verlief ein kleines bißchen angespannt.

Ein Stück weiter hinten in der Straße lag ein Schuhgeschäft. Und sie steckte mich in ein Paar Stiefel, das perfekt paßte. »Und jetzt ist Schluß«, sagte sie und bezahlte den Mann hinter der Kasse. Aber ich war wirklich total zufrieden. Jetzt war Frieren nicht mehr angesagt.

Wir fuhren zurück zum Club. »Aber du rufst doch zu Weihnachten an, ja?« – »Natürlich«, beteuerte ich.

Als nächstes feierte das Stuttgarter Chapter ein Jubiläum. Auch das sollte irgendwo draußen im kalten Schnee begossen werden.

Wir mieteten einen Minibus und fuhren ruhig und gelassen gen Süden. Wie immer schauten wir bei den Freunden in Hamburg vorbei. Nachdem wir uns aufgewärmt hatten, hatten wir Lust, einen Blick aufs Nachtleben zu werfen.

»Ich glaube, wir bleiben lieber hier«, meinte Andreas, einer der lokalen Engel. »Die Polizei setzt jetzt Provokateure gegen uns ein. Sie schicken zwei als Penner verkleidete Typen in eine Kneipe. Die fangen Streit an. Und kaum hat man einem eine gescheuert, rückt der Rest an und man wird verhaftet.«

»Das sind ja fast schon amerikanische Zustände«, meinte ich.

»Ja, jetzt, wo sie die RAF in die Knie gezwungen haben, langweilt sich die Terrorabwehr. Die haben nichts zu tun. Es gibt zu viele Bullen. Und wenn die Polizei sich langweilt, dann hat die Allgemeinheit darunter zu leiden.«

»Wir bleiben, wo wir sind«, entschied Mike.

Auf der Fahrt nach Stuttgart wurden wir von der Polizei kontrolliert, aber das Fest – und das war groß und heftig – wurde ohne Störungen von außen durchgezogen.

Als wir an einem frühen Morgen einen Rastplatz verließen, kam uns – nach fünf Kilometern Fahrt – eine Kolonne

Mannschaftswagen mit deutscher Polizei entgegen. Später erfuhren wir, daß sie das Lager gestürmt hatten.

Ungefähr zweihundert Kilometer nördlich von Stuttgart mußten wir tanken. Ich stieg als erster aus. Eine Maschinenpistole bohrte sich in meinen Bauch. Weitere Polizisten mit Maschinenpistolen tauchten am Bus auf. Ich mußte pissen, aber solche Pistolen machen schrecklich viele Löcher, wenn sie erst losspucken. Und auf diese Weise wollte ich wirklich nicht Wasser lassen.

Wir fuhren in Kolonne weiter, vor uns und hinter uns je zwei Wagen. Wir endeten auf dem Hof vor einer mittelgroßen Wache. Die Polizei umringte unseren Bus. Vier bis fünf schwerbewaffnete Beamte kamen angerannt. Wir saßen kichernd im Bus. Wir konnten sehen, daß ihnen das ein bißchen unangenehm war. Sie waren es nicht gewöhnt, daß Leute lachten, wenn mit Maschinenpistolen auf sie gezeigt wurde.

Dann sollten wir den Bus verlassen. Wir stiegen in aller Ruhe aus. Vor allem, um sie zu ärgern, aber auch, weil sie sich nicht einbilden sollten, daß wir uns noch in den guten alten Nazitagen befänden. Wir wurden in eine Art Vorraum zwischen zwei Glastüren gesperrt. Polizisten stiegen in den Bus, um ihn zu untersuchen. »Meine Güte, was die jetzt wohl finden«, lachte Hamster. »Ja, wenn sie nur nicht selber was hinterlegen – das wird doch in den USA so gemacht.«

Sie durchwühlten den Bus, der schaukelte und ächzte. Das machte nicht viel aus, im Bus herrschte ohnehin schon Chaos. Auch die Radkappen wurden abgenommen. Ein atemloser Beamter kam ins Haus und rief durch ein kleines Glasfenster in unseren Vorraum, sie müßten erst einen »Schnüffelhund« holen. Bei diesem Wort prusteten wir erst recht los. Die Bullen schauten uns verwirrt an. Sie kapierten rein gar nichts, ihnen erschien die Lage als überaus ernst. Das war sie auch, aber allein das Wort »Schnüffelhund«... Jappe marschierte hin und her: »Ein Königreich für einen Schnüffelhund.«

Einer nach dem anderen wurden wir in einen angrenzenden Raum geführt und durchsucht. Die Klamotten runter, ebenso die Unterhosen, einmal umdrehen, Klamotten wieder an.

Nach einer halben Stunde Aufenthalt in einer Zelle durften wir gehen. Die Polizisten winkten uns hinterher, als wir losfuhren. Jetzt waren wir plötzlich wieder ehrsame Touristen.

Ungefähr hundert Kilometer vor Puttgarden hängte sich ein besonders gemeiner Zivilwagen an uns. Als wir bei der Paßkontrolle an die Reihe kamen, stürzten zehn bis zwölf Mann aus der Wache, um uns zu überraschen. Drei Zivilbullen stiegen aus dem Auto, das uns verfolgt hatte. »Aussteigen«, rief jemand auf Deutsch. »Schon wieder«, sagte Dirty. Wir stiegen aus und stellten uns an der Zollstation auf. Alle anderen Wagen wurden durchgewunken. »Hoffen wir, daß da ein paar dicke Haschklumpen durchgehen, jetzt, wo sie so mit uns beschäftigt sind«, sagte ich zu Tennis, der sich ebenfalls die vorüberfahrenden Touristen und Terroristen, oder was immer die waren, ansah.

Hier gingen sie etwas gründlicher vor. Wir mußten sogar die Haare hochheben. Und sie hatten einen echten Schnüffelhund – wir schrien vor Lachen, als sie den anbrachten.

Ich wurde in einen Untersuchungsraum geführt. Raus aus den Stiefeln. Runter mit den Socken. Und so weiter. Ich schaute mich um. Die gleichen Terroristenplakate wie auf der anderen Wache. Irgendwie hatten diese Freiheitskämpfer es ja gut. Wenn sie von der Polizei angehalten wurden oder wenn sie sich zu sehr belästigt fühlten – dann schossen sie einfach. Sie hatten nichts zu verlieren. Nach der Behandlung, die wir hier über uns ergehen lassen mußten, konnte ich gut verstehen, daß sie das deutsche System bekämpften.

Als wir uns auf dem anderen Ufer dem dänischen Zoll näherten, merkten wir, daß etwas nicht stimmte. Auf jeden Fall waren dort mehr Zöllner und Bullen aufgestellt als normal. »Nein, jetzt hab ich aber die Schnauze voll«, fauchte Blondie, als wir zur Seite gewinkt wurden. »Wir wollen nur kurz eure zollfreien Einkäufe durchsehen. Steigt also bitte aus.« – »Das ist doch die pure Schikane. Haben die deutschen Nazischweine euch angerufen?« rief Blondie den Zollbeamten zu. Sie wußten genau, was wir hinter uns hatten. »Es dauert nicht lange. Das verspreche ich«, sagte der eine höflich. »Meint ihr wirklich, ihr könntet etwas finden, was den Deutschen entgangen ist?« fragte Mike sauer. »Nein, aber wenn so ein Anruf kommt, müssen wir die Sache überprüfen«, antwortete ein älterer Zollbeamter.

Es dauerte nur fünfzehn Minuten. Aber meine Güte, waren wir sauer.

»Jetzt kannst du die RAF vielleicht besser verstehen?« meinte Seemann, als ich ihm bei einem Besuch in Brasen von unserer Deutschlandreise erzählte.

Seemann war immer Anhänger der Baader-Meinhof-Gruppe gewesen. Wir hatten oft darüber diskutiert. Das einzige, was mir an diesen Widerstandsgruppen nicht gefiel, war, daß sie ihre Bomben auch in Supermärkten und Autos legten. Damit wurden normale Menschen zu Opfern, und sie konnten sogar die eigenen Sympathisanten treffen. Bei Richtern, Politikern und Polizisten, die dafür bezahlt wurden, daß sie in Gefahr schwebten, und die die entsprechenden Maßnahmen treffen konnten, war das etwas anderes.

Zum zweiundzwanzigsten Mal wurde es Weihnachten – für mich. Zum ersten Mal feierte ich zusammen mit meinem Vater und seiner Freundin. Außerdem waren meine neue kleine Schwester, mein alter großer Bruder und seine Freundin Janni dabei. Unter dem Weihnachtsbaum lagen nicht mehr so viele Geschenke, und deshalb kamen wir jungen Leute überein, daß das Altwerden einfach doof ist.

Ein Taxi brachte mich mit der Ernte dieses Jahres zum Angels' Place. Die meisten meiner Brüder waren schon dort – mit Frauen und Kindern. Tinny war restlos fertig. Er hatte mit am Tisch gesessen. Jetzt war er dermaßen vollgefressen, daß er höchstens ab und zu einen fahren lassen konnte. Er schaute träge hoch, als ich hereinkam.

Es gab jede Menge Glühwein und Weihnachtsknabbereien. Den Reigen um den Weihnachtsbaum schenkten wir uns. Im Kamin loderte ein lustiges Feuer, und überall brannten Kerzen. Obwohl wir »roh und abgestumpft« waren, standen wir doch auf Gemütlichkeit.

Zum Abschluß des Abends wurden die Geschenke verteilt. Dabei gab es allerlei Kuriositäten. Mike bekam eine Damenfriseur-Ausrüstung. Er hatte noch nie an einem

Spiegel vorbeigehen können, ohne hineinzuschauen. Jappe bekam einen Massagestab, worauf er und seine Old Lady sich sofort darüber beschwerten, daß keine Batterien darin waren. Es stellte sich heraus, daß das Geschenk von Hamster stammte. Er war der ärmste Mann im Club und hatte den Strom nicht mehr finanzieren können.

Piep, der geizigste Mann im Club, hatte wie immer eine billige Lösung gefunden. Sein Geschenk war ein Einmachglas mit Sand auf dem Boden und einem Fischlein von der Größe eines Fünförestückes. Ich bekam Damenunterhosen von der Größe eines Zirkuszeltes. Der Beifall wollte erst verstummen, als ich zweimal als Mannequin damit durch den Raum geschwänzelt war.

Unser Heiligabendfest endete erst gegen zwölf Uhr am nächsten Morgen.

Das Silvester feierten wir in England, beim Tyne-and-Wear-Chapter in der Nähe von Newcastle. Tyne und Wear sind zwei Flüsse, die hier zusammenfließen. Das Clubhaus lag in einem echten englischen Reihenhausviertel – Coronation Street pur. Wir trafen eine Menge Brüder aus ganz Europa, unter anderem zwei aus Stuttgart, die erzählen konnten, daß das gesamte Jubiläumsfest für zwei Tage in den Knast gewandert war. Wenn wir nur eine halbe Stunde später aufgebrochen wären, wäre uns das auch passiert.

Die Stimmung war gut, und wir amüsierten uns. Das einzige, das mich enttäuschte, war das fehlende Feuerwerk. Hier oben war das offenbar nicht so recht in.

Auf einem Fest bei den *Morticians* – im Januar – hörte ich eine interessante Geschichte.

Ich unterhielt mich gerade mit Steinmüller, der jetzt zum *Missing Links MC* gehörte, als Hamster uns ins Wort fiel: »Hast du gehört, daß der Justizminister sich weigert, den *Black Sheep* ihre ganz legal gekauften Jagdgewehre und Messer zurückzugeben?«

Das Witzige an dieser Sache war nicht die Tatsache, daß Gesetze nicht gelten, wenn es um uns geht. Nein, das Witzige war, daß sie nach der Beschlagnahmung ihrer Waffen zu einem Anwalt gegangen waren. Die Jagdgewehre waren legal im Handel erhältlich und sie waren, vorschriftsgemäß, ungeladen gewesen. Die Messer hatten die vorschriftsmäßige Höchstlänge von zwölf Zentimetern nicht überschritten. »Hier liegt einwandfrei ein Irrtum vor. Natürlich bekommt ihr die Waffen zurück«, sagte der Anwalt, der Erik Ninn-Hansen hieß. Dann hatte er sich bei Ole Espersen beklagt, dem sozialdemokratischen Justizminister. Das war im vergangenen Sommer gewesen. Die Sache wurde auf Eis gelegt – vermutlich aus der Überlegung heraus, daß die Effekten eigentlich nicht wirklich beschlagnahmt sind, so lange es kein aktenkundiger Fall ist. Und solange die Effekten bei der Polizei liegen, werden sie nicht bei gewalttätigen Konfrontationen eingesetzt.

Während die Sache auf Eis lag, bekam das Land eine neue Regierung, und als die Klage endlich auf dem Schreibtisch des Justizministers landete, war der Anwalt der *Black Sheep* in dieses Amt aufgerückt. Erik Ninn-Hansen wies die Klage zurück, und die Effekten wurden für immer und ewig konfisziert.

Und als der Vorhang dann gefallen ist, stand auf der Bühne die Frage: Auf wen ist in dieser Welt überhaupt noch Verlaß?

Wir hatten mit einem ähnlichen Fall zu tun: Wir fragten mehrere Male nach, und am Ende erfuhren wir, daß das Urteil gefallen war, und daß die Effekten als beschlagnahmt galten. Wie sie in diesem Fall eine Verhandlung durchgeführt hatten, ohne daß wir dabeigewesen waren, das ist uns noch heute ein Rätsel.

Gaukler saß zu diesem Zeitpunkt in Nyborg ein. Er hatte Urlaub und war deshalb mit zum Fest der *Morticians* gekommen. Er hatte sich im Knast mit Juden-David angefreundet und sollte einen Gruß überbringen: »David hat dir ein Pfeifchen gemacht – geformt wie ein Penis. Die ist total geil. Mit irrem Zug ...« – »Aus Ton?« fragte ich. »Ja, ja – glasiert und überhaupt. Wir mußten sie sofort ausprobieren. Aber wir waren noch nicht fertig, da gab es eine Razzia.« – »Ihr Blödis«, sagte ich. »Jetzt protzt sie sicher auf dem Schreibtisch des Inspektors.«

An diesem Abend hörte ich viele Geschichten. Ein *Mor-*

tician erzählte vom letzten Angriff der Kuhfladen. Makrele war zusammen mit drei anderen »tollwütigen Kühen« mit einem Auto gekommen. Mit ihren Messern hatten sie bei einem Wagen, der vor dem Clubhaus der *Morticians* stand, die Reifen aufgeschlitzt. Den *Morticians* war das Auto egal – es war seit vier oder fünf Monaten schon nicht mehr fahrtüchtig. Das einzige, was daran noch intakt gewesen war, waren die Reifen.

Er erzählte weiter: »Zwei von uns gingen hinaus, um nachzusehen, was da los war. Sie liefen zu ihrem eigenen Wagen und schossen auf uns. Wir antworteten darauf mit Pistolen, und die eine Kugel traf Fischmaul im ›Kopf‹, also im Arsch. Aber wie immer hatte er ein Schweineglück. Die Polizei erzählte später, daß er ein Einkronestück in der Tasche gehabt hatte – gerade da, wo die Kugel eingeschlagen war.«

Ich hörte noch viele andere interessante Geschichten, dann ging ich mit einer Frau in ihre Wohnung. Ihre Freundin war auch dabei.

Ich hatte nun nach meinem letzten Knastaufenthalt genug gesumpft. Ich wollte wieder arbeiten. Ich rief Jan im Arbeitsamt an. Krankenträgerstellen waren noch immer Mangelware, aber ich könnte Gärtner werden. »Ich kann dir ab dem ersten März einen Job besorgen. Du mußt dich um die Gärten alter Leute kümmern.«

»Gut, das mache ich.« Damit war die Sache geritzt, und das Gespräch war beendet.

Die Sonne schien, aber es war kalt. Noch immer hing Frost in der Luft. Wir suchten einen Parkplatz und stiegen aus. Wir näherten uns dem kleinen Ort mit raschen Schritten. Wir gingen durch das in allen Regenbogenfarben bemalte Tor. Die Leute im Ort lächelten uns freundlich an – freundlich, aber neugierig. Sie öffneten gerade ihre Buden für die Geschäfte, die der Tag bringen würde.

Wir gingen durch die Hauptstraße der Stadt. Es war ziemlich still. Alle behielten uns im Auge. Wir waren hier einfach kein normaler Anblick.

In der Mitte ging Mike, auf seiner linken Seite Blondie und auf der rechten ich. Wir schauten geradeaus, beobachteten aber aus dem Augenwinkel alle Bewegungen. Mehrere Kaufleute boten uns Waren an, aber wir waren nicht zum Einkaufen gekommen. Wir hatten ein Ziel.

Es war die Hauptstraße von Christiania, aber wir hätten uns ebensogut in Dodge City befinden können. Ein junger Bengel entdeckte uns und riß die Augen auf. Er rannte vor uns her über die Straße zu einem Fußballplatz, wo sich zehn bis fünfzehn Menschen versammelt hatten.

In der Gruppe kam Unruhe auf. Der einzige, der Weste und Abzeichen trug, war der Häuptling. Aber ich kannte immerhin zwei von den anderen, auch sie waren Kuhfladen. Sie drängten sich um den Häuptling zusammen. Bei ihm war nicht viel Schutz zu holen. Er machte ein zutiefst besorgtes Gesicht und wußte weder aus noch ein.

Wir erreichten den Fußballplatz und schauten der Schar ins Gesicht. Der Häuptling lächelte unsicher. Alle hielten den Atem an. Wir standen bewegungslos da und schauten ihnen zwei – für sie – sehr lange Sekunden in die Augen. Wir fanden es wunderbar, diese Folter auszudehnen.

Blondie zog eine fünfundzwanzig Zentimeter lange Spraydose aus der Jackentasche und ging zu einer Mauer mit der Aufschrift »Kill HA«. Sorgsam sprühte er das »HA« dann mit schwarzer Farbe zu.

Die ganze Bande atmete erleichtert auf. In den bisher so besorgten Augen des Häuptlings war sogar ein belustigtes Funkeln zu sehen.

»Was hat da denn gestanden? Wir können das doch wieder hinschreiben«, sagte ein Rotzbengel. Er verstummte, als mein und Mikes Blick ihn trafen, und als die anderen ihm einen Rippenstoß verpaßten.

Blondie war fertig und kam zu uns zurück. Die anderen standen abwartend da. Aber wir hatten nicht mehr auf dem Programm, wir machten kehrt und verließen den Tatort – so, wie wir gekommen waren. Hinter uns standen die anderen, stumm wie ein Grab. Was wir zu sagen hatten, konnten sie an der Wand lesen. »Kill.«

Jemand schellte an der Tür des Clubhauses. »Das ist für

dich, Jönke«, sagte einer von unseren Hang-arounds. Ich ging hinaus auf den Flur. Dort stand meine Untermieterin zusammen mit einer Freundin. Da ich fast nie zu Hause und immer abgebrannt war, hatte ich ein Zimmer in meiner Wohnung an eine Frau aus Jütland vermietet.
»Wir können nicht reinkommen, keine Zeit«, sagte sie. Ihre Gesichter waren rot vor Kälte. Meine Mieterin hatte früher an diesem Tag angerufen und gefragt, ob sie vorbeikommen könnte – sie müsse mir etwas Wichtiges sagen.
»Weißt du überhaupt, daß die Polizei hinter dir her ist?« Nein, das war mir nicht klar gewesen. Es überraschte mich auch, denn ich hatte mir seit meiner Entlassung nichts zuschulden kommen lassen. »Sie haben uns heute nacht mit wildem Hämmern an die Tür geweckt.« – »Wann denn?« – »Gegen drei. Sie haben losgepoltert. Wir haben uns nicht getraut zu öffnen. Das hätte doch sonstwer sein können.« Aber dann hatten sie durch den Briefschlitz gerufen: »Wir wissen genau, daß du da bist. Hier ist die Polizei!« Die Frauen hatten erst geöffnet, als sie durch den Briefschlitz einen Polizeiausweis gesehen hatten. »Sie sind total ausgerastet, als sie dann hereingekommen sind. Sie waren sicher überrascht, als sie an deiner Stelle drei Frauen in der Wohnung fanden.« – »Drei?« – »Freundinnen.« – »Was haben sie sonst gesagt?« – »Sie haben gesagt, daß sie uns weiter zusetzen würden, wenn du dich nicht bei ihnen meldest.«
Ich hatte keine Ahnung, was sie von mir wollten, und sie hatten keine weitere Nachricht hinterlassen.
Am nächsten Tag rief ich auf der Wache von Gentofte an und fragte, was das denn nun wieder solle. Es war aber eine banale Versäumnissache. Ich hatte noch siebentausend Kronen Schulden an Anwaltshonorar für die Spunk-Geschichte.
Zusammen mit meinen Freunden fuhr ich zur Zahlstelle in Gentofte. Dort erzählte ich ihnen, was Sache war. Daß ich keinen roten Heller besaß. Damit war die Sache aus der Welt, und meine Untermieterinnen wurden nicht mehr mitten in der Nacht unsanft geweckt.

Arne war um die fünfzig. Er hatte eine Glatze, eine Brille und ein strahlendes Lachen, und das brauchte er sicher auch, wenn man bedenkt, mit was für »Objekten« er zusammenarbeitete.

Arne war mein neuer Arbeitgeber oder Arbeitsleiter. Sein Hauptquartier war ein alter Bauernhof, der außer der Gärtnerei auch eine Schmiede, eine Tischlerwerkstatt und eine Grundschule beherbergte.

An meinem ersten Arbeitstag stand ich schon früh auf der Matte. Arne kam aus dem Frühstückszimmer und schaute über den Brillenrand. »Hm, zwei Kranke heute.« Er war offenbar an viele Krankmeldungen gewöhnt. Er verschwand wieder in seinem Büro und kam mit einigen Auftragszetteln zurück. Die wurden so verteilt, daß sich vier Arbeitsgruppen ergaben. Ich wurde zusammen mit einem gewissen Lars nach Vangele geschickt, mein künftiges Einsatzgebiet. Lars hatte noch drei Tage, aber vorher wollte er mich in die Arbeit einweisen.

Wir gingen in den Umkleideraum, um unsere Geräte zu holen: Baumschere, Hippe, Gartensäge. Wir gingen zur Garage hinunter, wo ich ein altes Fahrrad fand, das niemand für sich beanspruchte. Wir fuhren mit dem Rad zum Einsatz. Das würde meine Kondition sicher verbessern, dachte ich. Die Gärtnerei lag zehn Kilometer von Vangede entfernt, wir würden also ganz schön strampeln müssen. Mein Einsatzgebiet lag in der Nähe meiner Wohnung, und deshalb konnte ich heimlich zum Essen nach Hause gehen.

Nach einer langen und anstrengenden Radtour erreichten wir unseren ersten Arbeitsplatz. »Sie kann sich von gestern auf heute rein gar nichts mehr merken, aber sie ist richtig niedlich«, sagte Lars und klingelte. Eine kleine Dame von Anfang achtzig öffnete die Tür. »Sie sind doch der Klempner, nicht wahr?« – »Nein, gnädige Frau. Wir sind die Gärtner. Sie haben zwei Bäume und einige Rosenbüsche, die beschnitten werden müssen.« – »Ach ja, richtig«, sagte sie mit einer vagen Handbewegung.

»Also los«, sagte Lars, und wir gingen ans Werk.

Im Laufe der nächsten Tage brachte Lars mir bei, wie die verschiedenen Bäume und Sträucher beschnitten werden.

Die Arbeit gefiel mir, und ich fühlte mich wohl. Und während man mit der Hand etwas erledigte, konnte man sich wunderbar unterhalten.

»Sie prügeln sich wie Hunde und stinken nach Pisse.« Das war die Überschrift einer Reportage in der Illustrierten Ugens Rapport. Es war alles erfunden, wurde aber durch ein paar Bilder aufgepeppt, auf denen wir zu sehen waren. Wir verklagten die Illustrierte und bekamen ein Schmerzensgeld von fünfzehntausend Kronen zugesprochen.»Und dann gibt es noch ein Dementi«, sagte unser Anwalt.»Nein, jetzt reicht es ja wohl«, erklärte der gegnerische Anwalt und ließ seinen Aktentasche zuschnappen.

»Aber, aber«, sagte der Richter.»Ein Dementi zu bringen, kann wohl nicht so schwer sein. Die Zeitschrift hat schließlich die Unwahrheit behauptet.«

Und so kam es dann, daß Ugens Rapport acht Wochen später ein Dementi bringen mußte.

Der größte Witz an der ganzen Sache war, daß Ugens Rapport Zahnfleisch als Zeugen aufgerufen hatte. Er sollte zu unseren Ungunsten aussagen. Er tauchte mit einem Ordner auf, der vermutlich belastendes Material gegen uns enthielt. Wir staunten. Er hätte nur den Inhalt einiger Strafprozesse zu erzählen brauchen. Aber das war vertrauliches Material, und drehte sich nun wirklich nicht um den aktuellen Streitfall.

Er wurde mit dem Hinweis aus dem Gerichtssaal verbannt, daß er als Zeuge einfach nicht tragbar war.»Und vergessen Sie in Zukunft nie mehr, daß ein Zeuge sich nicht im Gerichtssaal aufhalten darf, solange er noch nicht ausgesagt hat.« Das war der richterliche Abschiedsgruß an Zahnfleisch.

Unser Anwalt schrieb danach an den Polizeidirektor Poul Eefsen. Er bat den Polizeidirektor, sich zu dem höchst eigentümlichen Verhalten des Beamten zu äußern.»Wie ist es möglich, daß er zum Freelancer für Ugens Rapport avanciert ist?« wie Hamster das formulierte. Die Antwort traf ein und war überaus neutral, aber es wäre ja doch möglich, daß die Sache Zahnfleisch eins auf die Nase eingebracht hat.

Als das Dementi gebracht wurde, schickten wir ihm natürlich ein Exemplar. Als Beweis für unseren guten Willen. Als Beweis dafür, daß wir ihm nichts nachtrugen.

Es war zwei Uhr nachts. Vorsichtig wurde im Clubhaus an meine Tür geklopft. »Telefon«, sagte einer von unseren Hang-arounds. »Ich schlafe.« – »Es ist wichtig.« – »Wer ist das denn?« – »Yvonne. Sie hat Probleme.« Yvonne war die Old Lady eines Bruders.

»Du mußt dich beeilen. Offenbar werden sie und Janni von den Kuhfladen zusammengeschlagen.« Ich schnappte mir das Telefon. Es war Yvonne. »Ihr müßt sofort ins Café 44 kommen. Makrele und seine Frau machen Janni fertig.« – »Was passiert jetzt gerade?« – »Acht oder zehn Leute stehen um sie rum und schlagen auf sie ein.«

Ich drehte mich zu den Hang-arounds um. »Weck das Haus und fahrt mit zwei Autos vor.«

Wir kamen zu spät. Die Polizei war uns zuvorgekommen. Wir schickten einen Boten zu einem Cafégast, den wir kannten. Unsere Mädels waren ins Krankenhaus gebracht worden, und die Kuhfladen hatten sich noch vor Eintreffen der Polizei verpißt.

»Was ist mit ihnen passiert?« fragte Jannis Mann. »Janni ist bewußtlos. Wenn der Kellner nicht dazwischengegangen wäre, hätten sie sie vielleicht totgetreten. Bei Yvonne waren sie genauso übel. Sie haben sie festgehalten und ihre Alten auf sie losgehen lassen. Als sie ohnmächtig wurde, haben sie sie auf den Boden fallen lassen und sie getreten. Es war die pure Mißhandlung.«

»Aber warum?«

»Sie glaubten, daß sie zu den *Morticians* gehören. Sie riefen *Morticians*-Nutten, während sie sie fertigmachten.«

Wir gingen zu unseren Autos zurück und fuhren eine Runde, fanden aber keine Kuhfladen.

Später in dieser Nacht kam Yvonne aus dem Krankenhaus zurück. Sie sah grauenhaft aus. Blaue Augen, genähte Platzwunden, Blutergüsse. Sie bestätigte, daß die Kuhfladen sie für *Morticians*-Frauen gehalten hatten. Also war es keine offene Kriegserklärung.

Sie erzählte außerdem, daß Makreles Frau eine der schlimmsten gewesen sei. Während zwei Kuhfladen Yvonne festhielten, hatte Makreles Frau auf sie eingeschlagen.

Bei der Gärtnerarbeit wurde ich jetzt mit Peter zusammen eingesetzt. Er war Mitte dreißig und kam aus dem tiefsten Vangede – aus der Gegend von Stolpehöj. Wir hatten viele gemeinsame Bekannte.

»Hast du in Horseröd mit dem Langen Luder zusammen gesessen?« – »Mit Henning? Ja.« – »Das war einer meiner besten Freunde«, sagte er. »War?« – »Ja, er ist tot. Hast du das nicht gehört? Es ist einen Monat her. Er lag einfach in seinem Bett und war tot. Es war die alte Verletzung von damals, als die Bullerei ihn angeschossen hat. Und dann war er wohl auch in eine Schlägerei verwickelt worden – obwohl er doch wußte, daß er das nicht überleben würde.«

Ich hörte das wirklich sehr ungern. »Als ich ihn zuletzt gesehen habe, hat er bei Bellevue Tretboote vermietet«, rief ich Peter zu. »Ja, so geht's«, sagte er und sprang aus seinem Baum.

Wieder ein Ausflug nach Deutschland. Diesmal fuhren wir in mehreren Wagen – und nicht als Kolonne – um nicht allzuviel Aufsehen zu erregen.

Das Fest wurde in einem großen Gasthaus ungefähr hundert Kilometer von der Fähre entfernt abgehalten. Ich kann mich an den Namen des Kaffs nicht mehr erinnern, aber wir können es ja Wursthausen nennen. Das Hamburger Chapter feierte sein zehnjähriges Bestehen.

Während ich am ersten Abend an der wunderschön langen Bar englische Erinnerungen auffrischte, kam Carlo zu uns. »Habt ihr gehört, daß die Bullerei Flugblätter verteilt?« Er riß ein Stück Papier aus seiner Hosentasche und reichte es mir. Ich las: »An die Bewohner von Wursthausen. An die hundert Mitglieder des Motorradclubs *Hell's Angels* werden am Wochenende im Gasthaus von Wursthausen ein Fest feiern. Die deutschen Gesetze liefern keine Möglichkeit, sie daran zu hindern. Aber niemand braucht sich zu fürchten. Wir haben zusätzliche Mannschaften angefordert und können alle Drohungen von Seiten der *Hell's Angels* erwidern. Wir bitten jedoch Kinder und junge Leute, im Haus zu bleiben, so lange der Club im Ort weilt.«

Im selben Zusammenhang waren bei der Polizei zwei Nottelefone eingerichtet worden, falls irgendwer dringend Hilfe brauchte.

Unsere deutschen Brüder begriffen das alles ebensowenig wie wir. »Wir haben doch noch nie jemandem etwas getan, wenn wir ein Fest gefeiert haben, und Kindern schon gar nicht.«

Ein Ehepaar hatte das Flugblatt gebracht. Sie erzählten, daß es im Umkreis verteilt worden sei. Nun wußten wir auch, warum so viele Neugierige an der Kneipe vorbeifuhren, und warum so viele Kinder auf dem Parkplatz herumliefen. »Wenn wir vorher nicht interessant waren, dann sind wir es immerhin jetzt«, meinte Carlo.

Ein deutscher Engel erzählte: »Einige Kinder haben erzählt, daß die Polizei vom Haus gegenüber aus Fotos macht.«

Ich wollte wissen, wie der Wirt das alles sah. »Dem ist das egal. Er ist hart im Nehmen. Vor zwei Wochen hatte er hier einen großen Neonazi-Treff. Da stand die Polizei auch draußen, um die Einheimischen wegzuhalten. Sie teilten zwar keine Flugblätter aus, aber okay, Neonazis sind natürlich bei weitem nicht so gefährlich wie wir.«

Das Fest konnte durch die Provokation nicht gestört werden. Es bedeutete jedoch, daß wir Zugelaufene abweisen mußten. Die Neugier wucherte in Wursthausen. Etliche lokale Mädels wollten mit uns bösen Buben feiern. Aber wir wiesen alle ab. Wir kannten sie nicht, und sie konnten ja auch Polizeiprovokateusen sein. Wir wollten der Polizei nicht die Chance geben, mit dem Schrei »Vergewaltigung« die Bude zu stürmen.

Wir waren nicht hundert, sondern hundertdreißig. Und das Jubiläum wurde stilvoll begangen. Ich amüsierte mich – wie immer. Man war unter seinesgleichen. Wer keine Erfahrungen mit einer solchen Bruderschaft hat, kann sich einfach nicht vorstellen, wie wunderbar das ist. Und das war der Grund, warum zweihundert Polizisten draußen lagerten und auf den geringsten Vorwand zum Eingreifen warteten.

Wenn Unwissenheit und Neid zusammenkommen, ist das schon übel. Naja, die meisten hatten wohl kaum eine Ahnung davon, warum sie hier waren. Sie nahmen einfach Befehle von oben entgegen. – Aber wo habe ich diese Entschuldigung schon früher gehört? Es ging auf Mitternacht am Samstagabend zu. Auf den magischen Augenblick. Die Rockband legte eine Pause ein, und alle sammelten sich um die langen Tische, auf denen einige Kästen aufgestellt waren. Erst wurden zehn hohe Kästen geöffnet. Sie enthielten Sektflaschen, die sofort geköpft wurden. Danach wurde ein flacher Kasten geöffnet – im Licht eines Scheinwerfers. Die Szene wurde gefilmt. Der Kasten enthielt »10-Jahres-Gürtelschnallen«. Das war eine Tradition von *Hell's Angels* World. Die Brüder, die jetzt zehn Jahre dabei waren, legten das Geschenk an.

Nun holten die verschiedenen anwesenden Abteilungen die Geschenke herein. Jens und Jappe überreichten unseres – eine Holzschnitzarbeit von 1,20 x 1,25. Es hagelte Umarmungen und Glückwünsche, und die Musik stieg von ihrem gedämpften Niveau, auf dem sie sich einige Minuten lang befunden hatte, auf neue wilde Höhen.

Der Filmregisseur Ib Makwarth tauchte im Club mit dem Drehbuch für einen Spielfilm auf, der von den Verlierern in der Gesellschaft handeln sollte. Er fand eine ihm unbekannte Kultur vor. Personen und Handlung in seinem Film lagen um viele Jahre hinter unserem jetzigen Lebensstil zurück. Wir betrachteten ihn, wie alle Vertreter der Medien, zuerst mit Mißtrauen. Wir hatten schon reichlich miese Erfahrungen gemacht, und deshalb sahen wir uns natürlich vor.

Nach zwei Wochen des Beschnupperns wußten wir, daß wir lieber unseren eigenen Film machen wollten. Einen Film darüber, wie *wir* uns sahen. Ib war damit voll und ganz einverstanden. Er interessierte sich für alles, was anders war, und das waren und sind wir ja noch immer.

Ich glaube, Ib hatte erwartet, einen Haufen Mülleimer vorzufinden, die mit den Deckeln klapperten. Statt dessen traf er auf durchaus vernünftige Gesprächspartner. Bloß, weil man bereit ist, auf alles einzuschlagen, was einen nervt, braucht man ja nicht dumm zu sein. Die Redensart, »den Kopf nutzen, nicht die Muskeln«, haben sicher die mit »Köpfen« erfunden, um denen mit »Muskeln« eins auszuwischen. Aber was, wenn man glaubt, mit beidem umgehen zu können?

Es war ein schöner Frühling. Meine Gärtnerarbeit gefiel mir. Die alten Leute gefielen mir. Und meine Arbeitskollegen gefielen mir auch. Wir machten ab und zu blau – es fiel Arne schwer, uns alle die ganze Zeit im Auge zu behalten –, aber wir beschnitten, was beschnitten werden sollte, und wir mähten, was zu mähen war.

Wir hielten im Club ein riesiges Benefiz-Fest ab, das von unglaublichen Höhepunkten nur so wimmelte. Großen Erfolg heimste ein Dudelsackspieler ein, der – garantiert ohne Unterhose unter dem Kilt (glaubte Louie gesehen zu haben) – das Fest in Grund und Boden spielte. Gaukler hatte den absoluten Clou eingeladen, eine begabte Stripperin, die ihre Klamotten mehr als einmal ablegen mußte, ehe alle zufrieden waren. Sogar die Frauen klatschten wie besessen.

Zusammen mit Linda, Carlo und Anette – seiner Alten – verspeiste ich ein unvergeßliches Mahl in dem überaus teuren und überaus feinen Sankt Gertruds Kloster am Kultorvet in der Innenstadt. Ich hatte telefonisch einen Tisch reserviert, so daß sie keinen Grund fanden, uns abzuweisen. Unvergeßlich waren trotzdem die Blicke – die ganze Zeit.

Seemann legte einen gelungenen Ausbruch aus Brasen vor.

Und ich verstand mich gut mit Linda. Wir waren jetzt fest zusammen. Wir waren uns immer näher gekommen, und jetzt steckten wir im Schlamm der Liebe fest.

Ich rief sie an. Sie arbeitete als Sprechstundenhilfe bei einem Zahnarzt. »Hallo, hallo. Hier spricht Herr Jensen aus Blomstervænget. Mit meinem Gebiß stimmt etwas nicht.« – »Ich säubere gerade die Instrumente. Möchten Sie nicht herkommen und sich untersuchen lassen?« fragte sie keß. »Nur, wenn Sie unter Ihrem Kittel nackt sind«, antwortete ich ebenso keß. »Das bin ich«, scherzte sie. »Dann komme ich sofort, mit langer Pfeife und schwerem Sack.«

Meine jütländische Untermieterin war ausgezogen. Deshalb konnten Linda und ich dort ganz allein sein.

Die erste richtige Sonne traf unsere Rücken und Nacken, während wir an unseren Bikes herumwienerten. Es würde schön sein, endlich wieder fahren zu können. Ich drehte den Schlauch auf, um die Seife abzuspülen. Normalerweise war ich nicht der eifrigste Wäscher und Putzer im Club, aber einen Frühjahrsputz mußte ich ja wohl schaffen können.

»So, Männer, jetzt ist sie wie neu«, sagte Hansi und trat einen Schritt von seinem Bike zurück. Er musterte sie mit zufriedenem Blick. »Was sagst du, Herr Gärtner?« – »Klasse«, erwiderte ich und schnalzte mit der Zunge. Sein Bike war ganz in Schwarz und Chrom gehalten. Alles unnötige – Kickstarter, Blinklicht, Uhr und so weiter – war abgezupft worden. Und so stand es schlank und stark vor uns.

Blondie hatte hinter uns sein Bike angelassen. Ich tat es ihm nach, wendete und hielt das Gas fest. Wir tauschten einen Blick und verstanden einander. Langsam begannen wir den Tanz. Die Füße hoch und nieder, eine leichtes Wogen des Oberkörpers, im Takt mit dem Leerlauf. Dung-dung-dung-dung, machte es.

Der Frühling lag wirklich in der Luft.

»Was macht ihr da?« fragte Jens von der Terrasse her.

»Das ist der Harley-Tanz«, sagte Blondie vage, während wir zu den Kolbenschlägen weitertanzten. »Ihr spinnt doch«, meinte Jens und reckte sich in seinem Bademantel.

»Los geht's«, sagte Blondie und setzte sich. Hansi und Jappe ließen den Motor an. Carlo und Hamster kamen aus dem Haus. »Wartet auf uns«, riefen sie.

Zusammen rollten wir durch die Einfahrt. »Wohin?« fragte Blondie. Ich zuckte mit den Schultern: »Einfach los.«

Wir ließen die Kupplung los und waren auf der Straße.

Ich brachte einen kleinen Anhänger an meinem Fahrrad an. Für den Rasenmäher. Ich band einen Rechen an die Stange. »Und jetzt geht's ins Heu«, rief ich Arne und den anderen zu.

Nach einer anstrengenden Fahrt, bei der es meist leicht bergauf ging, erreichte ich meine Gegend und ging zur ersten Kundin auf der Liste. Eine ältere Dame im Morgenrock öffnete die Tür. »Guten Tag, hier ist Ihre Gartenhilfe. Sollen wir den Rasen mähen?« – »Das wäre wunderbar«, antwortete sie lächelnd. »Er hat ziemlich lange Haare bekommen.«

Es war ein kleiner Rasen. Wir hatten ihn schnell durchgezogen. Ich rechte das Gras zusammen und trug es hinter das Haus, wo ich einen Komposthaufen gesehen hatte. Ich klingelte wieder. Die Frau unterschrieb, daß ich meine Arbeit ausgeführt hätte, und drückte mir ein Bier in die Hand.

Ich fuhr zur nächsten Adresse auf der Liste: »Nein, danke. Das übernimmt mein Bruder. Ich rufe Herrn Petersen an, wenn ich Hilfe brauche.« Auch das wurde notiert, damit ich hier beim nächsten Mal nicht wieder vorzusprechen brauchte.

Ich fuhr weiter und hielt bei einem kleinen weißen Haus, das zwischen vielen Bäumen lag. Eine Frau ging im Garten spazieren. Ich stellte mich vor und fragte, ob ich den Rasen mähen solle. Das sollte ich, und deshalb machte ich mich ans Werk. Es dauerte eine Stunde. Sie fragte, ob ich nicht auch ein wenig Unkraut jäten könne. Das konnte ich, und dann plauderten wir ein wenig. »Danke für die Hilfe«, sagte sie, als ich zehn Meter Geißfuß ausgerupft hatte. Ich leerte in aller Eile zwei Flaschen Mineralwasser und unterdrückte einen Rülpser – man ist ja schließlich wohlerzogen.

Ich fuhr in meine Wohnung, aß zu Mittag und schaffte danach noch zwei Einsätze. Beim Kaufmann im Tranegårdsvej traf ich zwei Kollegen. Einer wollte in meiner Wohnung ein Zimmer mieten – ich brauchte es wirklich kaum, und Linda hatte soeben eine Genossenschaftswohnung im Buddingevej bezogen. Wir einigten uns auf die Bedingungen und fuhren zurück in die Gärtnerei, um die getane Arbeit zu melden.

Ich trat die Pedale meines neuen Rades voll durch. Ich hatte es von einem Freund bekommen – zehn Gänge. Es war eine Freude, damit zu fahren, und nun trug mich dieses Rad zur Arbeit, nicht die langweilige und unbequeme Bahn. Wenn ich so weitermachte, dachte ich, würde ich vermutlich als Konditionstrottel und Sportidiot enden.

Jeder Tag war ein Fest. Der ganze Club war wieder auf der Straße – keiner saß im Knast, es gab keinen Krieg und keine Probleme mit der Bullerei.

So wollte ich das Leben. Das einzige, woran ich zu denken hatte, wenn ich von meiner Arbeit nach Hause kam, die mir gut gefiel, war, mit meinen Brüdern zu feiern, meine Frau zu lieben und auf meinem Bike zu fahren.

Um diese Zeit hatten wir alle Hände voll mit der Organisation des Euro-Runs und des Welttreffens zu tun. Zum ersten Mal sollte das Treffen außerhalb der USA stattfinden. Es würde natürlich einen Haufen Geld kosten. Aber wir hatten auch energisch gespart.

Eines Sonntags kam Lindas Vater mit einem Lastwagen voller Erde zum Clubhaus. Wir wollten einen Garten anlegen.

Schon am nächsten Tag, als ich von der Arbeit kam, war der Garten zur Tatsache geworden. Wir hatten Büsche und Bäume gekauft, und zwischen den Bäumen war Rasen gesät worden.

Zwei Bullen waren vorbeigekommen, als der Park angelegt worden war und Jappe »Der alte Gärtner« gesungen hatte. »Wir hätten wirklich nicht geglaubt, daß hier etwas wachsen könnte«, sagten sie.

Bestimmt freuten sie sich, daß wir plötzlich grüne Finger hatten, keine roten.

Eine ältere Dame aus Hvidovre besuchte uns im Club. Sie hatte in einer Zeitschrift über uns gelesen. »Und ihr seht so niedlich aus, mit den langen Haaren.«

Sie wurde von Moped-Rockern terrorisiert. »Die schreien auf der Straße hinter mir her. Und nachts werfen sie mir die Fenster ein.« Sie hatte sich eine Geheimnummer geben

lassen, damit sie nicht auch noch telefonisch schikaniert werden konnte.
»Was ist mit der Polizei?« fragten wir. »Mit denen habe ich gesprochen, aber die behaupten, sie könnten nichts machen. Nur wenn ich die jungen Menschen identifizieren könnte, aber das kann ich doch nicht.«
Ich empfahl ihr, das Gespräch mit den Rockern zu suchen: »Wir können Ihnen nicht helfen. Das heißt, wir könnten das vielleicht, aber wir haben unsere eigenen Probleme, und wir sind ja nicht die Polizei.«
»Ich werde umziehen müssen«, sagte sie im Gehen. »Das ist sicher das Beste.« Damit rieb sie Salz in meine Wunde.
»Es tut mir so leid«, sagte ich. »Aber wir können Ihnen nicht helfen.«
Wir hätten sonst vielleicht eine Woche in der Nähe ihrer Wohnung herumlungern müssen, ehe sich jemand sehen ließ. Wenn wir dann endlich jemanden erwischt hätten, hätten wir ihm den Hintern verhauen – und würden uns dann vielleicht plötzlich im Knast wiederfinden.
Wir mußten uns an das Motto halten: Wir helfen alten Damen nicht über die Straße, aber wir schubsen sie auch nicht vor den Bus.
Für den Rest des Tages war ich sauer und schlecht gelaunt. Im Grunde ergab es doch überhaupt keinen Sinn, daß wir ihr nicht helfen konnten. Und ich hasse sinnlose Dinge.

Das Horn zischte. Carlos und ich saßen unter einem großen Baum im Tiergarten. Alles sah aus wie immer. Wir waren zusammen mit Freunden, Freundinnen und Kindern. Es gab ein Konzert. C. V. Jörgensen, die Sneakers und Frede Fup hallten abwechselnd zwischen den Bäumen.
Mit unseren Sturzhelmen in der Hand gingen wir zum Ausgang und zum Parkplatz. Eine Schar von Neugierigen bewunderte unsere Harleys. Schräg gegenüber standen vier Bullen in zwei Reklamewagen. »Für jeden zwei«, kommentierte ich. Es war schon Pech, daß gerade wir zwei hier aufgetaucht waren. Keiner von uns hatte den Führerschein.
»Wir fahren einfach ganz normal eine Runde, aber statt durch den Eingang zu fahren, versuchen wir es über den

Parkplatz«, sagte ich zu Carlos. Ich trat den Ständer weg und schaute grinsend zu den »Jägern« hinüber, die ebenso grinsend auf ihre »Beute« warteten.

Nach zwei wirren Runden über den Parklatz bretterte ich, mit durchgedrücktem Gas, in Richtung Ordrup davon, während Carlos sein Heil in der entgegengesetzten Richtung suchte.

Gert und Helge, die jetzt ganz sicher davon ausgingen, daß ich Dreck am Stecken hatte, schalteten Horn und Blinker ein. Ich dröhnte durch eine Seitenstraße – und durch noch eine Seitenstraße. Plötzlich wurde ich nicht von einem, sondern von zwei Autos verfolgt. In den alten Zeiten der Triumph wäre das alles leichter gewesen. Meine Harley war zum Protzen gedacht, nicht zum Rennen.

Als ich plötzlich auf den Platz vor dem Bahnhof Ordrup fuhr, lag die Bullerei nur zehn Meter hinter mir. Ich tat so, als wollte ich am Bahnhof vorbeifahren, riß mein Bike in letzter Sekunde aber zwei Gänge herunter. Es ruckte – ich glaubte schon, die Gangschaltung werde auf den Bürgersteig hüpfen und... Zu meinem großen Glück hielten die beiden Wagen hinter mir an. Wenn der eine über die Erhöhung mitten auf den Platz gefahren wäre, wäre ich zum Sandwich geworden.

Ich bretterte um die Kurve und jagte zur Treppe unter dem Bahnhof weiter. Noch einen Gang runter und dann, mit der Polizei an den Hacken, über den Bürgersteig. Wenn mein Bike frisch angestrichen gewesen wäre, hätte es sich den Arsch zerkratzt, so dichtauf lagen sie. Ich huckelte in vollem Tempo die Treppen hinunter und unter der Bahn durch. Im Tunnel hielt sich nur ein einziger Mensch auf. Ein junges Mädchen. »Affengeil!« rief sie und sprang auf ein kleines Gesims.

Ich jagte aus dem Tunnel und wurde abermals dermaßen durchgeschüttelt, daß die ganze Weltsituation flimmerte. Wenn ich so weitermachte, würde ich bald ein Doppelkinn haben. Ich kam oben an und bog in die Ordrup Hovedgade ab. Ich hatte keine Zeit, um ausgefeilte Pläne zu schmieden. Ich wußte doch, daß es hier in kurzer Zeit von Polizei nur so wimmeln würde.

Ich entdeckte einen gemütlichen kleinen Seitenweg. Es war eine Sackgasse, in der hinten ein Wendehammer lag. Ich raste hin, fuhr in die hinterste Ecke des Hammers, kuppelte und drehte den Schlüssel um. Ich hörte mehrere Wagen volle Kanne auf der Straße vorüberjagen. Aber niemand bog in meine Sackgasse ein. Ich nahm den Helm ab und setzte mich wieder auf mein Bike. Ich ließ mich im Sattel zurücksinken und kam langsam zur Ruhe.

Eine Viertelstunde später sprach ich einen Rentner an, der seinen dem Wendehammer gegenüber gelegenen Garten goß. Er erzählte mir, daß die Polizei vier- oder fünfmal vorübergebraust sei. Ich durfte sein Telefon benutzen und rief im Club an. »Was macht ihr? Hier wimmelt es nur so von Bullerei!« Ich lieferte eine kurze Zusammenfassung. »Dann wartest du lieber noch ein wenig und kommst mit dem Bus nach Hause«, riet Jappe.

Der Rentner zeigte mir den Weg zurück auf die Straße, nachdem er ausgiebig meine Harley bewundert hatte. Ich stahl mich und meine Mühle zu einem guten Freund, der in der Nähe wohnte. Ich blieb eine Woche in Deckung, dann war ich wieder auf der Bahn.

Sie hatten sich Carlos geschnappt, wir können also fast behaupten, daß der Kampf unentschieden geendet hat.

Mike rief in der Oase an: »Guten Tag, ich möchte mit Makrele sprechen.« – »Moment, ich seh mal nach, ob er hier ist«, antwortete der Kellner und legte den Hörer hin.

Dann war eine neue Stimme zu hören: »Wer bist du?« Es war einwandfrei nicht Fischmaul. »Heißt du Makrele?« fragte Mike. »Was willst du?« fragte der Typ am anderen Ende der Leitung dagegen. »Wenn du Makrele nicht sofort holst, dann komm ich selber vorbei und hol ihn mir«, fauchte Mike. »Und ansonsten kannst du ihm sagen, daß Mike von den *Hell's Angels* mit ihm reden will.« Jetzt stotterte der Typ am anderen Ende der Leitung plötzlich: »M-Moment.«

Dann war allerlei Gewisper und Geflüster zu hören. »Ja, Tagchen. Hier ist Makrele. Entschuldige, daß es so lange gedauert hat.«

»Hör gut zu. Ein paar von deinen Jungs haben eine Band aufgefordert, ihre T-Shirts mit der Aufschrift ›Support your local Hell's Angels‹ wegzuwerfen. Das ist passiert, als die Band im Femören gespielt hat. Weißt du was davon?«

»Nein, das höre ich zum ersten Mal«, sagte Makrele. »meinst du nicht, du solltest ein bißchen genauer darauf achten, was die Leute in deinem Club so treiben?« – »Das ist nicht so einfach«, sagte Makrele. »Die sterben ja nicht alle gleichermaßen vor Intelligenz.« – »Nein, aber dann mußt du erst recht auf sie aufpassen«, sagte Mike. »Noch einmal, und es ist Krieg. Und wollt ihr das vielleicht?«

Fischmaul rief zurück, als wir gerade zum alljährlichen Roskilde-Festival aufbrachen. »Er wollte fragen, ob sie mitkommen dürfen«, sagte Mike. »Natürlich hat er sich eine Abfuhr geholt. Bloß weil man anruft und sie zusammenscheißt, wird der Typ gleich vertraulich.« Die Kuhfladen lagen im Krieg mit den meisten Motorradclubs, die nach Roskilde wollten. Wenn sie dort auftauchten, würde die Sache zweifellos mit Mord und Totschlag enden.

Unsere Abfahrt nach Roskilde war in diesem Jahr besonders prachtvoll. Ib Makwarth und seine Telefilm wollten unseren Aufbruch vorm Clubhaus, die Fahrt nach Roskilde und das Leben in unserem Camp filmen.

Alle Bikes wurden vor dem Clubhaus aufgereiht – ein schöner Anblick im Sonnenschein. Die Sonnenbrillen wurden geputzt, und einige vereinzelte Helme auf den Kopf geknallt – mehrere von uns fuhren ohne. Wir verfügten über ärztliche Dispensionen, wegen chronischer Kopfschmerzen.

Wir fuhren vor laufenden Kameras los. Wir fuhren einer nach dem anderen und schlossen uns dann zu zwei und zwei zusammen, wie das bei den *Hell's Angels* so Sitte ist. Die Telefilmleute holten uns ein und filmten uns im Fahren. Danach gaben sie Vollgas, um auch unser Eintreffen aufnehmen zu können.

Bald kochten die Kessel, aber dieses Jahr konnte ich auch eine Prise Musik hören. Vielleicht, weil ich nicht auf Knasturlaub war und deshalb nicht alles übertreiben mußte. Vielleicht, weil die Musik besser war.

Es war übrigens durchaus ein Problem, daß ich keinen Führerschein besaß. Ich beschloß deshalb, mich nun endlich zusammenzureißen. Das Geld war kein Problem, denn meine Mutter hatte mich geradezu angefleht, mir den Lappen finanzieren zu dürfen. Sie war nervös, wenn ich ohne fuhr.

Mein größtes Problem war die Theorie. Das Theoriebuch war das langweiligste Buch, das ich jemals in den Fingern gehabt hatte. Egal, wie wach ich auch war, ich schlief immer ein, wenn ich hineinschaute.

Gleich um die Ecke von unserem Club lag eine Fahrschule. Ich meldete mich an und ging zweimal pro Woche zum theoretischen Unterricht.

Dirty fuhr mich zur Prüfung – ich hätte es als Provokation empfunden, selber zu fahren. »Glaubst du, er fragt nach den Verkehrszeichen?« rief ich, als Dirty und ich dahinsausten. »Weiß ich nicht. Kannst du die denn nicht?« – »Ich habe sie nicht so schrecklich viel geübt«, sagte ich. »Die, die durchfallen, sind allesamt wegen der Schilder durchgerasselt«, sagte Dirty. Er war immer so verdammt offen.

Ich ging ins Haus und setzte mich dem Prüfer gegenüber hin. Er stellte eine Menge Fragen aus dem Buch und schmuggelte auch noch Dinge dazwischen, die nicht im Buch standen, die man aber wissen sollte. Alles ging gut – bis er zu den Verkehrszeichen kam. Hier riß der Film, und ehe ich mich selber in den Hintern treten konnte, war ich durchgerasselt.

»Sonst war alles gut«, sagte er. »Ja, das ist ärgerlich«, erwiderte ich. »Und ich hatte doch gedacht, ich wüßte sie aus der Praxis allesamt auswendig.« Er wollte wissen, was ich fuhr, und wie lange ich das schon tat. Er lächelte schmierig, als ich die zweite Frage beantwortete.

Wir verabschiedeten uns, und ich ging zu dem wartenden Dirty hinaus. »Die Verkehrszeichen«, knurrte ich. »Fahren wir nach Hause und schauen wir nach, ob jemand mit zum Strand will. Ich schmeiß ein Frühstück im Moby Dick. Wir können ja auch feiern, daß ich durchgefallen bin, oder?«

Allan und ich sollten den Club beim USA-Run 1983 vertreten.
Alle im Club rechneten mit einem grauhaarigen Allan, als wir nach Hause kamen. Er war als der Ernste im Club bekannt, ich dagegen als der absolut Unernste.
Wir flogen nach New York. »Wie lange wollen Sie in den USA bleiben?« fragte der Mann von der Paßkontrolle. »Einen Monat.« – »Sind Sie Kommunist?« – »Nein. Wieso?« – »Sie sehen aus wie Karl Marx«, sagte er und gab mir den Paß zurück. »Have a nice trip.«
Wir verbrachten einige Tage im Club in New York, dann ging es weiter nach Norden, nach Massachusetts, um dann mit den lokalen Brüdern die mehrere tausend Kilometer lange Tour zum Treffpunkt anzutreten: Custer, South Dakota.
Als wir uns Custer näherten, stießen wir auf auto- und motorradfahrende Brüder von anderen Chapters – allein oder im Konvoi.
Ich glaube, es waren noch nie so viele Harleys am selben Ort versammelt gewesen. Wir bildeten fast eine ganze H. A.-Stadt. Biker vor den Kneipen, Biker in den Motels, Biker in der Natur.
Custer heißt so nach dem berühmten General, der die Indianer bestrafen wollte und dann mit seiner gesamten Armee bei Wounded Knee aufgerieben wurde. Heute lebt die Stadt von Touristen, die sich die Stätten der Indianerkriege ansehen. Und von der neuen großen Touristenattraktion der Stadt – einer Feuersteinstadt, inspiriert von Fred aus den Comics.
Anfangs gab es allerlei Ärger mit der Staatspolizei. Sie rückten in Hundertschaften an, warfen mit Bußgeldern nur so um sich und wollten sofort alles einkassieren. Das ganze gipfelte in einer Gerichtsverhandlung in Custer – ein H. A.-Anwalt legte alle Bußbescheide dem Richter vor. Die Sache endete mit einem Vergleich – viele erhielten ihr Geld zurück und die Polizei nervte uns nicht mehr. So einigermaßen wenigstens.
Ich konnte einen echten Tomahawk an mich reißen. Ich hatte schon lange vor unserer Abreise von zu Hause davon

geträumt, aber wann immer ich nach Tomahawks fragte, wurde mir ein Souvenir aus Gummi oder Plastik in die Hand gedrückt. Und dann gab es noch Rum und Cola, Rauch und Dampf, Fest und Zoff, Gerede und Gerede und Gerede. Ein Erlebnis fürs ganze Leben.

Ich nahm fünf bis sechs Kilo zu, aber bei den vielen Burgerrestaurants war das ja auch kein Wunder.

Allans Haare änderten ihre Farbe nicht.

Am Tag nach unserer Rückkehr aus den USA besuchte ich eine Disco in der Innenstadt. Ein schwuler Kellner versuchte, mich anzubaggern, ich freute mich über den Anblick der wogenden Hintern und Brüste auf der Tanzfläche, und es wurden mit überaus lauter Stimme Berichte über die USA und Dänemark ausgetauscht.

Hansi und Tennis gerieten mit einigen Bierpennern aneinander. Wir anderen mußten eingreifen, und ich konnte mir noch schnell den Arm brechen, ehe die Polizei einrückte. Sie hatten keine Lust, irgendwen mitzunehmen, ich hatte aber auch keine Lust, weiterzumachen. Es war halb sieben am Sonntagmorgen. Ich hatte Schmerzen. Ich war sauer. Ich rief meine Old Lady an, die mich im Wagen ihrer Mutter abholte. »Du hättest eben bei mir im Bett bleiben sollen«, sagte sie mütterlich und neckend zugleich. »Komm mir ja nicht mit solchen Weisheiten«, knurrte ich.

Wir kamen gleichzeitig mit einem jungen Polizisten, der von einem Kollegen gestützt wurde, auf der Unfallstation des Krankenhauses von Gentofte an. Ärzte und Krankenschwestern glotzten wegen dieses gemeinsamen Auftretens: Engel und Polizist.

Wir mußten eine Viertelstunde warten, dann wurden wir abgeholt. Der Bulle wurde in einen Rollstuhl gesetzt. Er hatte sich das Bein oder den Fuß gebrochen. Ich ging neben ihm her. »Das hier sollte man fotografieren«, hörte ich eine Krankenschwester sagen.

Im Röntgenraum mußten wir uns auf Pritschen legen. Ich hätte sehr gern gesagt: »Wir können uns nicht weiter auf diese Weise treffen.«

Es war ein internationaler Sommer. Die *Hell's Angels Denmark* waren für den World Run dieses Jahres zuständig. Wir verteilten die Aufgaben unter uns, und alle engagierten sich voll und ganz. Wir hatten den Dyrskuepladsen in Roskilde gemietet. Wir mußten Essen, Alk, Bands besorgen. Jens hatte ein Budget von zwanzigtausend Kronen für die lebende Musik und ärgerte sich pausenlos: »Ihr wollt mehr Bands als das Roskilde-Festival hat, aber bezahlen wollt ihr nicht dafür.«
Ich mußte alle holen und bringen, die mit dem Flieger eintrafen. Middelboe war für Speis und Trank zuständig: »Ob zwölf Kästen Hähnchen wohl ausreichen?«
Es herrschte fast das vollkommene Chaos. »Möchte jemand rauchen?« rief Tennis ins Planungsbüro. »Ja«, johlten alle. Eine Minute später war die Hälfte des Organisationskomitees ausgeschaltet.

Der Welt-Run lief vom Stapel. An die hundertfünfzig Bikes fuhren in der Titangade 2 los. In den Tagen zuvor waren mehrere hundert Brüder im Land eingetroffen. Nicht alle hatten es bis zu dieser Ausfahrt geschafft.
Ich selber fuhr nicht mit. Mein gebrochener Arm gestattete das nicht. Ich hatte mein Bike einem Bruder aus New York geliehen. Ich saß in einem Begleitwagen und sollte hinterherfahren und eventuelle Problemfälle aufsammeln. Die Leute von der Telefilm verewigten die Prozession mit drei Kameras – eine war auf dem Dach eines Lieferwagens angebracht. Sechzehn bis zwanzig Verkehrsbullen gaben uns das Geleit durch die Stadt und bis nach Roskilde. Ein Stück hinter der Kolonne folgte ein strahlend lächelnder Zahnfleisch.
Auch etliche Polizisten machten Fotos. Einige vermutlich für ihre privaten Alben – andere für ganz andere Archive. Wir wußten, daß auch Polizisten aus Hamburg ihre Kameras schwenkten. Das ganze Chapter dort unten war verhaftet worden und sollte wegen ungefähr aller Paragraphen in allen Gesetzbüchern angeklagt werden. Später erfuhren wir, daß die Polizeivertreter aus Hamburg wirklich

aufs energischste versucht hatten, die dänische Polizei zum Stürmen des Platzes in Roskilde zu bewegen. Sie hatten gehofft, sich damit Material für den Prozeß in Hamburg besorgen zu können. Wenn uns irgendein Vergehen zur Last gelegt werden könnte, das mit organisiertem Verbrechen auch nur vage Ähnlichkeit hätte – Drogenhandel zum Beispiel, oder Zuhälterei –, dann wäre das für den Prozeß in Deutschland von Vorteil gewesen.

Vor dem Eingang zum Platz hatten sich viele Neugierige versammelt, darunter natürlich auch jede Menge Presse. Die einzigen, die Zutritt zum Festplatz hatten, waren H. A. s, Prospects und Old Ladies. Wir wollten mit unseresgleichen feiern, und nicht mit der ganzen Welt.

Es gab jedoch eine einzige Ausnahme: Die Bullerei wurde zu einer kleinen Erfrischung eingeladen. Sie hatte ihre Sache wirklich gut gemacht. Sie hatte – wie wir – ihre Motorräder gut im Griff. Die Fahrt war einfach wie geschmiert gelaufen.

Nicht einmal die Leute von der Telefilm durften hereinkommen. Zum Ausgleich war Jens zum Kameramann ernannt worden, und Gaukler stand für den Sound. Und das mußte doch einfach witzig werden.

Wir hatten uns für den Dyrskuepladsen entschieden, weil dort schon einige Gebäude vorhanden waren. Wir brauchten deshalb keine großen Zelte zu mieten und mühsam aufzubauen. In den Gebäuden brachten wir Küche, Bar und Schlafsäle für Zelt- und Schlafsacklose unter. Wir hatten eine kleine Bühne gebaut. Hier sollte das Fest abgehen. Und gleich neben der Bühne stand ein richtiges Barzelt mit Tischen und Stühlen und vielen hundert Bierkästen, die darauf warteten, ausgetrunken zu werden.

Die dänischen Wikinger waren von der ganzen Situation ein wenig gestreßt. Aber bisweilen reichte mir jemand einen Joint, was meine Nerven ein wenig beruhigte.

Mike war für die Bühne verantwortlich. Die Musik kam ein wenig später in Gang als geplant. Wir pöbelten ihn an: »Ist es hier nicht ein bißchen still?« Bei uns war kein Platz für Fiaskos. Dann setzte die Musik ein, und Mike setzte sich mit erleichtertem Lächeln auf einen Stuhl mitten auf dem

Rasen vor der Bühne – und schaute zu den Wettergottheiten hoch.

Linda war für meine Verpflegung zuständig. Es fehlte an nichts. Aber wie wäre das auch möglich gewesen, wenn der gründliche Middelboe für den Einkauf der Rohwaren gesorgt hatte und der immer hungrige Hamster in der Küche regierte? Es gab drei verschiedene Sorten Frikadellen. Es gab Berge von Koteletts und Würstchen. Eine Batterie von gefüllten Kühlschränken. Große Kästen mit Brot aller Art. Hohe Stapel aus Eiern, Milch und Butter. In einer Ecke standen zwölf Kästen Gurken und ebenso viele mit Tomaten, Zwiebeln und Kopfsalat. In einer anderen Ecke hatte es sich ein Haufen Kartoffelsäcke gemütlich gemacht. Und Carlo hielt einen Riesenkessel voll Hähnchen am Kochen.

Obwohl wir glaubten, an alles gedacht zu haben, und obwohl wir jede Menge von allem möglichen nach Roskilde geschafft hatten, mußten wir immer wieder unsere Prospects in Kopenhagen anrufen, weil sie Nachschub besorgen und bringen mußten, weil wir etwas vergessen hatten oder plötzlich brauchten. Es gab kilometerlange Listen von übersehenen Dingen.

Als ich am nächsten Tag endlich und zum ersten Mal während des Festes ins Bett fallen wollte, stand Linda gerade auf. Sie und Middelboes Old Lady waren ein bißchen sauer, weil wir einfach kaum Zeit für sie hatten. Aber immerhin gab sie mir einen Gute-Nacht-Kuß, und ich bin fast sicher, daß ich mit zum Küssen gespitztem Mund einschlief – so schnell ging das.

Jetzt sind wir im Film, Jönke«, sagte Hansi viele Stunden später, als ich ein wenig zu Kräften gekommen war, nun aber wegen einer überaus kräftigen Wasserpfeife wieder benebelt wurde.

Jens war plötzlich eingefallen, daß er doch als Korrespondent der Telefilm hier war. Er legte los, unterbrach sich, schaute uns mit betrunkenem Grinsen an. Ganz nüchtern war er jedenfalls nicht.

Aber das war nichts im Vergleich zum Tontechniker. Wie Gaukler in die Geräte gelangt war, ist mir noch immer ein

Rätsel. Er sah aus wie ein von einer Maus vergewaltigter Riesenkäfer. Auf seinen Schultern hing das Tonbandgerät, und von dort führten Kabel zu zwei großen Kopfhörern mit Isolierkissen. In der Hand hielt er ein Riesenmikrofon. Es war dreißig Zentimeter lang und sah aus wie zwei aneinandergestoßene Hundeschnauzen. Wer immer diesen Dildo unter die Nase gehalten bekam, gackerte los. Aber im Moment konnte Gaukler ihn niemandem unter die Nase halten. Er stand ganz still, und er war blind. Wenn Gaukler high war, verdrehte er die Augen wie ein Chevrolet Corvette seine Scheinwerfer. Er stand absolut hilflos da – in einer Welt der fetten Vibes und der verzerrten Klänge.

Zulu war Feuerwerksmeister. Der große Knall sollte um Mitternacht erschallen. Um Viertel nach elf fanden wir Zulu bewußtlos über einem Tisch im Barzelt liegen. Auf der Bühne standen B. B. Rock aus Schweden und gaben alles, während ich ihm »Feuerwerk« ins Ohr brüllte. Er fuhr hoch wie eine Silvesterrakete und zog ein Feuerzeug aus der Tasche. Wir fragten, ob er uns nicht erklären könnte, wie die Sache laufen sollte, aber das kam nicht in Frage. »Ich bin hier der Feuermann«, lallte er.

Wir fanden die Feuerwerkskörper in einem Schlafsack, aber weil so viel los gewesen war, hatte Zulu noch immer kein Abschußstativ gebaut. Zusammen mit zwei Prospects machten Jappe und ich uns an die Arbeit – angeleitet von Zulu, der einen Plan gezeichnet hatte, aus dem er aber selber nicht mehr schlau wurde. Das Gras war naß, und er konnte das Gleichgewicht nicht halten. Die hohen Stangen im Gestell schwankten, weil Zulu sich daran festhielt, wenn er umzukippen drohte.

Es gab drei Lunten, die gleichzeitig angezündet werden sollten. Um zehn Minuten vor zwölf waren wir fertig, und Zulu fuchtelte mit seinem Feuerzeug herum – er wollte die Lunten sofort anzünden. Ich konnte ihm klarmachen, daß ein echter Feuerwerksmeister solche Grobarbeiten von seinen Untergebenen erledigen läßt: »Und du kannst dann ›Feuer!‹ rufen.«

Ein Trommelsolo der Band teilte uns mit, daß es jetzt zwei Minuten vor zwölf war. Feuer war angesagt. »Zulu«, rief Jappe. »Der schläft im Stehen«, sagte ich verdutzt. Alle strömten aus Zelten und Wohnwagen herbei. »Und jetzt Feuer«, rief ich.

Der gute Feuermeister hätte mir natürlich sagen können, daß es sich um Blitzlunten handelte. Es machte FWISCH!, und dann umstoben mich bunte Funken. Wenn ich mich nicht zur Seite geworfen hätte, dann hätte meine Mähne Feuer gefangen – oder ich wäre auf einer Rakete in die Luft gehüpft.

Ich rannte zu den anderen und schaute mich um. Es war wirklich ein prachtvoller Anblick. In der Dunkelheit stand mit flammender roter und weißer Schrift: *HELL'S ANGELS WORLD AFFA* (»Angels forever – forever Angels«). Im Hintergrund zwei Raketen. Zwei Sonnen rundeten dieses lebende Bild ab.

»Du hast deine Lunte zu spät angesteckt«, meinte Zulu später bei einer Tasse Bier.

Es war Ende September. Es war schon dunkel. Die ersten Gäste trafen im Angels' Place ein. Es sollte ein großes Fest werden. Wir hatten die meisten Motorradclubs aus Großkopenhagen eingeladen, dazu auch andere Freunde. Ich stand auf dem Balkon des Clubhauses und sah zu, wie die Gäste eintrafen.

Ich war ein wenig müde. Ich hatte am selben Tag meine Wohnung aufgeräumt. Meine neuen Mieter hatten sich Möbel zugelegt und wollten meine loswerden. Ich betrat die Wohnung fast nie. Wenn ich nicht im Clubhaus war, dann war ich bei Linda. Nach dem großen Weltrun hatten wir eine kleine Krise. Sie hatte es einfach satt, mich immer nur von hinten zu sehen. Ich war nicht sehr glücklich über diesen Streit – aber der Club war mir eben wichtiger. Nach einigen leeren Tagen raffte ich mich auf und rief sie wieder an. Ich hatte in diese Firma noch immer zuviel Liebe investiert.

Ich ging nach unten. Tinny bellte. Er war ziemlich sauer. Blondie hatte ihm einen Maulkorb verpaßt, um Eier, Oberschenkel und Nasen unserer Gäste zu beschützen. Es war kurz nach sieben, als das Fest langsam losging.

Irgendwo in der Stadt wärmte eine Schar Kuhfladen sich für eine Kneipenrunde auf. Sie wußten, daß alle Feindesclubs sich bei den »arschfeinen« *Hell's Angels* aufhielten. Die Stadt lag offen vor ihnen.

ZZ Top dröhnte aus unseren Lautsprechersäulen. Die Luft war trübe, weil zu viele Menschen an Zigaretten, Zigarren, Joints, Chillums, Kokosnüssen und so weiter pafften. Ich unterhielt mich mit einem alten Freund, der durch einen Käsehobel soeben ein Ei eingebüßt hatte. Er hatte gerade beim Frühstück gesessen. Der Hobel war abgerutscht, der Griff hatte den einen Hoden getroffen, und der war im Laufe weniger Stunden so groß wie ein echtes Ei geworden. »Und jetzt hast du nur eine Glocke?« fragte ich. »Dem Spritzer fehlt nichts«, sagte er. »Aber den Hobel nehme ich nicht mehr.«

Vier Kuhfladen, zwei Probemitglieder und eine Alte aus dem Club wollten etwas erleben – und zwar in Discos, die normalerweise den *Hell's Angels* vorbehalten waren. Sie versuchten es im Tyren, aber der Rausschmeißer knallte ihnen die Tür vor der Nase zu. Also gingen sie zum Cicero.

Tinnys wütendes Gebell mischte sich unter den normalen Lärm. Ein Ami pöbelte ihn an. Ich stand auf und ging zu ihm hinüber. »Laß den Hund in Ruhe.« Ich rief Tinny zu, er solle sich verziehen. Der Ami pöbelte weiter, und natürlich blieb Tinny stehen. »Jetzt läßt du den Hund in Ruhe«, knurrte ich. »Der bellt doch mich an«, protestierte der Typ. »Wenn du jetzt zum Tresen gehst, dann sorge ich dafür, daß der Hund Ruhe gibt«, sagte ich. Ich drehte mich zu Tinny um. »Halt die Fresse und leg dich hin.« Trotz der dröhnenden Musik verstand er mich und ging brummend zur Wand hinüber. Ich setzte mich wieder.

Bald darauf war er wieder wütend. Der Typ trat ihn mit dem Fuß. Das mußte jetzt reichen. Ich stürzte hinüber und scheuerte dem Heini eine. Er griff sich an die Wange: »Ist der Hund mehr wert als ich?« – »Der wohnt hier. Du bist nur zu Besuch.«

Er versetzte Tinny einen Tritt. Und damit war Schluß. Allan riß den wütenden Tinny weg. Ich packte den Heini am Kragen und zog ihn vor die Tür. Carlo und Mike unterhielten sich mit ein paar Typen von 666. Ich scheuerte dem Heini noch eine, und er flog zu Mike und Carlo hinüber. »Hör jetzt auf, Jönke. Der hat genug«, sagte Carlo. Ich drehte mich um und ging in den Club. Mike und Carlo spülten das Gesicht des Heinis mit einem Schlauch ab und holten ihm ein Taxi.

Tinny kam zu mir und rieb sich liebevoll an meinem Bein. Ich streichelte ihn zärtlich. Nichts ist unschuldiger als ein Tier, dachte ich.

»Du solltest dir ein anderes Hemd anziehen«, sagte Zulu und rettete mich damit aller Wahrscheinlichkeit nach vor fünf Monaten Isolation. Ich ging nach oben und dann auf den Balkon. Hier zog ich mein Hemd aus und atmete tief durch. Linda brachte mir ein sauberes Hemd. Unter dem Balkon standen Mike und Carlo noch immer. Der Heini war verschwunden – das Blut auf dem Asphalt war weggespült worden. Nur die Blutflecken auf Mikes Weste waren noch vorhanden, aber sie waren so klein, daß man sie fast nicht bemerkte.

Der Türsteher im Cicero schaute durch seinen Türspion und sah ein ganz normales junges Mädchen. Er machte auf. Die Kuhfladen, die aus ihrem Fehler im Tyren gelernt hatten, sprangen vor und drängten sich ins Lokal, ehe er die Tür wieder schließen konnte. Die Kuhfladen und der Probeknabe gingen zur Disco hoch. Zwei zogen Messer und spielten damit herum, nachdem sie sich gesetzt hatten. Die Kellnerin wagte nicht, ihnen ihre Getränkewünsche abzuschlagen. Die Uhr hinter dem Tresen zeigte 01.25.

Unsere Freunde fingen an, das Fest in der Titangade zu verlassen. Nur die wirklich standhaften machten noch weiter. Ich selber fühlte mich ziemlich flambiert, ein gewisser Körperteil hatte einfach zu wenig zu tun gehabt. Ich fand Linda in der Küche: »Gehen wir nach oben und machen was?« Hand in Hand gingen wir die Treppe hoch. »Du kommst doch wieder runter, was, Jönke?« rief Gaukler. Davon ging ich aus. Aber nachdem unsere Körper einander energisch berührt hatten, schliefen wir beide ein. Und daß unten in der Küche das Telefon schellte, hörte ich wirklich nicht.

Im Cicero wurde es langweilig. Neger Lobo war müde und wollte nach Hause. Die anderen gingen zum Silver Dollar auf dem Sölvtorvet weiter. Aber das Silver Dollar hatte geschlossen, weshalb sie sich fürs Söpromenaden entschieden. Das war zur Zeit die Lieblingskneipe der *Hell's Angels*, aber darauf konnten sie doch keine Rücksicht nehmen.

Im Söpromenaden wimmelte es nur so von Menschen. Einer bunten Schar. Discotussis, die Typen aufreißen wollten. Kneipenpenner, die sich warm trinken und vielleicht eine Frau mit nach Hause nehmen wollten. Späte Nachtschwärmer, die einen Absacker brauchten. Eine Gruppe von der US-Botschaft.

Jemand klingelte an der Kneipentür. Draußen stand ein junges Pärchen. Der Besitzer öffnete die Tür – drei Kuhfladen bahnten sich einen Weg ins Lokal, zusammen mit dem Probeknaben und der Alten: Gnid, Teufel und Kröte.

Die Kuhfladen setzten sich an einen freien Tisch bei der Tür. Sie gaben ihre Bestellung auf, und der Kellner ging zum Tresen. Einzelne Gäste, die wußten, daß die Kuhfladen hier ein Auswärtsspiel hinlegten, folgten ihnen nervös mit den Blicken.

Blondie nahm den Anruf entgegen. Er erfuhr, daß sie nur zu viert waren. Zusammen mit Dirty und Hansi fuhr er hin, um zu fragen, was sie dort zu suchen hatten. Die einzigen Waffen, die sie bei sich hatten, waren Messer. Mike und Gaukler folgten zehn Minuten später – sicherheitshalber. Die anderen Festgäste erfuhren nichts davon.

Teufel stand im Söpromenaden am Tresen. Kröte stierte betrunken vor sich hin. Gnid war eingenickt. Die Musikbox spielte »Love me tender«.

Blondie betrat das Lokal als erster – dicht gefolgt von Dirty und Hansi. Sie steuerten den Tisch der Kuhfladen an und stellten sich davor auf. Die Frau interessierte sie nicht weiter. Dirty entdeckte Teufel hinten beim Tresen.

Kröte nuschelte: »Gibt's Probleme?« Blondie erwiderte: »Probleme?« Kröte erhob sich und wiederholte: »Ja. Probleme?« Blondie entdeckte in Krötes Hosenbund eine Pistole – seine Jacke und Weste waren zur Seite geglitten, als er aufgestanden war. Blondie schlug nach Kröte. Kröte geriet aus dem Gleichgewicht und taumelte auf die Tanzfläche. Blondie folgte ihm. Plötzlich hing ein Kuhfladen in seinem Rücken. Blondie warf ihn ab. Kröte fand gerade Gleichgewicht und Kampfhaltung. Blondie wollte angesichts einer Kanone kein Risiko eingehen und stach mit seinem Messer nach Kröte. Er stach zu, wieder und wieder – in den Bauch, in die Brust.

Blondie drehte sich zu Gnid um, der jetzt auf die Beine kam. Nach dem ersten Stich, der Krötes Leben ein Ende gesetzt hatte, dauerte es nicht lange bis zum nächsten. Gnid sank, mit zehn bis fünfzehn Messerstichen im Leib, zu Boden.

Dirty näherte sich Teufel von der Seite. Teufel entdeckte ihn erst, als er von einem Stuhl am Kopf getroffen wurde. Dirty trat ihm gegen den Kopf, als er schon auf dem Boden lag, und er kroch mit verängstigtem Blick unter einen Tisch – dann sank er scheinbar bewußtlos in sich zusammen.

Hansi packte Arnold, den Probeknaben der Kuhfladen. Er zog ihn auf die Tanzfläche, schlug mit den Fäusten auf ihn ein, bis er umsackte. Arnold rappelte sich auf, als Blondie gerade zusammen mit Hansi und Dirty das Lokal verlassen wollte. Blondie packte ihn und rammte ihm das Messer in den Bauch. Arnold schrie auf, und Blondie ließ ihn los – er hatte gesehen, daß Arnold kein Abzeichen auf dem Rücken trug. Blondie stieg über ihn hinweg – er lag auf dem Boden – und verließ die Kneipe.

Dirty und Hansi trafen auf Lille Triangel, auf Mike und Gaukler. Mike winkte sie weg, und Mike und Gaukler waren schon weitergefahren, als Blondie das Söpromenaden verließ.

Ungefähr gleichzeitig erwischte eine zutiefst erschütterte Frau ein Taxi und ließ es – im Höchsttempo – zum Clubhaus der Kuhfladen in Amager jagen.

Jemand klopfte an meine Tür. Langsam kam ich zu mir. »Jönke, du mußt sofort kommen.« Es war Gaukler. »Ist es wichtig?« – »Ja.« Ich sprang auf und stieg in meine Unter-

hose. Ich trat hinaus auf den hellerleuchteten Flur. »Die Kuhfladen sitzen im Söpromenaden«, sagte Gaukler. »Ich zieh mich an. Dann fahren wir«, sagte ich. Ich war hellwach. »Das ist nicht nötig«, sagte er. »Ich komm gerade von dort. Ein paar von den anderen haben sich darum gekümmert.« – »Ist es schlimm?« fragte ich. »Als wir gefahren sind, lag einer in der Tür.«
Ich ging wieder zurück ins Zimmer und weckte Linda. »In einer halben Stunde gibt es eine Razzia.« Ich küßte sie. »Warte hier.« Ich ging hinaus und hörte, wie sie sich eine Zigarette anzündete.

Carlo kam aus seinem Zimmer. Hansi, Dirty und Blondie liefen die Treppe hoch. »Ist es heavy?« fragte ich. »Es kann zwei oder drei Tote gegeben haben«, sagte Blondie. Er fügte hinzu: »Trinken wir unten doch einfach weiter, damit es nicht zu sehr auffällt.« – »Willst du nicht abhauen, ehe sie kommen? Das wird die Hölle, wenn sie tot sind«, sagte ich zu Blondie. »Nein. Mich zu verstecken – das bring ich nicht. Ich fress das lieber gleich«, sagte er.

Wir gingen zum Fest hinunter. Es war noch in vollem Gange – sechzig bis siebzig Gäste waren noch da. Die Musik dröhnte. Wir erzählten ihnen, daß es gleich eine Razzia geben würde. Nicht mehr und nicht weniger. Dann setzten wir uns an den Tresen und warteten.

Ich steckte alles Geld des Clubs in die Tasche. Wir hatten schon von Geld gehört, das bei Razzien verschwunden war.

Im Söpromenaden saßen alle Gäste ganz still. Niemand rührte sich, als Blondie das Lokal verließ. Die Musikbox spielte »Sweet Dreams are made of...« Dann verflog der Schock, und es kam wieder Bewegung in die Bude. Jemand wählte o-o-o und schrie nach Polizei, Krankenwagen, Feuerwehr – nach allem, was blinken und heulen kann. Viele liefen ganz schnell davon – alle, die keine Lust hatten, durch die Mühlen der Justiz geschleift zu werden, weil sie zufällig zu einer bestimmten Zeit an einem bestimmten Ort gewesen waren. Einige wollten ganz schnell zum Tresen und den Schrecken hinunterspülen. Und dann gab es noch die, sie so geschockt waren, daß sie nur einfach da-

sitzen konnten. Und die wurden dann später von der Polizei als Zeugen benutzt.
»Hast du gesehen, was passiert ist?« fragt ein junger Typ.
»Nein, ich war auf dem Klo«, sagte eine Frau. Als die Sache passiert war, hatten sich mehr als fünfzig Menschen auf der Toilette befunden, die höchstens Platz für sechzehn geboten hat. Erst, als die Polizei festgestellt hatte, daß es zwei Tote und einen Schwerverletzten gab, wurde die Musikbox abgestellt.
Streifenwagen aus Bellahöj und anderen Wachen wurden zur Titangade geschickt. Der Befehl war klar: keine Sirene, kein Blaulicht. Die Polizei von Amager mußte Christiania und das Clubhaus der Kuhfladen im Auge behalten. Siebzig Mann von der Bereitschaftsabteilung der Hauptwache erhielten kugelsichere Westen und Karabiner.
Ein Wagen voll Kuhfladen wurde in Amager angehalten. Einige *Morticians* wurden festgenommen, als sie das Fest in der Titangade verließen.
Patti Smith sang gerade »Because the Night«, als ich die Bar verließ und zu Linda nach oben ging. Sie saß vollständig angezogen zusammen mit Dirtys Freundin auf meinem Bett. »Was ist los?« fragten sie. »Kommt nach unten. Gleich gibt es eine Razzia. Und zieht euch dicke Pullover an. Es ist kalt in den kleinen Zellen.« Linda sagte: »Wenn sie dich mitnehmen, dann bring ich sie um.« – »Die nehmen uns allesamt mit«, erwiderte ich.
Wir gingen in die Bar. Ich zog an einem dicken Joint. »Gott weiß, wen sie diesmal als Geisel nehmen werden«, sagte Hamster. »Mindestens hundert Menschen haben gesehen, wie ich sie fertiggemacht habe, man kann also gut behaupten, der Fall sei geklärt«, sagte Blondie und trank einen Schluck Bier.
»Die Försterwagen sind da«, meldete der Ausguck auf dem Dach. »Letzte Runde an der Bar, ehe die Busse fahren«, rief Gaukler.
Es lief gerade eine Platte von den Doors, als geklingelt wurde. Ich ging in die Diele. »Wer ist da?« fragte ich und grinste Gaukler wegen dieser blöden, aber notwendigen Frage an. »Hier ist die Polizei. Öffnen, im Namen des Gesetzes«, forderte der Einsatzleiter mit lauter Stimme.

»Warum?« fragte ich. »Es ist ein Mord geschehen, und wir haben Grund zu der Annahme, daß sich die Täter hier im Haus aufhalten.«
Ich öffnete die Tür und schaute hinaus. Es wimmelte nur so von Grünen. Alle trugen – wie ihr Anführer – kugelsichere Westen. Sie hatten ihre Waffen gezogen. Ich sah Karabiner und Maschinenpistolen. Sie waren sichtlich nervös. Der Einsatzleiter schaute mir über die Schulter. »Wie viele sind drinnen?« – »Siebzig bis achtzig, schätze ich. Kommt doch rein.«
»Los geht's«, rief er hinter sich. Er ging zur Saaltür und schaute vorsichtig hinein. Es gab laute Musik. Es gab viele Menschen. Sie rauchten, tranken – saßen oder standen ganz still und friedlich. »Können wir die Musik abstellen?« rief er. Ein Engel stellte die Musik ab. »Und jetzt alle rauskommen, einer nach dem anderen. Ihr müßt zu einer kurzen Vernehmung, in Verbindung mit einem Mordfall. Die Mädchen zuerst.«

Ich schlief. Ich wurde von Ihrem Eintreffen geweckt«, sagte ich. Der Bulle vor mir hackte auf seine Schreibmaschine ein, riß das Papier heraus und kratzte sich im Nacken. Er war müde. In Verbindung mit diesem Fall waren schon mehr als hundert Personen vernommen worden. »Du willst dieses Protokoll sicher nicht unterschreiben?« fragte er. »Nein, da hast du recht«, sagte ich.
Ich wurde fotografiert und dann in eine Zelle geführt. Ich legte mich sofort schlafen. Es war acht Uhr abends. Wir waren seit fünfzehn Stunden hier. Die Vernehmungen waren fast beendet, und die ersten konnten nach Hause gehen.
Gegen zehn Uhr kam ich an die Reihe. Ich war einer der letzten. Zusammen mit zwei anderen Entlassenen – die zu unseren Gästen gehört hatten – fuhr ich mit einem Taxi zurück zum Angels' Place. Um über die Vernehmungen zu sprechen und mit ein Bild von der Lage zu machen.
Vier waren noch in Haft: Blondie, Dirty, Hansi und Mike. Allan wurde Mord zur Anklage gemacht. Niemand hatte Mike im Söpromenaden gesehen, aber er war fest-

genommen worden, da er der Präsident des Clubs war. Ein Zeuge in der Kneipe hatte auf der Jacke eines Angreifers die Aufschrift »President« gesehen. In Wirklichkeit hatte dort »Vice-President« gestanden. Das war Dirtys Titel.

Mike wurde außerdem in Haft genommen und unter Anklage gestellt, weil er Blutflecken auf der Weste hatte. Die Technik brauchte sehr lange, um festzustellen, daß diese Flecken nicht aus dem Söpromenaden stammten. Mike saß fünf Monate in Iso-Haft.

Das Clubleben und unsere privaten Leben änderten sich dramatisch. Freunde und Sympathisanten gratulierten uns. Unsere Feinde verfluchten uns. Die Leute auf der Straße renkten sich die Hälse aus, um einen Blick auf uns werfen zu können. Das Telefon bimmelte ununterbrochen – die Presse wollte unsere Ansichten hören.

Nun saßen wieder vier Brüder im Knast. Wir brachten ihnen Fernseher und Musik. Eines Tages, als wir in letzter Sekunde im Vestre ankamen, wir hatten Geld für sie dabei, entdeckten wir plötzlich den BMW des Kuhfladens Palle Blaabjerg, der vor der Einlieferungsbaracke stand. Wir wußten, daß Makrele in dem Wagen gesessen hatte, der zwischen Amager und der Titangade angehalten worden war. Sie hatten die Niederlage im Söpromenaden rächen wollen. Wir gingen also davon aus, daß es im Empfang von Kuhfladen nur so wimmeln würde, die ebenso wie wir ihre Liebesgaben loswerden wollten. Ich drehte mich zu Jens um: »Jetzt können wir da weitermachen, wo Blondie aufhören mußte.« Wir rissen die Tür auf. Fünf Augenpaare schauten uns an – zwei davon gehörten Wärtern, die anderen drei den Frauen der Kuhfladen. Ich war noch nie an einem Ort gewesen, der dermaßen von Angst und Haß gesättigt gewesen wäre.

Mein Dasein als Gärtner für die Senioren endete. Die Gemeinde hatte keine weiteren Gelder für dieses Projekt bewilligt. Meine letzte Woche beim Job entwickelte sich zu einer einzigen langen Diskussions- und Erklärungsrunde. Viele meiner festen Kunden konnten die Zeitungsgeschich-

ten über die *Hell's Angels* einfach nicht mit ihrem persönlichen Eindruck dieses netten, hilfsbereiten Gärtners zusammenbringen.
Vielleicht war es nur gut, daß der Sand im Stundenglas von Gentofte ausrann. Inzwischen war das Dasein als H. A. nämlich zum Fulltime-Job geworden.

Wir saßen draußen bei der Telefilm, um uns das bisher aufgenommene Material anzusehen. Das Licht ging aus, wir starrten die Leinwand an. Das Telefon schellte.
Ib Makwarth reichte es an Zulu weiter. »Im Clubhaus gibt's eine Razzia«, sagte Zulu. »Da sitzen sechs Hangarounds. Und möchten wissen, was sie tun sollen.«
Ihnen wurde gesagt, den »Dreck« einfach einzulassen. Es war die dritte Razzia in der Woche, die seit dem Zusammenstoß im Söpromenaden durchgezogen wurde. »Hat irgendwer Bock, nach Hause zu fahren und sich die Kiste anzusehen?« fragte Gaukler. Das hatte aber niemand so recht – bei Razzien wurde man fast immer festgenommen, und wer wollte schon fünf bis sechs Stunden die Zellendecke anglotzen, wenn es sich vermeiden ließ?
»Ich seh mal nach«, sagte Zulu, ging zu seinem Bike und fuhr los. Wir knipsten das Licht aus, und die Vorführung ging weiter.

Linda wurde durch die Mangel gedreht. Sie wurde ausgefragt und bekam die ganze Skala von Drohungen und Schikanen vorgeführt. Sie weigerte sich, mehr zu sagen als ihren Namen – und das war ihr gutes Recht – und hielt sich ansonsten an die Aussagen, die sie schon gemacht hatte, als unser Fest ausgehoben worden war.
»Hast du was gegen uns?« fragte der Kriminalkommissar. »Nein, aber ich kann euch nicht leiden«, antwortete sie. »Können deine Eltern die Polizei auch nicht leiden?« – »Ich kenne keinen Menschen, der die Polizei leiden kann.« – »Haben deine Eltern vielleicht etwas zu verbergen?« – »Nein, die können euch einfach nicht leiden.« – »Die meisten Menschen mögen die Polizei sehr gern.« – »Und was ist mit deinem Sohn?«

Sie drohten, Linda jeden Tag von uniformierter Polizei von der Arbeit abholen zu lassen, wenn sie sich nicht kooperativer zeigte. Sie drohten mit Gefängnis: »Wir können dich bis zu sechs Monate festhalten.«

Die polizeilichen Schikanen wollten kein Ende nehmen. Hamsters Freundin, Gitte, wurde in dem Kindergarten verhaftet, in dem sie arbeitete – weil sie keine Aussage machen wollte. Das Personal war außer sich, und das war ja auch der Sinn der Sache gewesen.

Es stellte sich heraus, daß sie es in Wirklichkeit auf Hamster abgesehen hatten, aber der war verschwunden. Sie riefen im Club an und sagten, sie hätten Gitte einkassiert und würden sie erst wieder auf freien Fuß setzen, wenn Hamster sich gestellt hätte. Wir lachten über diese Geiselnahme, und Hamster stellte sich natürlich nicht.

Alle unsere Bikes wurden »einbehalten«. Die Polizei »vermutete«, sie seien gestohlen. Selbst wenn die Besitzer die Kaufpapiere schwenkten, mußten die Bikes erst eine Menge technischer Untersuchungen durchmachen, ehe sie ausgehändigt werden konnten. Sie wurden zerschrammt und zerkratzt, und an Getriebe und Rahmen wurde herumgefeilt.

Gäste, die den Club per Taxi verließen, wurden angehalten und durchsucht. Auf diese Weise wurden vor allem weibliche Gäste schikaniert. Warum das passierte, weiß ich nicht.

Jens wollte eines Tages einen Mietwagen an einer Tankstelle abliefern. Linda fuhr mit ihm hin – im Wagen ihrer Eltern, damit er nicht zu Fuß nach Hause gehen mußte. Sie wurden von der Polizei angehalten. Die Wagen wurden durchsucht. Jens und Linda wurden durchsucht. Die Polizei rief bei Lindas Eltern an und fragten, ob sie das Auto wirklich benutzen dürfe und ob die Eltern wüßten, daß sie mit einem *Hell's Angel* durch die Gegend fuhr.

An einem anderen Tag mußte Jens eine Strafe zahlen, weil er den Zündschlüssel hatte stecken lassen, während er kurz in einen Laden gegangen war.

Unsere Hang-arounds wurden aus ihren Gewerkschaften ausgeschlossen. Die Polizei teilte dem Arbeitsamt mit, daß sie bei uns herumlungerten und deshalb dem Arbeitsmarkt nicht zur Verfügung standen.

Bei Ib Makwarth lief eine Morddrohung ein, und seine Familie wurde mit Telefonterror überzogen, aber dahinter steckte vermutlich nicht die Polizei. Er erstattete Anzeige, doch die Polizei behauptete, nichts unternehmen zu können. »Sag doch einfach, das sei eine Aktion der *Hell's Angels*. Dann ist der Club nach einer halben Stunde umstellt und alle Insassen sind schon auf dem Weg zum Untersuchungsrichter«, schlug Gaukler vor.

Ein Motorrad mit zwei Mann fuhr am Club vorbei und eröffnete mit einer Maschinenpistole das Feuer. Die Salve fegte über die Mauer. Die Schüsse waren im ganzen Viertel zu hören, und die Polizei wurde verständigt. Nicht von uns, sondern von den Nachbarn. Wir warteten auf das Eintreffen der Polizei, aber die ließ sich nicht blicken. Wir wunderten uns nicht weiter darüber – wir wußten ja, wer geschossen hatte.

Am nächsten Morgen fand ein in der Nachbarschaft wohnendes Ehepaar ein Stück Blei in seinem Bett und ein Einschußloch im Fenster – und jetzt erwachte die Polizei zum Leben. Die Razzia fand bei uns statt. Unter einem Sofa wurde ein Revolver gefunden. Die fünf, die sich gerade im Haus aufgehalten hatten, wurden festgenommen. Sie wurden für vierzehn Tage in Haft genommen.

Der Richter wies einen Anklagepunkt zurück. Er war nicht der Ansicht, daß diejenigen, die sich zufällig im Haus aufgehalten hatten, das Leben der Nachbarn gefährdet oder Mordversuche unternommen hätten. Er meinte, es könne sich bei den Kugeln, die in der benachbarten Wohnung eingedrungen waren, auch um die der Motorradfahrer handeln.

Erst zwei Tage später führte die Polizei im Clubhaus der Kuhfladen in Amager eine Razzia durch. Ein Pressevertreter bat die Polizei um eine Erklärung für diesen späten Einsatz. »Wir hatten die Vermutung, daß der Täter vielleicht dort draußen zu finden sein könnte. Aber eine Vermutung ist normalerweise kein Grund für eine Razzia.« – Bei uns aber war nicht einmal eine Vermutung nötig.

Später erfuhren wir, daß dieselbe Motorradpatrouille vor dem Clubhaus der *Black Sheep* eine Salve auf einen Zaun abgegeben hatte. Auch der Zaun hatte überlebt.

Carlo kaufte Blumen und eine Flasche und machte sich auf die Suche nach den Leuten in der Nachbarschaft, die Blei im Bett gefunden hatten. Er fragte sich zu einer älteren Dame durch, die ein Fenster hatte erneuern müssen. Sie bat ihn lächelnd herein, und sie plauderten über die ganze Sache.

Carlo sprach sein Bedauern aus und reichte der Dame Flasche und Blumen. »So arg war das auch wieder nicht«, sagte die. »Bei denen über mir war es schlimmer. Bei ihnen ist eine Kugel über das Bett gejagt, und die Frau wird heute fünfundsiebzig. Wissen Sie was, Sie geben mir die Blumen, und dann liefern Sie die Flasche oben ab.«

Niller vom *Morticians* MC ging durch eine Wohnstraße in Vanløse. Er war unterwegs zum Clubhaus.

Ein Personenwagen mit drei jungen Männern hielt neben ihm. Niller glaubte, es handele sich um die Polizei. Die drei adretten jungen Menschen stellten sich auch als Zivilstreife vor, als sie aus dem Auto stiegen. Niller wurde an ihren Wagen gestellt und durchsucht. Dabei übersahen sie einen 7.65 Revolver in Nillers Hosenbund.

Die drei adretten jungen Menschen teilten dann mit, daß sie zu den Kuhfladen gehörten. »Wir bringen alle Freunde der *Hell's Angels* um«, riefen sie und schlugen ihm ein Eisenrohr auf den Kopf. Er kam wieder auf die Beine, wurde aber noch einmal niedergeschlagen.

Im Fallen zog er seine Pistole. Er landete auf dem Rükken. Und schoß. Der erste Schuß ging durch seinen eigenen Fuß. Mit den beiden nächsten verletzte er den nächststehenden Kuhfladen. Er konnte sich drehen und den zweiten Kuhfladen mit seinen beiden letzten Schüssen erwischen. Der dritte haute ab.

Niller kam auf die Beine und humpelte zu seinem Club weiter. Er wurde am nächsten Tag festgenommen, die

Anklage lautete auf zweifachen Mordversuch. Die drei Kuhfladen wurden vernommen, eine Anklage erfolgte bei ihnen nicht. Niller saß eine Zeitlang in Isohaft, danach wurde er zu neun Monaten Gefängnis verurteilt.

Ich lag im Club und schlief. Tennis weckte mich: »Da braut sich eine Razzia zusammen.« Ich kroch aus der Falle und stieg in meine Klamotten. Ich ging nach unten, wo Allan mit dem knurrenden Tinny saß. Zwölf bis vierzehn Uniformierte und fünf bis sechs Zivile lungerten auf dem Hof herum.

Zwei Minuten später wurde an die Tür geklopft. Sie hatten keinen Durchsuchungsbefehl, aber wir erklärten uns bereit, vier einzulassen, damit sie Ausschau nach gesuchten Personen halten konnten.

Tennis und ich öffneten die Tür, Allan hielt Tinny fest. »Und jetzt holen wir sie uns«, rief der Bulle, der eben versichert hatte, daß nur vier hereinkommen würden. Er stürmte ins Lokal und versuchte, gefährlich auszusehen, mit einer Dienstpistole in der einen und einem Knüppel in der anderen Hand.

In der allgemeinen Verwirrung riß Tinny sich von Allan los und biß dem Einsatzleiter in den Oberschenkel. Die Bullen hinter ihm wichen erschrocken zurück. Der Einsatzleiter selber schrie wie ein abgestochenes Schwein. Er sah ziemlich komisch aus, als er da herumtanzte und nicht so recht wußte, wohin mit Knüppel und Pistole.

Tennis und ich rissen Tinny von seinem Oberschenkel weg, damit die gesammelte Truppe eintreten konnte. Am nächsten Tag wurden Allan, Tennis und ich zu dreimal vierundzwanzig Stunden Untersuchungshaft aufgrund von Gewalt gegen die Polizei verurteilt. Die Staatsanwaltschaft hatte vierzehn Tage verlangt. Bei der später stattfindenden Verhandlung wurden wir natürlich freigesprochen. Wir wurden schließlich stellvertretend für Tinny vor Gericht gestellt.

Als wir aus der U-Haft entlassen worden waren, bekam Tinny ein schönes großes Steak als Belohnung für seinen Einsatz. Obwohl uns die Sache drei Tage gekostet hatte, hatte er schließlich nur seine Pflicht getan.

Das Weihnachtsfest 1983 verlief gedämpfter als das des Vorjahres. Den ersten Teil des Abends verbrachte ich bei meiner Mutter in Alleröd. Meine Großeltern und mein Bruder samt Freundin waren auch dabei. Es war ein ganz normales Weihnachtsfest mit gutem Essen und darauffolgenden Geschenken. Das absolut einzige außergewöhnliche Ereignis war, daß ich das Mandelgeschenk gewann. Der Rest des Abends wurde Club und Brüdern gewidmet. Auch hier war nicht gerade der Bär los. Es gab Glühwein, Bratäpfel, Obst. Von uns fehlten einfach zu viele.

Zusammen mit unseren Freundinnen machten wir dann für zwei Tage einen Ausflug in ein Hotel in Falster. Wir fuhren in einem Bus hin. Als wir das Clubhaus verließen, tauchte Zahnfleisch auf. Wie immer, wenn wir gerade weg wollten. Wir waren nicht mehr so sicher, daß er einen sechsten Sinn für so etwas hatte. Wir hielten es für wahrscheinlicher, daß er sein Wissen unserem angezapften Telefon verdankte.

Das Hotelpersonal nahm uns freundlich auf. Zimmer und Betten waren tadellos. Das Essen war großartig. Wir tranken und hörten Musik, und ein seltenes Mal mochten die Jungs auch tanzen. Die Mädels waren glücklich. Gesellschaftstanz war noch nie unsere Stärke gewesen, aber ab und zu ließen wir uns eben doch breitschlagen.

An einem kalten, klaren Tag im Februar war ich Hand in Hand mit Linda in der Nähe ihrer Wohnung in Gladsaxe unterwegs. Es war Sonntag. Wir wollten Lindas Eltern besuchen.

Ein Engel und seine Old Lady. Offenbar fanden jedoch nicht alle unseren Anblick romantisch. Ein Bullenwagen kam uns entgegen, entdeckte uns, drehte, versperrte uns den Weg. Die Insassen hatten einen echten Leckerbissen gesehen.

»Ha, jetzt werdet ihr mal kurz durchsucht«, rief der eine Bulle im Aussteigen. Blonder Schopf, blonder Schnurrbart, an die vierundzwanzig Jahre, sicher gerade fertig mit der Polizeischule. Seine Kollegin war wohl ungefähr im selben Alter. Die Wache von Gladsaxe gilt als beliebter Praktikumsplatz für Jungbullen – und ich sollte jetzt eine Stufe in ihrer Ausbildung darstellen. Aber ich war nicht hergekommen, um das Versuchskaninchen zu geben.

»Wir wollen nur wissen, ob du bewaffnet bist«, sagte der Typ. »Finger von der Butter! Was zum Teufel soll das, anständige Bürger beim Spazierengehen zu belästigen?« Ich klang richtig empört – so hätte sich ein Pastor in dieser Situation angehört. Ich schlug die Hand des Polizisten weg. Er schaute unsicher in mein wutverzerrtes Gesicht. Seine Kollegin machte große Augen. Linda machte ein Pokergesicht.

»Wir sind berechtigt...«, begann der Polizist. »Ich scheiß drauf, wozu ihr berechtigt seid. Ich hab euren Diensteifer satt.« – »Könnt ihr euch ausweisen?« fragte er. Wir hielten ihnen unsere Krankenversicherungsausweise hin. Sie gingen zum Wagen, um sich per Funk über uns informieren zu lassen.

Dann kamen sie wieder zu uns. »Alles klar«, sagte der Polizist. Wir durften unsere Versicherungsausweise wieder einstecken. »Aber wir müssen euch trotzdem durchsuchen«, sagte er dann und wollte gerade meine Jacke packen und den Reißverschluß aufziehen, als ich ihm einen harten Stoß vor die Brust versetzte.

Er flog zwei Meter rückwärts. Ich drehte mich um und nahm die Beine in die Hand. »Stehenbleiben, oder ich schieße«, rief er. Ich rannte weiter, durch einen Garten und dann in einen Seitenweg. Peng, machte es hinter mir. Gert hatte seine Pistole gezogen. Er zielte zuerst auf meinen Rücken, gab dann aber einen Schuß über meinen Kopf hinweg ab.

Ich verschwand um die Ecke einer weiteren Wohnstraße und sah ihn für einen Moment – er verfolgte mich mit der Knarre in der Hand. Ich stürzte in einen Garten, um einen Bungalow herum und bezwang einen Zaun mit einem Sprung, bei dem einem Känguruh vor Neid das Kinn heruntergeklappt wäre.

Der Bulle ging zum Wagen zurück und holte Verstärkung. Linda wurden Handschellen angelegt, und sie wurde zur Wache gebracht. Innerhalb weniger Minuten hatten fünfzehn bis zwanzig Wagen die Gegend erreicht. Die erste

Meldung per Polizeifunk hatte nämlich behauptet, auf den Kollegen sei geschossen worden.

Während sie umeinander herumfuhren, lag ich auf dem Dach einer Tabakfabrik. Nach vielleicht einer Stunde stieg ich herunter und schlich mich zu Lindas Eltern. »Ist Linda schon da?« fragte ich. »Nein, ich dachte, sie sei mit dir zusammen.« Wer hat schon Lust, seiner Schwiegermutter zu erzählen, daß ihre einzige Tochter vermutlich gerade auf der Wache festgehalten wird. Sie nahm es aber gelassen hin. Wir setzten uns ins Wohnzimmer, um auf Linda zu warten.

Im Polizeifunk hatte Linda meine offizielle Fahndungsmeldung gehört. »Ein großer, rothaariger Mann. Möglicherweise mit Vollbart. Dicklich gebaut. Mitglied der *Hell's Angels*.« Linda hätte fast losgeprustet. Offenbar hatte ich die beiden Bullen wirklich in einen Schockzustand versetzt. Ich bin groß. Ich war jedoch niemals rothaarig, meine Haare sind von blendendem Weißblond. Mein Vollbart war zu diesem Zeitpunkt zehn Zentimeter lang – aber immerhin ist er rot. Was das dickliche angeht, muß ich Einspruch einlegen. Ich hatte eine schwache Andeutung von Bierbauch – das war alles. Trotzdem hing mir danach noch lange der Spitzname »der Dickliche« an.

Linda konnte der Polizei natürlich nicht verraten, wo ich steckte oder warum ich weggelaufen war. Sie wurde wie üblich mit Gefängnis bedroht, falls sie nicht umgänglich wäre, aber da wirklich nichts gegen sie vorlag, wurde sie nach zwei Stunden auf freien Fuß gesetzt.

Ihre Eltern konnten erleichtert aufatmen.

Wir hielten auf dem Parkplatz vor dem Vestre Gefängnis. Gaukler hatte fünfzehn Minuten zuvor angerufen. »Kommt ihr, oder was?« Das taten wir – im Affenzahn. Gaukler und Mike waren entlassen worden. Sie hatten jeweils drei und fünf Monate wegen der Söpromenaden-Sache in Geiselhaft gesessen. Wir fielen einander in wildem Gewühl um den Hals. Es wäre gelogen, wenn ich behauptete, wir hätten in dieser Nacht nicht gefeiert. Nur kann ich mich an das Fest rein gar nicht erinnern, abgesehen von der ersten Flasche Bacardi und dem ersten Pfeifchen.

Es war ein wildes Wochenende. Zwei Feste am Freitagabend, ein drittes war abgesagt worden. Am Samstagabend war ich auf einem weiteren Fest. Die Anlage ließ Annie Lennox laufen, als Gaukler mich auf ein viertes aufmerksam machte, das ich am Vortag vergessen hatte. »David ist entlassen worden«, erzählte er. »O verdammt, wie peinlich!« – »Er war sehr zufrieden, fand es aber doch ein bißchen traurig, daß du nicht aufgetaucht bist.«

Es dauerte nicht lange bis zum nächsten Fest im Club – und zu dem wurde auch David eingeladen. »Na, du kleiner Judenschmock«, rief ich glücklich. »Hallo, Jönke, alter Hund«, sagte er. Wir begrüßten einander herzlich. Er war zum ersten Mal im Club. Wir tranken ein paar Runden und rauchten dazu, und dann führte ich ihn durch den Palast.

»Das ist doch ein ganzes Museum«, sagte er. »Ja, unsere Geschichte ist uns sehr wichtig.« Das Clubhaus ist gefüllt mit Bildern und Erinnerungen an Reisen und gewonnene Kriege. Der Rundgang endete am Bauplatz des Hauses – dem Fernsehzimmer. Dieser Raum war windschief und kreuzkrumm und kalt und ungemütlich, und wir bauten ihn deshalb um – aber das dauerte seine Zeit. Es gab so viele störende Elemente. Als David hörte, daß ich niedrige Zwischenwände einziehen wollte, schlug sein altes Maurerherz einen doppelten Salto. »Das kann ich doch machen«, sagte er. »Ich will ja ohnehin wieder damit anfangen. Und dann kann das ein gutes Training sein.«

So geschah es dann. David mauerte die Wände, mit uns anderen als Maurergehilfen und Kaffeeholern. Der Teil des Schornsteins, der ins Fernsehzimmer hineinragte, wurde mit roten Klinkern verkleidet, Tresen und Fensterbänke waren aus schwarzem Marmor. Und dann gab es spanisch aussehende Mauern, die mit Zement beworfen wurden – so »zufällig« professionell, wie das nur ein echter Maurermeister schafft.

Der Teufel begegnete mir am Freitag, dem 13. April. Es war keiner mit Dreizack, Horn und Pferdefuß, sondern eine Teufelin mit dunklen Locken, schönen Augen und sinnlichen Lippen. Ich sah sie nicht zum ersten Mal. Wir umkreisten einander im Grunde schon seit fünf oder sechs Jahren. Aber wir hatten uns auf diese Weise noch nicht bemerkt – das war erst vor kurzer Zeit passiert.

Die Sache mit Linda war zu Ende gegangen – aber ich möchte mich dazu hier nicht weiter äußern. Danach war meine Aufmerksamkeit für Helle erwacht, und als sie an diesem Abend zu einer kleinen Party in unserem Club erschien, drehte ich meinen Charme gewaltig auf. Ich nahm an, daß das auf Gegenseitigkeit beruhte – schließlich hatten wir uns seit einigen Wochen aufeinander zubewegt, wenn auch weniger physisch als psychisch. Ich stellte fest, daß ich mich nicht verrechnet hatte.

Helle war genauso alt wie ich. Sie machte bei einer Behörde eine Ausbildung als Sachbearbeiterin. Ihre Mutter arbeitete auch dort. Ihr Vater war Osteuropäer – nach sechs Jahren in einem russischen Straflager hatte er sich in Dänemark niedergelassen.

Sie war ein Einzelkind und sehr hübsch, und sie hatte ziemlich starke Nerven, was auch nötig war, wenn sie meine Frau werden wollte.

Sie wurde eine Woche nach einem Ausflug ins Ferienhaus meiner Mutter meine Old Lady. Es war ein warmer Frühlingsabend. Wir hatten einen Spaziergang am Strand gemacht. Wir hatten uns den Sonnenuntergang angesehen. Der Wind hatte hinter uns in den Bäumen geflüstert. Es hätte wirklich kaum romantischer sein können. Obwohl wir beide es nicht wirklich wollten, wollten wir es doch. Wir hatten die ersten Schritte in die Verliebtheit gemacht, und wenn dieser Schritt erst geschehen ist, dann ist es schwer, nicht auch den nächsten folgenzulassen.

Wir versuchten im Club weiterzuleben und eine Art Routine zu entwickeln.

Wir wußten, daß bei den Kuhfladen interne Auseinandersetzungen liefen. Makrele war nach einem kurzen Knastaufenthalt wieder auf freiem Fuß. Während dieser Zeit war die Macht in andere Hände übergegangen. Eine starke Fraktion innerhalb der Kuhfladen wollte den totalen Krieg gegen die *Hell's Angels*, und ihnen konnte es nicht schnell und überstürzt genug geschehen. Langsam konnte Makrele sich etwas von seiner alten Macht zurückerkämpfen. Seine neun Leben und sein damit verbundener Ruhm waren sein bestes Argument. Er meinte, sie sollten sich die Sache erst überlegen, ehe sie wieder zum Angriff bliesen.

Wir nutzten das Frühjahr unter anderem dazu, unseren kleinen Garten zu erweitern, so daß er fast zu einem Park wurde. Wir pflanzten sechs oder sieben neue Bäume und stellten vier große Blumenkästen auf. Gert und Helge umkreisten uns. Ich weiß nicht, ob sie glaubten, daß wir uns auf biologische Kriegführung vorbereiteten.

Hamster nannte uns »echte Bierarbeiter«. Am 1. Mai gingen wir mit unseren Old Ladies in den Fælledpark, um unsere Solidarität zu zeigen. Auch Tinny war mit von der Partie – mit roter Halsbinde. Wir interessierten uns allerdings nicht sonderlich für die politischen Reden. Politik ging uns am Arsch vorbei, aber so ganz allgemein waren wir doch eher hellrot als braun. Wir näherten uns den vielen Kneipen und Buden. Mit einem Bier in der einen und einer Tüte Popcorn in der anderen Hand lehnte ich mich in den Armen meiner Frau zurück, musterte die Menschen und schlief ein. Ich erwachte erst, als es zu regnen anfing. Und als der Regen kam, ging die Solidarität. Wir endeten allesamt zu Hause vor dem Kamin – »Freunde, ein Bier, auf die Solidarität!« schrie Hamster.

Mike und Lene, seine Old Lady, besuchten mit Lenes Bruder den Zoo. Sie sahen sich die Tiere an, die Tiere schauten sie an, aber sie wurden nicht nur von den Wesen hinter den Gittern registriert.

Als sie sich der Bushaltestelle vor dem Zoo näherten, kam ihnen langsam ein roter PKW entgegen – viel zu langsam. Das Fenster auf der einen Seite war heruntergekurbelt. Ein großer Revolver schaute heraus. Er zielte auf Mike. Drei Schüsse wurden abgegeben. Danach wurde die Knarre auf Lene gerichtet, und abermals drei Schuß wurden abgefeuert.

Niemand rührte sich. Das Auto beschleunigte und verschwand. Ein Bus, der eben die Haltestelle erreichte, bremste. Die Fahrgäste saßen mit offenem Mund und wehenden Polypen da. Die Luft war blau vom Pulverschlamm.

Mike winkte dem Bus zu, weiterzufahren, und nahm ein Taxi zum Club. Natürlich zeigten wir die Sache nicht bei der Polizei an. Mike hatte die beiden Typen im Wagen genau gesehen – und für uns reichte das.

Aber in Verbindung mit einer Razzia im Clubhaus der Kuhfladen fand die Polizei einen Brief, in dem ein Kuhfladen mit diesem Mordversuch prahlte. Mike wurde vernommen, behauptete aber, nichts davon zu wissen. Auch Lene wurde zur Vernehmung geholt. Auch ihr war das alles ganz neu. Ihr gegenüber wurden allerlei Drohungen geäußert – um sie zum Reden zu bringen, aber sie verwies auf ihren Anwalt.

Was hätten sie ihr zur Last legen können? Daß sie nicht an der Aufklärung eines gegen sie selber gerichteten Mordversuchs teilnehmen wollte?

Ich zog Helle an mich. Wir rieben die Nasen aneinander. »So küssen sie in Grönland«, sagte ich. »Ich bin keine Grönländerin«, erwiderte sie. Also bekam sie einen echten Kuß. Man hätte fast ein Brecheisen gebraucht, um uns voneinander zu trennen.

Dann übertönte ein Knall die Musik unten aus dem Club. »Warte mal«, sagte ich zu Helle und ging zur Balkontür. Zusammen mit Jappe ging ich dann hinaus. Hier schnappte gerade Carlo frische Luft. Er lächelte. »Eben sind ein paar Kuhfladen vorbeigefahren. Makrele hat mit einer Pistole auf uns geballert«, erzählte er. »Wie viele Schüsse?« fragte Jappe. »Einer.« – »Ich dachte, ich hätte zwei gehört.« – »Das war das Echo«, sagte Carlo lächelnd.

Ich fröstelte und ging wieder ins Haus. »Was war los?« fragte Helle mit großen neugierigen Augen. »Ein Lastwagen hatte eine Panne«, sagte ich.

Wir gingen nach unten, um ein bißchen zu feiern.

Am Donnerstag, dem 24. Mai 1984, wurde ich von der Sonne geweckt. Ich drehte mich auf den Bauch und knackte weiter. Dann wurde ich abermals geweckt – der Wecker heulte. Ich habe einen inneren Wecker und werde immer rechtzeitig wach, aber Helle mußte zur Arbeit.

Ich zog sie an mich. Wir hatten einen kleinen Morgenfick, danach ging ich aufs Klo. Ich kroch wieder unter die Decke. Sie ließ meinen Bademantel fallen und stieg in einen khaki-farbenen Hosenanzug. »Bringst du mich raus? Ich bin schon spät dran«, sagte sie. Das war sie jeden Morgen. Ich glitt aus dem Bett und begleitete sie nach unten. Wir küßten und umarmten uns zum Abschied. »Wir sehen uns morgen nachmittag. Ich liebe dich«, sagte sie. Ich konnte gerade noch »ebenfalls« sagen, dann war sie auch schon losgelaufen und um die Ecke gebogen.

Ich wurde zum dritten Mal an diesem Morgen geweckt, als ein Prospect an meine Tür klopfte und rief: »David sitzt mit dem Frühstück unten.« – »Und Faßbutter«, rief Jappe, der gerade vorbeikam. Ich stand auf und legte »Wir sind die wilden Kaninchen mit den langen Ohren« auf, ging pissen und putzte mir die Zähne. Es war Viertel nach elf.

Nach zwei Tassen Tee gingen David und ich ans Werk. Und gegen fünf setzten wir uns wieder zu Tisch. Wir hatten den Marmortresen aufgestellt und beschlossen, die Bar am nächsten Tag zu vollenden.

David badete und schlug einen vorsichtigen Joint vor, weil er noch fahren mußte. Wir setzten uns in der Abendsonne auf den Balkon und schauten auf die alte Titan hinunter. Zwei Typen von einem Amiclub testeten die Bremsen eines großen Pontiac.

Einer der Reklamewagen der Polizei fuhr unten auf der Straße vorbei. Die beiden Insassen winkten uns zu. Wir winkten zurück. »Jetzt können sie der Zentrale mitteilen, daß sie einem Engel und einem pensionierten Drogenhai zugewunken haben«, lachte ich und reichte David den Joint.

Dann fuhr David in seinem Pritschenwagen davon. Carlo zog am Joint und erzählte, daß er in die Stadt wollte. »Ich hab ein Rendezvous. Ein ganz tolles. Wir sehen uns morgen.«

Ich ging in die Küche hinunter und aß einen Stapel Brote. Dann ging ich ins Badezimmer und wusch mir zweimal die Haare – in der Mähne konnten mehrere Kubikmeter

Zement sitzen. Zu einer Platte von Chris Rea zog ich mich an.

Tennis saß unten in der Bar und unterhielt sich mit zwei Freunden. Ich ließ mich auf das Sofa vor dem Kamin fallen und vertiefte mich zusammen mit zwei Prospects in einen Videofilm.

»Na, gute Nacht dann«, sagte Allan, er mußte früh raus, um rechtzeitig zur Arbeit zu erscheinen. Jappe brachte einen neuen Film. Ich ging in die Garage. Mein Bike stand nicht hier – wozu auch, wenn die Bullerei nach Lust und Laune unsere Bikes einziehen kann? Aber ich wühlte ein wenig im Werkzeug herum und räumte auf.

Nachdem ich mir mit Waschpulver die Pfoten gewaschen hatte, setzte ich mich mit Jens, Middelboe und deren Old Ladies an den Küchentisch und quasselte mit ihnen. Wir rauchten ein Pfeifchen und lachten ziemlich viel. Gegen Mitternacht stellten wir fest, daß wir Hunger hatten. Wir setzten uns in ein Auto und fuhren zur Nörrebrogade. Wir kamen überein, daß wir die üblichen Kleinigkeiten satt hatten und fuhren nach Frederiksberg. Aber das brachte auch nichts – mit leeren Händen und leeren Mägen kehrten wir nach Nörrebro zurück.

Wir überholten einen weinroten Ford. »Gert und Helge«, sagten wir wie aus einem Mund. »Meine Fresse, die haben ja vielleicht die Augen verdreht, als sie dich gesehen haben«, sagte Middelboe. Ich saß vorn, mit dem Rücken zu Tür und Fenster. »Jetzt zwinkern sie uns zu«, sagte Jens, als er die Scheinwerfer im Rückspiegel sah.

Wir bogen in den Jagtvejen ab. Die Bullerei folgte uns auf dem Fuße. »Fahr langsam weiter«, sagte ich zu Jens und lachte. Wir spielten nun mal gern. Die Bullerei ebenfalls – sie verlangsamten und lachten auch. »Haben wir Läuse im Pelz?« fragte Jens mich. »Nein, wir sind clean.«

Wir fuhren an die Seite und hielten. Hinter uns stieg die Bullerei aus – zwei Einsatzkräfte aus Frederiksberg. Wir gingen auf sie zu. In diesem Moment kamen drei Streifenwagen mit Blaulicht und Sirenen in unsere Richtung. Sie kamen an uns vorbei und bogen in die Seitenstraße ab, aus der wir eben erst gekommen waren. Sie schalteten die Sirenen aus und kamen auf uns zu. »Offenbar ein Kommunikationsfehler«, sagte Middelboe. »Guten Abend, die Herrschaften«, sagte ein blonder Zivilbulle lächelnd. »Guten Abend. Was macht ihr denn auf dieser Seite der Staatsgrenze?« fragte ich. »Wir bewegen uns ein wenig – du weißt schon«, sagte der andere Polizist jovial.

Jetzt umstanden uns sechs Streifenwagen. Die Uniformierten hielten sich ein wenig im Hintergrund. Eine Menge Menschen hing aus den Fenstern. »Kommt ihr durch das Gedränge überhaupt noch durch?« rief ein besoffener Penner den Bullen zu.

»Können wir den Wagen durchsuchen?« fragte der eine Polizist dann Jens. »Das muß er entscheiden«, sagte Jens und nickte zu mir herüber. Eigentlich braucht man für so einen Jux einen Durchsuchungsbefehl. Aber wenn man die Erlaubnis verweigert, wird man festgenommen, und der Wagen wird zur nächstgelegenen Wache geschleift. Dort kann man dann Maulaffen feilhalten, bis die Polizei einen Durchsuchungsbefehl beschafft hat. Falls sie die Karre nicht einfach durchwühlen, während man selber in der Zelle sitzt.

Also sagte ich: »Durchsucht ihr nur.« Wir wurden auch kurz durchsucht, aber keiner der Polizisten machte eine große Nummer daraus. »Ist es nicht nett, wie gut wir auf euch aufpassen?« fragte der blonde Zivilbulle.

Wir waren wohl erst gegen zwei wieder im Club. Wir ließen den Schlitten auf der Straße stehen und gingen hinein. »Hallo, ihr süßen Mädels«, sagte Jens munter und ließ sich lärmend auf einen Küchenstuhl fallen.

»Ich geh schlafen«, sagte ich gähnend, mein Kiefer war schon im Leerlauf. »Willst du nichts rauchen«, rief eine der Frauen mir hinterher. »Nein, danke, ich bin todmüde, und David kommt morgen um elf.« Elf war früh für mich. Ich gähnte »gute Nacht« und ging nach oben.

Die Anlage im Wohnzimmer ließ »Do your thing« aus dem Film »Angels forever« laufen. Carlo kam mir auf dem Gang mit einem Glas Rotwein in der Hand entgegen. »Willst du nicht ein Glas mittrinken?« fragte er. Er und Anette saßen mit Jappe und Jappes Old Lady in einem der Zimmer. »Nein, danke, ich bin total kaputt.«

»Gute Nacht«, sagte Carlo. »Nacht, Nacht«, antwortete ich und zog die Tür hinter mir zu. Ich streife rasch meine Klamotten ab, und nachdem ich ein Band eingelegt hatte, ließ ich mich aufs Bett fallen. Es war einer der Abende, wo ich es nicht mehr über mich brachte, mir die Zähne zu putzen.

Anmerkung des Verlages

Am Tag darauf – dem 25. Mai 1984 – wurde Henning Norbert Knudsen, »Makrele«, Präsident des Motorradclubs *Bullshit*, vor seinem Haus in Amager erschossen. Jörn Nielsen, »Jönke« von den Hell's Angels, wird seither vermißt. Nach ihm wird gefahndet – er steht unter dem Verdacht, die tödlichen Schüsse abgegeben zu haben.

Vier Mitglieder der *Hell's Angels* wurden im März 1985 – nach acht Monaten in Isolationshaft – unter der Anklage »Beihilfe zum Mord« vor ein Geschworenengericht gestellt.

Jens-Peter Kristensen, »Jens«, wurde zu zwölf Jahren Gefängnis verurteilt, Christian Middelboe, »Middelboe«, zu sieben, Dennis Andrew Rasmussen, »Gaukler«, bekam ein Jahr und drei Monate (was später vom Höchsten Gericht auf ein Jahr reduziert wurde), Jörgen Knudsen, »Carlo«, ein Jahr. Die beiden letzteren wurden von der Anklage freigesprochen, sich an den Vorbereitungen zu dem Mord beteiligt zu haben, sie wurden wegen Beihilfe zur Flucht verurteilt.

Das Manuskript zu diesem Buch wurde von Jönke auf der Flucht geschrieben. Es ist weder eine Verteidigungs- noch eine Propagandaschrift, sondern ein Versuch mit seinem Leben als Beispiel zu erklären, wofür die *Hell's Angels* stehen und was die H. A.-Bruderschaft bedeutet. Das gibt dieser Geschichte ihren besonderen Wert und ihre Berechtigung und erklärt, warum der Verlag sich zur Veröffentlichung entschieden hat.

Das Manuskript besteht aus fast neunhundertfünfzig mit der Hand beschriebenen Bögen – sehr eng beschriebenen. Das vorliegende Buch enthält etwa ein Viertel dieses Materials. Die Redaktionsarbeit war in erster Linie ein Versuch, zu kürzen und Episoden zu straffen, um dem ganzen eine leserfreundlichere Struktur zu geben, ohne dabei den Dokumentationswert zu gefährden. Und ohne Jönkes sehr persönliche Erzählweise und Wortwahl zu verändern.

Einige Leserinnen und Leser werden vielleicht eine Wortliste oder ein Slangverzeichnis vermissen, aber die Nuancen der Spezialausdrücke gehen aus dem Zusammenhang hervor, in denen sie von Jönke verwendet werden.

Anderen wird ein Einblick in den internen Aufbau der H. A. fehlen. In diesem Buch wird nur ein Teil dieser Strukturen aufgezeigt. Jönke will aber nicht weiter gehen.

Einzelne Personennamen wurden geändert. Nicht aus Angst vor Verleumdungsklagen oder irgendwelchen Paragraphen, sondern um die Personen zu schonen. Jönke schreibt in einem beiliegenden Brief: »Die Namen anderer Personen sind nicht geändert oder ausgelassen worden, weil ich sie nicht schonen will, oder weil es nicht nötig ist.«

Ein weiteres Zitat aus diesem Brief soll das Buch abschließen: »Ich weiß, was ich will, und ich will, was ich weiß, aber trotzdem ist meine Zukunft nur ein Traum.«